해커스 공인중개사

단원별 기출문제집

해커스 공인중개사

land.Hackers.com

합격으로 이끄는 명쾌한 비법,
필수 기출문제와 풍부한 해설을 한 번에!

공인중개사 시험을 준비하시는 분들이라면 기출된 문제에 대한 학습은 필수적입니다. 단원별 기출문제집을 통해 최근 출제경향을 파악할 수 있고, 어느 분야에 집중하고 유의해야 하는지 확인이 가능합니다. 이에 따른 자신의 학습여건과 학습역량에 적합한 효율적인 학습전략을 수립할 수 있습니다.

공인중개사 시험과목 중 유일하게 부동산 경제 관련 과목인 부동산학개론은 여타 법률 과목과는 조금은 다르게 출제되는 경향이 있습니다.

첫째, 기출된 유형의 문제가 반복 출제되는 분야가 있고, 둘째, 기출된 문제 유형이 변형되어 최근의 부동산시장과 접목되어 출제되는 경우, 셋째, 출제교수의 성향에 따라 10~20여년 전의 문제가 출제되는 경우, 넷째, 새로운 내용과 패턴으로 출제되는 경우, 그리고 1회성 문제인 경우도 있습니다.

본 교재는 이러한 것을 고려하여 기출된 문제를 상세하게 분석하고 이에 대한 정확한 해설을 제시하여, 수험생이 본시험에서 문제해결능력을 극대화할 수 있도록 도움을 드릴 것입니다.

1. **최근 10개년 기출문제들 중에서 중요도 및 출제빈도가 높은 문제를 선별하여 수록하였으며, 법률 개정이나 출제오류로 인한 문제들은 수정하여 제시하였습니다.**

2. **일부 계산문제에 대해서는 복수의 해결방법과 상세한 해설을 제시하여 수험생마다 자신에게 적합한 방법을 선택하도록 배려하였습니다.**

3. **편별 출제비중 및 기출문제 수를 도표로 제시하여 출제경향을 직관적으로 파악할 수 있도록 하였으며, 그에 대한 수험대책을 제시하였습니다.**

4. **문제의 난이도를 상 · 중 · 하로 표시하였으며, '톺아보기'를 통해서 문제의 핵심을 파악하고 수험생의 입장에서 각 분야의 기본개념과 원리를 재정립할 수 있도록 하였습니다.**

더불어 공인중개사 시험 전문 **해커스 공인중개사**(land.Hackers.com)에서 학원 강의나 인터넷 동영상 강의를 함께 이용하여 꾸준히 수강한다면 학습효과를 극대화할 수 있을 것입니다.

해커스 공인중개사 1차 단원별 기출문제집 부동산학개론을 선택하여 학습하시는 수험생 여러분에게 진심으로 감사의 말씀을 드리며, 여러분의 공인중개사 시험합격을 기원합니다.

본 교재가 출간되도록 여러 측면에서 격려와 도움을 주신 해커스 교육그룹과 편집부 식구들에게 진심으로 감사의 말씀을 드립니다,

2025년 1월

신관식, 해커스 공인중개사시험 연구소

이 책의 차례

학습계획표

학습계획표 이용방법

이 책의 특징에 수록된 '학습계획표 이용방법'을 참고하여 자유롭게 학습계획표를 선택하실 수 있습니다.

학습계획표

* 이하 편 · 장 이외의 숫자는 본문 내의 문제번호입니다.

구분	월	화	수	목	금	토	일
부동산학개론	1편~ 2편 13*	2편 14~ 3편 20	3편 21~ 4편 3장	4편 4장~ 5편 1장	5편 2장~ 6편	7편	8편

자기주도 학습계획표

구분	학습 범위	학습 기간
1		
2		
3		
4		
5		
6		
7		
8		
9		
10		

이 책의 특징

교재 미리보기

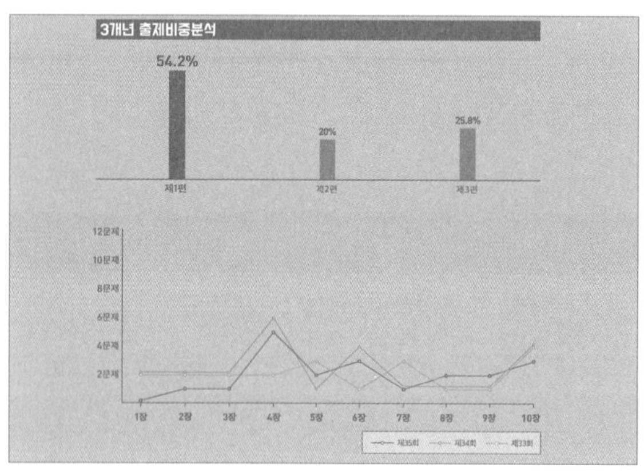

출제비중분석

최근 3개년의 편별 출제비중 및 장별 기출문제 수를 그래프로 제시하여 본격적으로 문제풀이를 시작하기 전에 해당 편·장의 중요도를 한 눈에 확인할 수 있도록 구성하였습니다.

□□□

11 공인중개사법령상 개업공인중개사의 거래계약서 작성 등에 관한 설명으로 옳은 것은?

제33회

상중하

① 개업공인중개사가 국토교통부장관이 정하는 거래계약서 표준서식을 사용하지 아니한 경우, 시·도지사는 그 자격을 취소해야 한다.
② 중개대상물 확인·설명서 교부일자는 거래계약서에 기재해야 하는 사항이다.
③ 하나의 거래계약에 대하여 서로 다른 둘 이상의 거래계약서를 작성한 경우, 시·도지사는 3개월의 범위 안에서 그 업무를 정지해야 한다.
④ 중개행위를 한 소속공인중개사가 거래계약서를 작성하는 경우, 그 소속공인중개사가 거래계약서에 서명 및 날인하여야 하며 개업공인중개사는 서명 및 날인의무가 없다.
⑤ 거래계약서가 「전자문서 및 전자거래 기본법」에 따른 공인전자문서센터에 보관된 경우 3년간 그 사본을 보존해야 한다.

톺아보기

오답해설

① 거래계약서 표준서식은 정해진 바가 없다.

필수 기출문제

- 10개년 기출문제 중 출제가능성이 높은 문제를 엄선하여 수록하였고, 수험생들의 학습 편의성을 고려하여 문제에 최신 개정법령을 반영하였습니다.
- 본인의 학습 수준에 맞는 문제를 선택하여 풀어볼 수 있도록 문제별로 난이도를 표시하였고, 반복학습이 중요한 기출문제의 특성을 고려하여 회독표시를 할 수 있도록 구성하였습니다.

톺아보기

⑤ 리카도의 차액지대설은 지대를 생산비가 아니라 토지소유자에게 귀속되는 불로소득에 해당하는 잉여로 간주하였다.
★ ① 리카도(D. Ricardo)는 비옥도의 차이, 비옥한 토지량의 제한, 수확체감법칙의 작동을 지대발생의 원인으로 보았다.

더 알아보기

- 고전학파(예 리카도의 차액지대설 등)는 지대를 생산비가 아니라 토지소유자에게 귀속되는 불로소득에 해당하는 잉여로 간주하였다. 곡물가격의 상승으로 지대가 발생하였으므로 지대의 성격은 가격에 영향을 주는 비용이 아니며, 토지소유자에게 귀속되는 불로소득(잉여)라는 것이다.
- 신고전학파는 지대를 생산물가격에 영향을 주는 비용으로 파악하였다.

구분	고전학파	신고전학파
배경	소득분배문제를 강조하여 경제성장문제에 관심을 둠	자원의 효율적 배분문제를 강조하여 가격결정문제에 관심을 둠
토지관	토지를 고정적 자원, 즉 공급의 한정으로 인한 특별한 재화로 파악(자연적 특성을 강조)	토지는 경제적 공급이 가능하므로 여러 개의 생산요소 중의 하나로 취급
가격에의 영향	• 곡물가격이 지대를 결정함 • 공물가격 상승 ⇨ 지대발생	• 지대가 곡물가격을 결정함 • 지대 상승 ⇨ 곡물가격 상승
지대의 성격	생산물에서 다른 생산요소에 대한 대가를 지불하고 남은 잉여(불로소득)로 간주	잉여가 아니라 생산요소에 대한 대가이므로 지대를 요소비용(기회비용)으로 파악

풍부한 톺아보기

- 톺아보기란 '샅샅이 더듬어 뒤지면서 찾아보다'라는 순 우리말로 단순히 정답과 해설만 제시하는 것이 아닌, 기출문제를 깊이 있게 이해할 수 있도록 학습에 도움이 되는 자세하고 풍부한 해설을 제공하고자 하였습니다.
- 톺아보기 코너 중 '더 알아보기'에서 관련 판례, 비교 표 등 다양한 요소로 학습 이해도를 높일 수 있도록 구성하였고, 주요 지문에 ★표시를 하여 전략적으로 시험에 대비할 수 있도록 하였습니다.

교재 활용비법

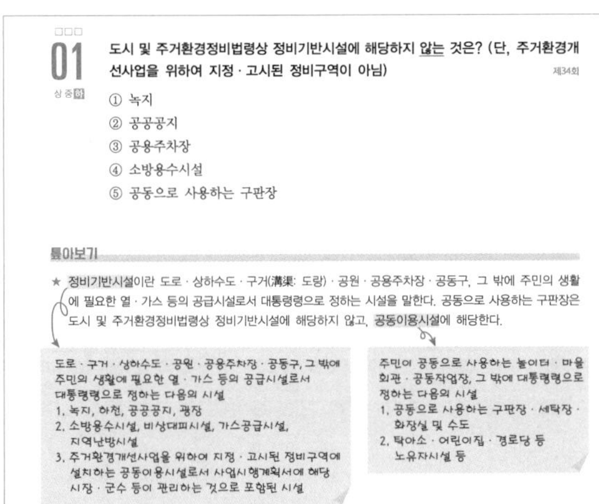

01 도시 및 주거환경정비법령상 정비기반시설에 해당하지 않는 것은? (단, 주거환경개선사업을 위하여 지정 · 고시된 정비구역이 아님) 제34회

상 중 하

① 녹지
② 공공공지
③ 공용주차장
④ 소방용수시설
⑤ 공동으로 사용하는 구판장

톺아보기

★ 정비기반시설이란 도로 · 상하수도 · 구거(溝渠: 도랑) · 공원 · 공용주차장 · 공동구, 그 밖에 주민의 생활에 필요한 열 · 가스 등의 공급시설로서 대통령령으로 정하는 시설을 말한다. 공동으로 사용하는 구판장은 도시 및 주거환경정비법령상 정비기반시설에 해당하지 않고, 공동이용시설에 해당한다.

도로 · 구거 · 상하수도 · 공원 · 공용주차장 · 공동구, 그 밖에 주민의 생활에 필요한 열 · 가스 등의 공급시설로서 대통령령으로 정하는 다음의 시설
1. 녹지, 하천, 공공공지, 광장
2. 소방용수시설, 비상대피시설, 가스공급시설, 지역난방시설
3. 주거환경개선사업을 위하여 지정 · 고시된 정비구역에 설치하는 공동이용시설로서 사업시행계획서에 해당 시장 · 군수 등이 관리하는 것으로 포함된 시설

주민이 공동으로 사용하는 놀이터 · 마을회관 · 공동작업장, 그 밖에 대통령령으로 정하는 다음의 시설
1. 공동으로 사용하는 구판장 · 세탁장 · 화장실 및 수도
2. 탁아소 · 어린이집 · 경로당 등 노유자시설 등

합격으로 이끄는 나만의 맞춤 교재 만들기

한 걸음

난이도 하 ~ 중의 문제를 중심으로 풀이하고 톺아보기를 확인하는 과정을 통하여 자신의 실력이 어느 정도인지를 파악합니다.

두 걸음

실력을 보강하기 위하여 추가 학습할 부분은 기본서에서 꼼꼼히 확인하고 필요한 내용을 메모하여 학습의 기반을 다집니다.

세 걸음

난이도 상의 문제를 풀어보는 것을 통하여 향상된 실력을 확인하고, 문제풀이를 반복적으로 진행하여 실전에 대비합니다.

학습계획 이용방법

* p.5에서 학습계획표를 확인할 수 있습니다.

수험생의 성향에 따라 학습계획을 선택할 수 있습니다.

학습계획표

한 과목을 1주에 걸쳐 1회독 할 수 있는 학습계획표로, 한 과목씩 집중적으로 공부하고 싶은 수험생에게 추천합니다.

자기주도 학습계획표

자율적으로 일정을 설정할 수 있는 학습계획표로 자신의 학습속도에 맞추어 진도를 설정하고 싶은 수험생에게 추천합니다.

[작성예시표]

구분	학습 범위	학습 기간
1	1편 1장	1월 1일 ~ 1월 3일 / 3월 1일 ~ 3월 2일
2	1편 1장 ~ 2장	1월 4일 ~ 1월 6일 / 4월 5일 ~ 4월 6일

공인중개사 안내

공인중개사란?

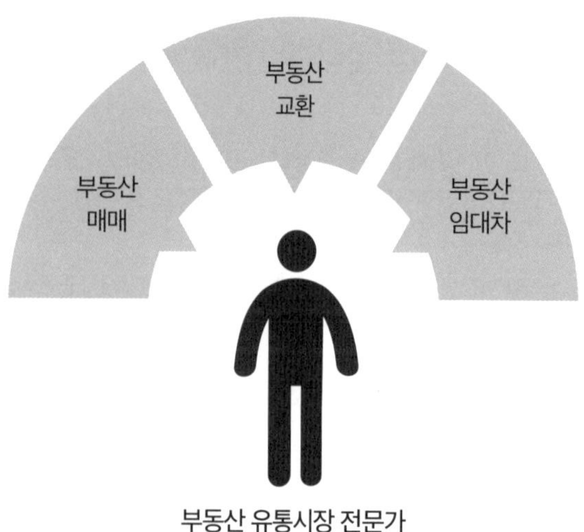

부동산 유통시장 전문가

- 일정한 수수료를 받고 토지나 주택 등 중개대상물에 대하여 거래당사자간의 매매, 교환, 임대차 그 밖의 권리의 득실 · 변경에 관한 행위를 알선 · 중개하는 업무입니다.
- 공토지나 건축물의 부동산중개업 외에도 부동산의 관리 · 분양 대행, 경 · 공매대상물의 입찰 · 매수신청 대리, 부동산의 이용 · 개발 및 거래에 대한 상담 등 다양한 업무를 수행할 수 있습니다.

공인중개사의 업무

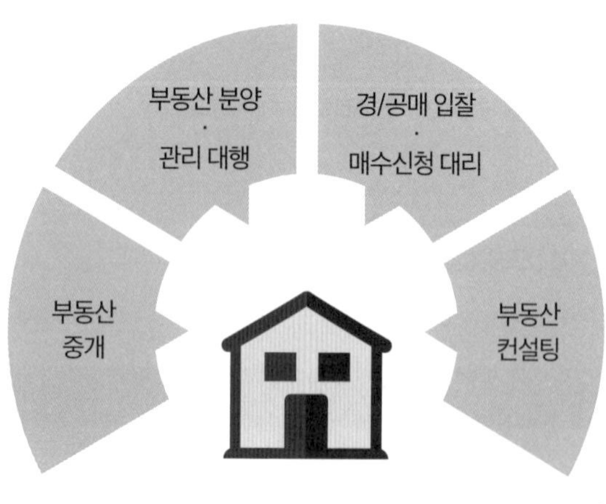

공인중개사 업무

- 공인중개사는 「공인중개사법」에 따라 공인중개사 자격을 취득한 자로, 타인의 의뢰에 의하여 일정한 수수료를 받고 토지나 건물 등에 관한 매매 · 교환 · 임대차 등의 중개를 전문으로 할 수 있는 법적 자격을 갖춘 사람을 의미합니다.
- 공인중개사는 부동산유통시장에서 원활한 부동산거래가 이루어지도록 서비스를 제공하는 전문직업인으로서 그 역할과 책무가 어느 때보다도 중요시되고 있습니다.

공인중개사의 진로

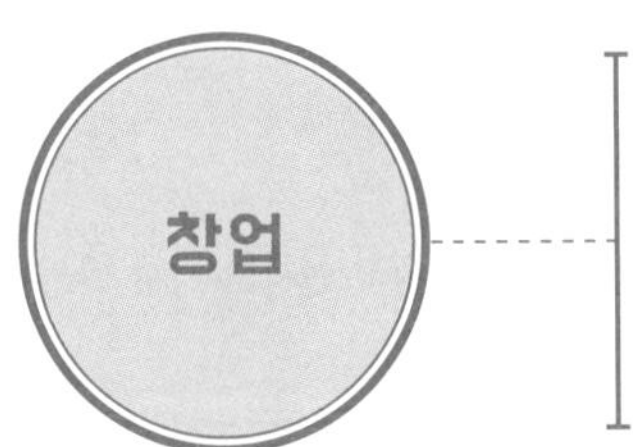

공인중개사 시험에 합격하면 소정의 교육을 거쳐 중개법인, 개인 및 합동 공인중개사 사무소, 투자신탁회사 등을 설립하여 중개 업무에 종사할 수 있다는 점이 공인중개사의 가장 큰 매력입니다. 특히 중개사무소의 경우 소규모의 자본으로도 창업이 가능하므로 다양한 연령대의 수험생들이 공인중개사 시험을 준비하고 있습니다.

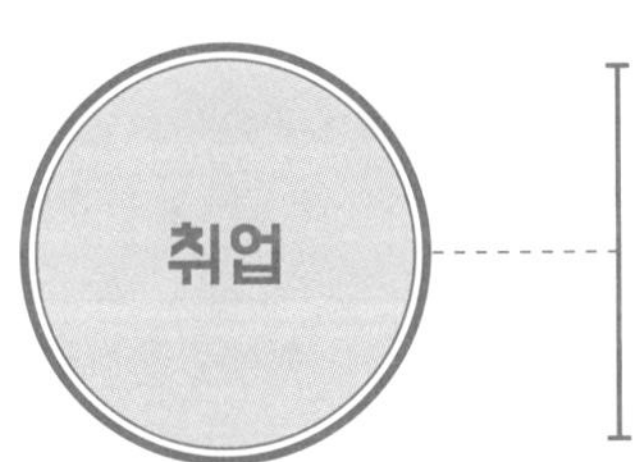

공인중개사는 중개법인, 중개사무소 및 부동산 관련 회사에 취업이 가능합니다. 또한 일반 기업의 부동산팀 및 관재팀, 은행 등의 부동산 금융분야, 정부재투자기관에도 취업이 가능하며, 여러 기업에서 공인중개사 자격증을 취득한 사원에게 승급 우대 또는 자격증 수당 등의 혜택을 제공하고 있습니다.

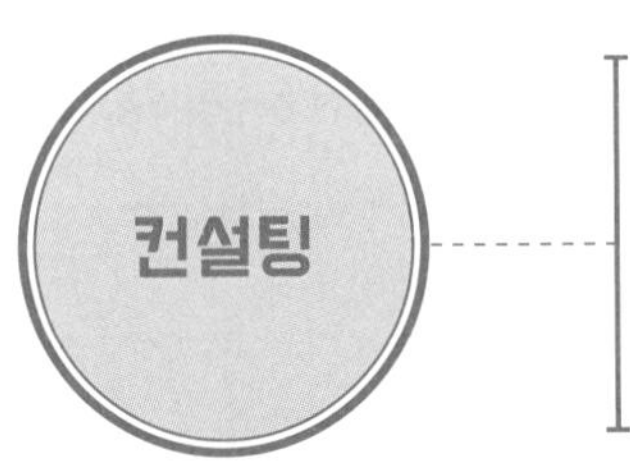

종래의 부동산 중개사무소 개업 외에 부동산의 입지환경과 특성을 조사 · 분석하여 부동산의 이용을 최대화할 수 있는 방안을 연구하고 자문하는 부동산 컨설팅업이 최근 들어 부각되고 있어 단순 중개업무 이외에 법률 · 금융의 전문적 지식을 요하는 전문가로서의 역할을 기대할 수 있습니다.

한국토지주택공사, 한국자산관리공사 등 공기업에서는 채용 시 공인중개사 자격증 소지자에게 2~3%의 가산점을 부여하고 있으며, 경찰공무원 시험에서도 가산점 2점을 주고 있습니다.

공인중개사 시험안내

응시자격

학력, 나이, 내 · 외국인을 불문하고 제한이 없습니다.

* 단, 법에 의한 응시자격 결격사유에 해당하는 자는 제외합니다(www.Q-Net.or.kr/site/junggae에서 확인 가능).

원서접수방법

- 국가자격시험 공인중개사 홈페이지(www.Q-Net.or.kr/site/junggae) 및 모바일큐넷(APP)에 접속하여 소정의 절차를 거쳐 원서를 접수합니다.
  * 5일간 정기 원서접수 시행, 2일간 빈자리 추가접수 도입(정기 원서접수 기간 종료 후 환불자 범위 내에서만 선착순으로 빈자리 추가접수를 실시하므로 조기 마감될 수 있음)
- 원서접수 시 최근 6개월 이내 촬영한 여권용 사진(3.5cm×4.5cm)을 JPG파일로 첨부합니다.
- 제35회 시험 기준 응시수수료는 1차 13,700원, 2차 14,300원, 1 · 2차 동시 응시의 경우 28,000원입니다.

시험과목

차수	시험과목	시험범위
1차 (2과목)	부동산학개론	• 부동산학개론: 부동산학 총론, 부동산학 각론 • 부동산감정평가론
	민법 및 민사특별법 중 부동산 중개에 관련되는 규정	• 민법: 총칙 중 법률행위, 질권을 제외한 물권법, 계약법 중 총칙 · 매매 · 교환 · 임대차 • 민사특별법: 주택임대차보호법, 상가건물 임대차보호법, 집합건물의 소유 및 관리에 관한 법률, 가등기담보 등에 관한 법률, 부동산 실권리자명의 등기에 관한 법률
2차 (3과목)	공인중개사의 업무 및 부동산 거래신고에 관한 법령 및 중개실무	• 공인중개사법 • 부동산 거래신고 등에 관한 법률 • 중개실무(부동산거래 전자계약 포함)
	부동산공법 중 부동산 중개에 관련되는 규정	• 국토의 계획 및 이용에 관한 법률 • 도시개발법 • 도시 및 주거환경정비법 • 주택법 • 건축법 • 농지법
	부동산공시에 관한 법령 및 부동산 관련 세법*	• 부동산등기법 • 공간정보의 구축 및 관리 등에 관한 법률(제2장 제4절 및 제3장) • 부동산 관련 세법(상속세, 증여세, 법인세, 부가가치세 제외)

* 부동산공시에 관한 법령 및 부동산 관련 세법 과목은 내용의 구성 편의상 '부동산공시법령'과 '부동산세법'으로 분리하였습니다.
* 답안은 시험시행일 현재 시행되고 있는 법령 등을 기준으로 작성합니다.

시험시간

구분		시험과목 수	입실시간	시험시간
1차 시험		2과목 (과목당 40문제)	09:00까지	09:30~11:10(100분)
2차 시험	1교시	2과목 (과목당 40문제)	12:30까지	13:00~14:40(100분)
	2교시	1과목 (과목당 40문제)	15:10까지	15:30~16:20(50분)

* 위 시험시간은 일반응시자 기준이며, 장애인 등 장애 유형에 따라 편의제공 및 시험시간 연장이 가능합니다(장애 유형별 편의제공 및 시험시간 연장 등 세부내용은 국가자격시험 공인중개사 홈페이지 공지사항 참고).

시험방법

- 1년에 1회 시험을 치르며, 1차 시험과 2차 시험을 같은 날에 구분하여 시행합니다.
- 모두 객관식 5지 선택형으로 출제됩니다.
- 답안은 OCR 카드에 작성하며, 전산자동 채점방식으로 채점합니다.

합격자 결정방법

- 1 · 2차 시험 공통으로 매 과목 100점 만점으로 하여 매 과목 40점 이상, 전 과목 평균 60점 이상 득점자를 합격자로 합니다.
- 1차 시험에 불합격한 사람의 2차 시험은 무효로 합니다.
- 1차 시험 합격자는 다음 회의 시험에 한하여 1차 시험을 면제합니다.

최종 정답 및 합격자 발표

- 최종 정답 발표는 인터넷(www.Q-Net.or.kr/site/junggae)을 통하여 확인 가능합니다.
- 최종 합격자 발표는 시험을 치른 1달 후에 인터넷(www.Q-Net.or.kr/site/junggae)을 통하여 확인 가능합니다.

출제경향분석

제35회 시험 총평

❶ 제35회 공인중개사 시험에서 부동산학개론은 1차 시험만 준비하셨던 수험생 입장에서는 난이도가 다소 높게 출제되었습니다. 계산문제를 포함하여 새롭게 출제된 것이 6~7문제, 2차 시험과목인 부동산공법 4문제, 부동산공시법 1문제, 부동산세법 1문제(이하 부분)가 출제되어 1차 시험만 준비하였던 수험생 입장에서는 대응하기 쉽지 않았던 것으로 판단되어 집니다.

❷ 그 동안 지속적으로 6~7문제가 출제되었던 제5편 부동산투자론이 3문제로 감소하였고, 감소한 자리에 2차 시험과목의 내용들 이 부동산학개론 시험문제로 구성되었습니다. 계산문제는 9문제가 출제되었으며, 이 중에서 4~5문제는 개념을 잘 정리하셨다면 짧은 시간에도 해결이 가능한 문제였습니다.

❸ 1차 시험과 2차 시험을 동시에 준비하신 수험생들은 학원 수업과정에 맞추어서 기본적이고 필수적인 내용에 대하여 집중적으로 학습하셨다면 과목의 성격상 60점 이상의 점수는 획득이 가능하다고 볼 수 있습니다.

10개년 출제경향분석

구분	제26회	제27회	제28회	제29회	제30회	제31회	제32회	제33회	제34회	제35회	계	비율(%)
부동산학 총론	3	3	4	3	3	3	3	4	3	4	33	8.25
부동산경제론	5	5	5	6	4	6	6	5	5	5	52	13
부동산시장론	3	4	4	5	4	4	4	7	5	4	44	11
부동산정책론	5	4	5	5	7	6	4	4	5	6	51	12.75
부동산투자론	6	8	8	6	7	3	7	6	8	3	62	15.5
부동산금융론	5	5	4	5	4	5	6	5	3	5	47	11.75
부동산개발 및 관리론	7	5	3	4	5	6	4	2	5	6	47	11.75
부동산감정평가론	6	6	7	6	6	7	6	7	6	7	64	16
총계	40	40	40	40	40	40	40	40	40	40	400	100

10개년 평균 편별 출제비중

* 총 문제 수: 40문제

제36회 수험대책

1편	부동산의 개념을 복합개념의 관점에서 구분 · 정리하고, 부동산 용어(토지 · 주택 등)를 숙지하며, 일반재화와 다른 부동산의 특성의 파생현상에 관한 정확한 개념정리가 요구됩니다.
2편	부동산 수요 · 공급의 개념과 특징, 수요 · 공급의 결정요인, 균형가격과 균형거래량의 변화, 탄력성(계산문제 포함), 출제빈도가 높아지고 있는 거미집이론(계산문제 포함)을 집중적으로 학습하여야 합니다.
3편	부동산시장의 특성 및 기능, 여과과정과 주거분리, 정보의 효율성, 지대이론, 도시구조이론, 상업지 및 공업입지이론 등에 대해 골고루 출제가 되고 있으며 정보의 현재가치, 레일리의 소매인력법칙, 허프의 확률모형, 컨버스의 분기점모형은 계산문제 준비가 필요합니다.
4편	시장실패와 외부효과, 토지정책의 수단(직접 · 간접 개입 등)의 구분 정리가 요구되며, 임대주택정책, 부동산조세의 유형 및 경제적 효과는 출제빈도가 높습니다. 현 정부의 부동산정책 등 시사성 있는 문제도 대비할 필요가 있습니다.
5편	요구수익률, 투자현금흐름의 계산, 화폐의 시간가치, 할인현금수지분석법은 매년 출제됩니다. 계산문제의 비중이 가장 높은 분야이며, 제5편 제2장은 종합적 사고를 요하는 종합문제의 비중이 늘어나는 추세입니다.
6편	융자금상환방식(계산문제 포함), 주택저당유동화제도 및 주택저당증권의 종류, 프로젝트 파이낸싱 및 자산유동화제도, 부동산투자회사는 비교적 자주 출제되므로 집중학습이 필요합니다. 부동산금융론에서는 비교 지문이 많이 출제된다는 것에 유의하여야 합니다.
7편	부동산개발은 BTO/BTL방식 등 민자유치 사업방식, 개발사업의 타당성분석, 민간의 개발방식 유형이 핵심분야입니다. 부동산관리 및 부동산마케팅은 비교적 단기간에 습득이 가능하고, 평이한 수준의 문제가 주로 출제되므로 실수하지 않도록 기본서와 병행하여 학습합니다. 입지계수(LQ)와 비율임대차에 의한 임대료 계산문제도 대비하여야 합니다.
8편	제1장 감정평가의 기초이론과 「감정평가에 관한 규칙」, 제3장 부동산가격공시제도에 중점을 두고 학습합니다. 제2장 감정평가의 방식은 자신의 학습능력을 고려하여 해결이 가능한 계산문제 위주로 선별하여 전략적으로 대비합니다.

3개년 출제비중분석

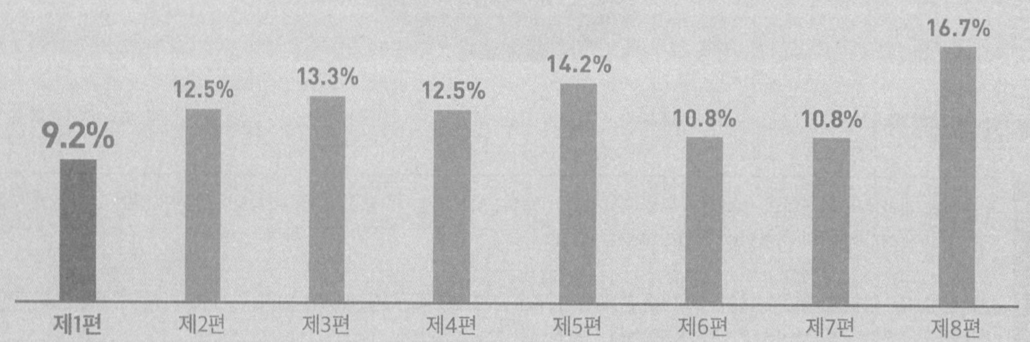
9.2%
12.5%
13.3%
12.5%
14.2%
10.8%
10.8%
16.7%
제1편
제2편
제3편
제4편
제5편
제6편
제7편
제8편

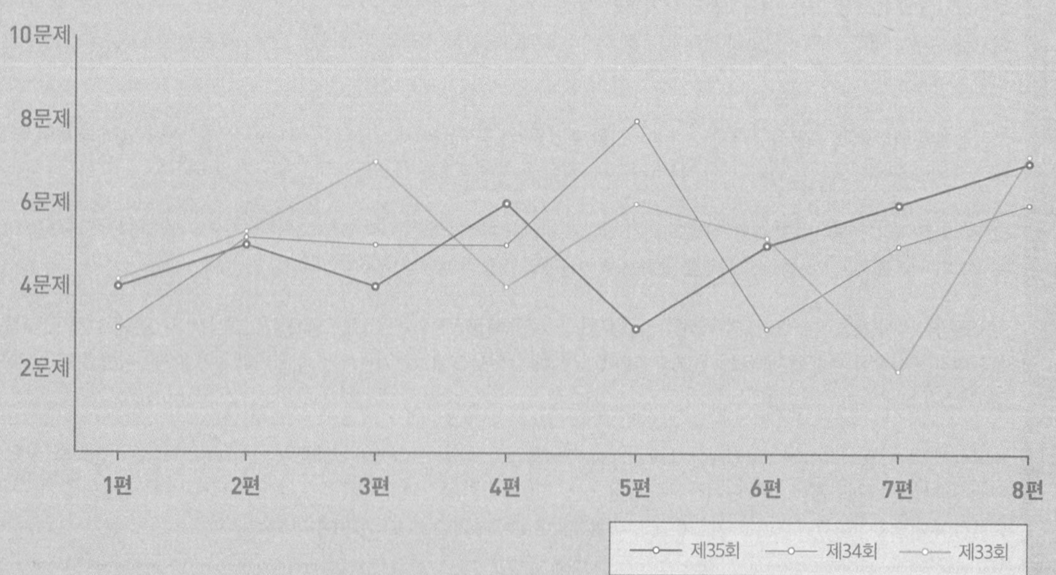
10문제
8문제
6문제
4문제
2문제
1편
2편
3편
4편
5편
6편
7편
8편
제35회
제34회
제33회

제1편

부동산학 총론

제1장 부동산의 개념과 분류

기본서 p.19~33

□□□

01 상 중 **하**

부동산의 개념에 관한 것으로 옳은 것으로만 짝지어진 것은? 제30회

㉠ 자본	㉡ 소비재
㉢ 공간	㉣ 생산요소
㉤ 자연	㉥ 자산
㉦ 위치	

	경제적 개념	물리적(기술적) 개념
①	㉠, ㉡, ㉢, ㉥	㉣, ㉤, ㉦
②	㉠, ㉡, ㉣, ㉥	㉢, ㉤, ㉦
③	㉠, ㉣, ㉤, ㉦	㉡, ㉢, ㉥
④	㉡, ㉣, ㉤, ㉥	㉠, ㉢, ㉦
⑤	㉢, ㉣, ㉥, ㉦	㉠, ㉡, ㉤

톺아보기

• 부동산의 경제적 개념: 자본, 소비재, 생산요소, 자산, 상품 등
• 부동산의 물리적 개념: 공간, 자연, 위치, 환경 등

□□□

02 부동산의 개념에 관한 설명으로 틀린 것은?

제34회

상 중 **하**

① 「민법」상 부동산은 토지 및 그 정착물이다.
② 경제적 측면의 부동산은 부동산가치에 영향을 미치는 수익성, 수급조절, 시장정보를 포함한다.
③ 물리적 측면의 부동산에는 생산요소, 자산, 공간, 자연이 포함된다.
④ 등기 · 등록의 공시방법을 갖춤으로써 부동산에 준하여 취급되는 동산은 준부동산으로 간주한다.
⑤ 공간적 측면의 부동산에는 지하, 지표, 공중공간이 포함된다.

톺아보기

③ 물리적(기술적) 측면의 부동산에는 공간, 자연, 위치, 환경이 포함된다. 생산요소(생산재)와 자산은 경제적 측면의 개념이다.
④ 등기 · 등록의 공시방법을 갖춤으로써 부동산에 준하여 취급되는 동산은 준부동산으로 간주한다.

더 알아보기

부동산의 복합개념	법률적 개념	경제적 개념	기술(물리)적 개념
• 법률적 측면 • 경제적 측면 • 기술(물리)적 측면	• **협의의 부동산**: 토지와 그 정착물 • **광의의 부동산**: 협의의 부동산 + 준부동산	• 자산 • 자본 • 생산요소(생산재) • 소비재 • 상품	• 공간 • 위치 • 자연 • 환경

정답 | 01 ② 02 ③

□□□

03

상 중 **하**

우리나라에서 부동산과 소유권에 관한 설명으로 틀린 것은? 제29회

① 토지소유자는 법률의 범위 내에서 토지를 사용, 수익, 처분할 권리가 있다.

② 「민법」에서 부동산이란 토지와 그 정착물을 말한다.

③ 토지의 소유권은 정당한 이익 있는 범위 내에서 토지의 상하에 미친다.

④ 토지의 소유권 공시방법은 등기이다.

⑤ 토지의 정착물 중 토지와 독립된 물건으로 취급되는 것은 없다.

톺아보기

⑤ 토지의 정착물 중에는 토지와 별개인 독립된 물건(예 건물, 등기된 입목 등)으로 취급되는 것이 있으며, 토지의 일부인 물건(예 돌담, 구거, 도로의 포장 등)으로 취급되는 것도 있다.

③ 「민법」에서는 "토지의 소유권은 정당한 이익이 있는 범위 내에서 토지의 상하에 미친다."라고 규정하고 있다. 즉, 토지소유권의 효력범위를 입체적으로 인정하고 있다.

□□□

04

상 중 **하**

다음 토지의 정착물 중 토지와 독립된 것이 아닌 것은? 제25회

① 건물

② 소유권보존등기된 입목

③ 구거

④ 명인방법을 구비한 수목

⑤ 권원에 의하여 타인의 토지에서 재배되고 있는 농작물

톺아보기

①②④⑤ 건물, 소유권보존등기된 입목, 명인방법을 구비한 수목, 권원에 의하여 타인의 토지에서 재배되고 있는 농작물은 토지와 별개인 독립된 정착물이지만, 구거는 토지의 일부인 정착물이다.

더 알아보기

구거란 인공적인 수로 및 그 부속시설물의 부지와 자연의 유수가 있거나 있을 것으로 예상되는 소규모의 수로부지를 말한다.

□□□
05
상 중 **하**

토지의 정착물에 해당하지 않는 것은? 제33회

① 구거
② 다년생 식물
③ 가식 중인 수목
④ 교량
⑤ 담장

톺아보기

③ 정착물은 토지에 계속적 · 항구적으로 부착된 것이 사회통념상으로 인정되는 물건으로서, 토지와 별개인 독립된 정착물과 토지의 일부인 정착물로 구분할 수 있다. 가식(假植) 중의 수목(옮겨심기 위해 토지에 임시로 심어 놓은 수목)과 경작수확물(예 벼 등)은 토지에 계속적 부착상태가 아니므로 부동산정착물에 해당하지 않는다.
①②④⑤ 모두 토지의 일부인 정착물이다.

□□□
06
상 중 하

법령에 의해 등기의 방법으로 소유권을 공시할 수 있는 물건을 모두 고른 것은? 제35회

㉠ 총톤수 25톤인 기선(機船)	㉡ 적재용량 25톤인 덤프트럭
㉢ 최대 이륙중량 400톤인 항공기	㉣ 토지에 부착된 한 그루의 수목

① ㉠
② ㉠, ㉣
③ ㉢, ㉣
④ ㉠, ㉡, ㉢
⑤ ㉠, ㉡, ㉢, ㉣

톺아보기

- 준부동산 중에서 선박(20톤 이상)은 「선박등기법」에 의해 등기하여 소유권을 공시한다.
- 자동차, 항공기, 건설기계: 등록의 공시수단을 갖추어 공시한다.

㉠ 총톤수 25톤인 기선(機船) ⇨ 등기
㉡ 적재용량 25톤인 덤프트럭 ⇨ 등록
㉢ 최대 이륙중량 400톤인 항공기 ⇨ 등록
㉣ 토지에 부착된 한 그루의 수목 ⇨ 토지의 일부인 정착물이므로 등기의 방법으로 공시하지 않는다.
⊕ 입목에 관한 법령상 수목집단(입목)은 등기의 방법을 통해 공시한다.

정답 | 03 ⑤ 04 ③ 05 ③ 06 ①

□□□

07

상**중**하

토지의 이용목적과 활동에 따른 토지 관련 용어에 관한 설명으로 옳은 것은? 제30회

① 부지(敷地)는 건부지 중 건물을 제외하고 남은 부분의 토지로, 건축법령에 의한 건폐율 등의 제한으로 인해 필지 내에 비어있는 토지를 말한다.

② 대지(垈地)는 공간정보의 구축 및 관리 등에 관한 법령과 부동산등기법령에서 정한 하나의 등록단위로 표시하는 토지를 말한다.

③ 빈지(濱地)는 과거에는 소유권이 인정되는 전·답 등이었으나, 지반이 절토되어 무너져 내린 토지로 바다나 하천으로 변한 토지를 말한다.

④ 포락지(浦落地)는 소유권이 인정되지 않는 바다와 육지 사이의 해변토지를 말한다.

⑤ 소지(素地)는 대지 등으로 개발되기 이전의 자연 상태로서의 토지를 말한다.

톺아보기

오답해설

① 부지(敷地)가 아니라 공지에 대한 설명이다. 부지는 일정한 용도로 제공(이용)되고 있는 바닥토지를 말한다. 공지는 건부지 중 건물을 제외하고 남은 부분의 토지로, 건축법령에 의한 건폐율 등의 제한으로 인해 필지 내에 비어있는 토지를 말한다.

② 대지(垈地)가 아니라 필지(筆地)에 대한 설명이다. 필지는 공간정보의 구축 및 관리 등에 관한 법령과 부동산등기법령에서 정한 하나의 등록단위로 표시하는 토지를 말한다.

⇨ 「건축법」 제2조 제1항 제1호에 따르면, '대지(垈地)'란 「공간정보의 구축 및 관리 등에 관한 법률」에 따라 각 필지(筆地)로 나눈 토지를 말한다. 다만, 대통령령으로 정하는 토지는 둘 이상의 필지를 하나의 대지로 하거나 하나 이상의 필지의 일부를 하나의 대지로 할 수 있다. 대지(垈地)는 건축이 가능한 토지로 건축이 불가능한 맹지(盲地)와 대비되는 개념이다.

★ ③ 빈지(濱地)가 아니라 포락지에 대한 설명이다. 빈지는 소유권이 인정되지 않는 바다와 육지 사이의 해변토지를 말한다.

④ 포락지(浦落地)가 아니라 빈지에 대한 설명이다. 포락지란 공유수면 관리 및 매립에 관한 법령상 지적공부(地籍公簿)에 등록된 토지가 물에 침식되어 수면 밑으로 잠긴 토지를 말한다.

□□□

08 이용상태에 따른 토지용어의 설명으로 틀린 것은?

제28회

상 중 **하**

① 부지(敷地)는 도로부지, 하천부지와 같이 일정한 용도로 이용되는 토지를 말한다.

② 선하지(線下地)는 고압선 아래의 토지로 이용 및 거래의 제한을 받는 경우가 많다.

③ 맹지(盲地)는 도로에 직접 연결되지 않은 한 필지의 토지다.

④ 후보지(候補地)는 임지지역, 농지지역, 택지지역 상호간에 다른 지역으로 전환되고 있는 어느 지역의 토지를 말한다.

⑤ 빈지(濱地)는 물에 의한 침식으로 인해 수면 아래로 잠기거나 하천으로 변한 토지를 말한다.

톺아보기

⑤ 빈지가 아니라 포락지에 관한 설명이다. 빈지(濱地)는 해변토지로서, 법적으로 소유권은 인정되지 않지만 활용실익이 있는 토지를 말한다. 포락지란 공유수면 관리 및 매립에 관한 법령상 지적공부(地籍公簿)에 등록된 토지가 물에 침식되어 수면 밑으로 잠긴 토지를 말한다.

★ ④ 후보지(候補地)는 임지지역, 농지지역, 택지지역 상호간에 다른 지역으로 전환되고 있는 어느 지역의 토지를 말한다.

정답 | 07 ⑤ 08 ⑤

□□□

09 토지 관련 용어의 설명으로 옳은 것을 모두 고른 것은? 제29회

상중하

ㄱ 택지는 주거 · 상업 · 공업용지 등의 용도로 이용되고 있거나 해당 용도로 이용할 목적으로 조성된 토지를 말한다.
ㄴ 획지는 용도상 불가분의 관계에 있는 2필지 이상의 일단의 토지를 말한다.
ㄷ 표본지는 지가의 공시를 위해 가치형성요인이 같거나 유사하다고 인정되는 일단의 토지 중에서 선정한 토지를 말한다.
ㄹ 이행지는 택지지역 · 농지지역 · 임지지역 상호간에 다른 지역으로 전환되고 있는 일단의 토지를 말한다.

① ㄱ ② ㄱ, ㄴ ③ ㄴ, ㄹ
④ ㄴ, ㄷ, ㄹ ⑤ ㄱ, ㄴ, ㄷ, ㄹ

톺아보기

옳은 것은 ㄱ이다.

ㄴ 획지는 인위적 · 자연적 · 행정적 조건에 의해 다른 토지와 구별되는 것으로, 가격수준이 비슷한 일단의 토지를 말한다.

ㄷ 부동산 가격공시에 관한 법령상 표준지에 대한 설명이다. 이와는 달리 표본지는 지가변동률 조사 · 산정대상 지역에서 행정구역별 · 용도구역별 · 이용상황별로 지가변동률을 측정하기 위해 산정한 대표적인 필지이다.

ㄹ 후보지에 대한 설명이다. 이와는 달리 이행지는 용도적 지역의 세분된 지역 내에서 그 용도가 변경 중에 있는 토지를 말한다.

□□□

10 토지 관련 용어의 설명으로 틀린 것은? 제32회

상 중 **하**

① 택지지역 내에서 주거지역이 상업지역으로 용도변경이 진행되고 있는 토지를 이행지라 한다.

② 필지는 하나의 지번이 부여된 토지의 등록단위이다.

③ 획지는 인위적 · 자연적 · 행정적 조건에 따라 다른 토지와 구별되는 가격수준이 비슷한 일단의 토지를 말한다.

④ 나지는 건부지 중 건폐율 · 용적률의 제한으로 건물을 짓지 않고 남겨둔 토지를 말한다.

⑤ 맹지는 도로에 직접 연결되지 않은 토지이다.

톺아보기

- 공지(空地)는 건폐율 · 용적률의 제한으로 건물을 짓지 않고 남겨둔 토지를 말한다.
- 나지(裸地)는 토지에 건물 기타의 정착물이 없고 지상권 등 토지의 사용 · 수익을 제한하는 사법상의 권리가 설정되어 있지 아니한 토지를 말한다.

더 알아보기

- **건폐율**: 대지면적에 대한 건축면적의 비율
- **용적률**: 대지면적에 대한 연(건축)면적의 비율

정답 | 09 ① 10 ④

□□□

11

상**중**하

토지에 관련된 용어이다. (　　)에 들어갈 내용으로 옳은 것은? 제35회

> (㉠): 지적제도의 용어로서, 토지의 주된 용도에 따라 토지의 종류를 구분하여 지적공부에 등록한 것
> (㉡): 지가공시제도의 용어로서, 토지에 건물이나 그 밖의 정착물이 없고 지상권 등 토지의 사용·수익을 제한하는 사법상의 권리가 설정되어 있지 아니한 토지

① ㉠: 필지, ㉡: 소지
② ㉠: 지목, ㉡: 나지
③ ㉠: 필지, ㉡: 나지
④ ㉠: 지목, ㉡: 나대지
⑤ ㉠: 필지, ㉡: 나대지

톺아보기

(㉠): 지목에 대한 설명이다. 2차 시험과목 '부동산공시법'에서 학습하는 내용이다.

★ 지목이란 지적제도의 용어로서 토지의 주된 용도에 따라 토지의 종류를 구분하여 지적공부에 등록한 것을 말한다.

(㉡): 나지에 대한 설명이다.

★ 지가공시제도의 용어로서, 토지에 건물이나 그 밖의 정착물이 없고 지상권 등 토지의 사용·수익을 제한하는 사법상의 권리가 설정되어 있지 아니한 토지를 말한다(「표준지공시지가 조사·평가기준」 국토교통부 훈령).

□□□

12

상중**하**

건부지(建附地)와 나지(裸地)의 특성에 관한 설명으로 틀린 것은? 제25회

① 나지란 지상에 건물 기타 정착물이 없는 토지다.
② 나지는 지상권 등 토지의 사용·수익을 제한하는 사법상의 권리가 설정되어 있지 않은 토지다.
③ 건부지가격은 건부감가에 의해 나지가격보다 높게 평가된다.
④ 건부지는 지상에 있는 건물에 의하여 사용·수익이 제한되는 경우가 있다.
⑤ 건부지는 건물 등이 부지의 최유효이용에 적합하지 못하는 경우, 나지에 비해 최유효이용의 기대가능성이 낮다.

톺아보기

건부지가격은 건부감가에 의해 나지가격보다 낮게 평가된다.

더 알아보기

건부지는 지상의 건축물 등이 최유효이용 상태가 아닐 경우 나지에 비해 그 활용도가 떨어지므로 가치가 하락하는 건부감가가 발생한다. 즉, 가격이 낮게 평가된다.

□□□

13 상**중**하

토지 관련 용어의 설명으로 옳은 것은? 제31회

① 획지(劃地)는 하나의 지번이 부여된 토지의 등록단위를 말한다.
② 후보지(候補地)는 택지지역 · 농지지역 · 임지지역 내에서 세부지역간 용도가 전환되고 있는 토지를 말한다.
③ 나지(裸地)는 토지 위에 정착물이 없고 공법상 및 사법상의 제한이 없는 토지를 말한다.
④ 부지(敷地)는 자연 상태 그대로의 토지를 말한다.
⑤ 포락지(浦落地)는 지적공부에 등록된 토지가 물에 침식되어 수면 밑으로 잠긴 토지를 말한다.

톺아보기

오답해설

① 필지는 하나의 지번이 부여된 토지의 등록단위를 말한다. 획지(劃地)는 인위적 · 자연적 · 행정적 조건에 의해 다른 토지와 구별되는 것으로, 가격수준이 비슷한 일단의 토지를 말한다.
② 이행지는 택지지역 · 농지지역 · 임지지역 내에서 세부지역간 용도가 전환되고 있는 토지를 말한다. 후보지(候補地)는 택지지역 · 농지지역 · 임지지역 상호간, 용도적 지역 상호간에 전환되고 있는 지역의 토지를 말한다.
③ 나지(裸地)는 토지 위에 건물 기타의 정착물이 없고, 지상권 등 사용 · 수익을 제한하는 사법상의 권리가 설정되어 있지 아니한 토지를 말한다.
④ 소지 · 원지는 자연 상태 그대로의 토지를 말한다. 부지(敷地)는 일정한 용도로 제공되고 있는 바닥 토지를 포괄하는 용어이다.

정답 | 11 ② 12 ③ 13 ⑤

□□□

14 토지 관련 용어의 설명으로 옳게 연결된 것은?

상 중 **하**

제34회

> ㉠ 소유권이 인정되지 않는 바다와 육지 사이의 해변토지
> ㉡ 택지경계와 인접한 경사된 토지로 사실상 사용이 불가능한 토지
> ㉢ 택지지역 내에서 공업지역이 상업지역으로 용도가 전환되고 있는 토지
> ㉣ 임지지역 · 농지지역 · 택지지역 상호간에 다른 지역으로 전환되고 있는 토지

① ㉠: 공지, ㉡: 빈지, ㉢: 후보지, ㉣: 이행지
② ㉠: 법지, ㉡: 빈지, ㉢: 이행지, ㉣: 후보지
③ ㉠: 법지, ㉡: 공지, ㉢: 후보지, ㉣: 이행지
④ ㉠: 빈지, ㉡: 법지, ㉢: 이행지, ㉣: 후보지
⑤ ㉠: 빈지, ㉡: 법지, ㉢: 후보지, ㉣: 이행지

톺아보기

㉠ 소유권이 인정되지 않는 바다와 육지 사이의 해변토지 ⇨ 빈지
㉡ 택지경계와 인접한 경사된 토지로 사실상 사용이 불가능한 토지(소유권은 인정되지만, 활용실익이 없거나 적은 토지) ⇨ 법지
㉢ 택지지역 내에서 공업지역이 상업지역으로 용도가 전환되고 있는 토지(용도적 지역 내에서 그 용도가 변경 중인 토지) ⇨ 이행지
㉣ 임지지역 · 농지지역 · 택지지역 상호간에 다른 지역으로 전환되고 있는 토지(용도적 지역 상호간에 그 용도가 변경 중인 토지) ⇨ 후보지

□□□

15 다음 법률적 요건을 모두 갖춘 주택은?

상 중 **하**

제28회 수정

> • 1개 동의 주택으로 쓰이는 바닥면적의 합계가 660m² 이하이고, 주택으로 쓰는 층수(지하층은 제외)가 3개 층 이하일 것
> • 독립된 주거의 형태를 갖추지 아니한 것(각 실별로 욕실은 설치할 수 있으나, 취사시설은 설치하지 아니한 것을 말함)
> • 학생 또는 직장인 등 여러 사람이 장기간 거주할 수 있는 구조로 되어 있는 것

① 연립주택
② 다중주택
③ 다가구주택
④ 다세대주택
⑤ 기숙사

톺아보기

② 다중주택에 대한 설명이다.

오답해설

① 연립주택은 주택으로 쓰는 1개 동의 바닥면적 합계가 660m²를 초과하고, 층수가 4개 층 이하인 주택이다.
③ 다가구주택은 주택으로 쓰는 층수가 3개 층 이하이고, 1개 동의 주택으로 쓰이는 바닥면적의 합계가 660m² 이하인 주택이다.
④ 다세대주택은 주택으로 쓰는 1개 동의 바닥면적 합계가 660m² 이하이고, 층수가 4개 층 이하인 주택이다.
⑤ 기숙사는 학교 또는 공장 등의 학생 또는 종업원 등을 위하여 쓰는 것으로서 1개 동의 공동취사시설 이용 세대 수가 전체의 50% 이상인 주택을 말한다.

□□□

16 다중주택의 요건이 아닌 것은? (단, 건축법령상 단서 조항은 고려하지 않음)

제32회

상**중**하

① 1개 동의 주택으로 쓰이는 바닥면적(부설 주차장 면적은 제외한다)의 합계가 660m² 이하이고 주택으로 쓰는 층수(지하층은 제외한다)가 3개 층 이하일 것
② 독립된 주거의 형태를 갖추지 않은 것(각 실별로 욕실은 설치할 수 있으나, 취사시설은 설치하지 않은 것을 말한다)
③ 학교 또는 공장 등의 학생 또는 종업원 등을 위하여 쓰는 것으로서 1개 동의 공동취사시설 이용 세대 수가 전체의 50% 이상인 것
④ 적정한 주거환경을 조성하기 위하여 건축조례로 정하는 실별 최소 면적, 창문의 설치 및 크기 등의 기준에 적합할 것
⑤ 학생 또는 직장인 등 여러 사람이 장기간 거주할 수 있는 구조로 되어 있는 것

톺아보기

공동주택 중 일반기숙사에 대한 설명이다. 일반기숙사는 학교 또는 공장 등의 학생 또는 종업원 등을 위하여 사용하는 것으로서, 해당 기숙사의 공동취사시설 이용 세대 수가 전체 세대 수의 50% 이상인 것(「교육기본법」 제27조 제2항에 따른 학생복지주택을 포함한다)을 말한다.

정답 | 14 ④ 15 ② 16 ③

□□□

17

상**중**하

건축물 A의 현황이 다음과 같을 경우, 건축법령상 용도별 건축물의 종류는? 제33회

> • 층수가 4층인 1개 동의 건축물로서 지하층과 필로티 구조는 없음
> • 전체 층을 주택으로 쓰며, 주택으로 쓰는 바닥면적의 합계가 600m^2임
> • 세대수 합계는 8세대로서 모든 세대에 취사시설이 설치됨

① 기숙사
② 다중주택
③ 연립주택
④ 다가구주택
⑤ 다세대주택

톺아보기

⑤ 위의 조건을 모두 총족하는 주택은 다세대주택이다. 다세대주택이란 주택으로 쓰이는 1개 동의 바닥면적 합계가 660m^2 이하이고, 층수가 4개 층 이하인 주택(2개 이상의 동을 지하주차장으로 연결하는 경우에는 각각의 동으로 본다)을 말한다(「건축법 시행령」 별표 1 제2호).

오답해설

③ 연립주택은 바닥면적 합계가 660m^2를 초과하는 것이므로, 해당 문제의 정답이 될 수 없다.

□□□

18

상중**하**

다음은 용도별 건축물의 종류에 관한 「건축법 시행령」 규정의 일부이다. (   )에 들어갈 내용으로 옳은 것은? 제35회

> 다세대주택: 주택으로 쓰는 1개 동의 (㉠) 합계가 660m^2 이하이고, 층수가 (㉡) 이하인 주택 (2개 이상의 동을 지하주차장으로 연결하는 경우에는 각각의 동으로 본다)

① ㉠: 건축면적, ㉡: 4층
② ㉠: 건축면적, ㉡: 4개 층
③ ㉠: 바닥면적, ㉡: 4층
④ ㉠: 바닥면적, ㉡: 4개 층
⑤ ㉠: 대지면적, ㉡: 4층

톺아보기

★ 다세대주택이란 주택으로 쓰는 1개 동의 (㉠: 바닥면적) 합계가 660m^2 이하이고, 층수가 (㉡: 4개 층) 이하인 주택(2개 이상의 동을 지하주차장으로 연결하는 경우에는 각각의 동으로 본다)을 말한다.

2차 시험과목 '부동산공법'에서도 학습하는 내용이다.

□□□

19 주택법령상 주택의 유형과 내용에 관한 설명으로 틀린 것은? 제35회

상중하

① 도시형 생활주택은 「국토의 계획 및 이용에 관한 법률」에 따른 도시지역에 건설하여야 한다.

② 도시형 생활주택은 300세대 미만의 국민주택규모로 구성된다.

③ 토지임대부 분양주택의 경우, 토지의 소유권은 분양주택건설사업을 시행하는 자가 가지고, 건축물 및 복리시설 등에 대한 소유권은 주택을 분양받은 자가 가진다.

④ 세대구분형 공동주택은 주택 내부 공간의 일부를 세대별로 구분하여 생활이 가능한 구조이어야 하며, 그 구분된 공간의 일부를 구분소유할 수 있다.

⑤ 장수명 주택은 구조적으로 오랫동안 유지 · 관리될 수 있는 내구성을 갖추고, 입주자의 필요에 따라 내부 구조를 쉽게 변경할 수 있는 가변성과 수리 용이성 등이 우수한 주택을 말한다.

톺아보기

세대구분형 공동주택은 주택 내부 공간의 일부를 세대별로 구분하여 생활이 가능한 구조이어야 하며, 그 구분된 공간의 일부를 구분소유할 수 없다.

「주택법」 제2조 【정의】

19. "세대구분형 공동주택"이란 공동주택의 주택 내부 공간의 일부를 세대별로 구분하여 생활이 가능한 구조로 하되, 그 구분된 공간의 일부를 구분소유할 수 없는 주택으로서 대통령령으로 정하는 건설기준, 설치기준, 면적기준 등에 적합한 주택을 말한다.

2차 시험과목 '부동산공법'에서 학습하는 내용이다.

정답 | 17 ⑤ 18 ④ 19 ④

제2장 / 부동산의 특성 및 속성

기본서 p.34~48

□□□

20 상 중 **하**

토지의 자연적 특성 중 다음 설명과 모두 관련 있는 것은? 제30회

- 부동산관리의 의의를 높게 한다.
- 장기투자를 통해 자본이득과 소득이득을 얻을 수 있다.
- 부동산활동에 있어서 장기배려를 하게 한다.

① 적재성
② 부동성
③ 영속성
④ 개별성
⑤ 인접성

톺아보기

영속성에 대한 설명이다.

더 알아보기

영속성

- 토지의 물리적 절대량이 소멸되지 않는다는 영속성과 건물의 내구성은 부동산관리의 필요성을 제기한다.
- 장기투자를 통해 자본이득(매각차익)과 소득이득(이용 · 사용이익 = 임대료 수입)을 획득하게 해준다.
- 영속성에 따라 부동산활동은 장기적인 고려하에 수행되며, 따라서 부동산가치란 장래 유 · 무형 편익을 현재가치로 환원한 값이라고 정의할 수 있다.

□□□

21 상 중 **하**

토지의 자연적 특성 중 다음 설명에 모두 관련 있는 것은? 제29회

> • 토지이용을 집약화시킨다.
> • 토지의 공급조절을 곤란하게 한다.
> • 토지의 소유 욕구를 증대시킨다.

① 인접성
② 부증성
③ 영속성
④ 개별성
⑤ 적재성

톺아보기

부증성(= 비생산성 = 면적의 유한성 = 희소성)에 대한 설명이다.

더 알아보기

부증성

• 토지의 절대량이 한정되어 있으므로 도심 중심 쪽으로 갈수록 단위면적당 자본의 투입비율을 높이는 집약적 이용을 필연화시킨다.
• 토지가격이 상승해도 물리적 공급을 늘릴 수 없으므로, 가격이 수요 · 공급조절을 곤란하게 하며, 균형가격 성립을 저해하는 요인이 된다.
• 독점 소유욕구를 증대시켜 지대 발생 및 지가 상승의 원인이 된다.

정답 | 20 ③ 21 ②

□□□

22 토지의 특성에 관한 설명으로 틀린 것은?

상 중 **하**

제34회

① 용도의 다양성으로 인해 두 개 이상의 용도가 동시에 경합할 수 없고 용도의 전환 및 합병 · 분할을 어렵게 한다.

② 부증성으로 인해 토지의 물리적 공급이 어려우므로 토지이용의 집약화가 요구된다.

③ 부동성으로 인해 주변 환경의 변화에 따른 외부효과가 나타날 수 있다.

④ 영속성으로 인해 재화의 소모를 전제로 하는 재생산이론과 물리적 감가상각이 적용되지 않는다.

⑤ 개별성으로 인해 토지별 완전한 대체관계가 제약된다.

톺아보기

① 용도의 다양성으로 인해 두 개 이상의 용도가 동시에 경합할 수 있으며, 용도의 전환 및 합병 · 분할을 가능하게 한다. 병합 · 분할의 가능성은 용도의 다양성을 지원하는 기능을 갖는다.

② 부증성(⇨ 희소성)에 따라 도심쪽으로 갈수록 집약적(단위면적당 자본의 투입비율이 상대적으로 높은) 토지이용이 이루어진다.

③ 외부효과는 부동성과 인접성에 의해 설명이 가능하다.

④ 토지는 물리적 절대량이 소모(마멸)되지 않으므로, 영속성으로 인해 재화의 소모를 전제로 하는 재생산이론과 물리적 감가상각이 적용되지 않는다.

⑤ 개별성(비동질성)은 토지의 물리적 대체사용을 불가능하게 한다. 단, 인접성의 특성에 따라 용도적 대체는 가능하다.

□□□

23 토지의 특성에 관한 설명으로 옳은 것은?

상 **중** 하

제35회

① 부동성으로 인해 외부효과가 발생하지 않는다.

② 개별성으로 인해 거래사례를 통한 지가 산정이 쉽다.

③ 부증성으로 인해 토지의 물리적 공급은 단기적으로 탄력적이다.

④ 용도의 다양성으로 인해 토지의 경제적 공급은 증가할 수 있다.

⑤ 영속성으로 인해 부동산활동에서 토지는 감가상각을 고려하여야 한다.

톺아보기

★ ④ 용도의 다양성으로 인해 토지의 경제적 공급은 증가할 수 있다. 토지는 용도전환 등을 통해 경제적(용도적) 공급이 증가할 수 있다.

오답해설

① 부동성(또는 인접성)으로 인해 외부효과가 발생한다. 즉, 부동성은 외부효과를 설명하는 근거가 된다.
② 토지는 개별성으로 인해 표준지의 선정 및 가치판단기준의 객관화를 어렵게 한다(지가 산정이 용이하지 않다). ⇨ 개별토지를 감정평가할 때 표준지공시지가를 기준으로 하는 이유가 된다.
③ 부증성(비생산성)으로 인해 토지의 물리적 공급은 완전비탄력적이다. 단, 경제적 공급은 단기에는 비탄력적이지만, 장기에는 탄력적으로 나타난다.
⑤ 영속성(비소모성, 비소멸성)으로 인해 부동산활동에서 토지는 물리적 감가가 발생하지 않는다.

□□□
24 토지의 특성에 관련된 설명으로 옳은 것을 모두 고른 것은? 제31회

상**중**하

ㄱ 개별성은 토지시장을 불완전경쟁시장으로 만드는 요인이다.
ㄴ 부증성은 토지이용을 집약화시키는 요인이다.
ㄷ 부동성은 부동산활동에서 임장활동 필요성의 근거가 된다.
ㄹ 영속성은 부동산활동에서 감가상각 필요성의 근거가 된다.

① ㄱ
② ㄴ, ㄹ
③ ㄱ, ㄴ, ㄷ
④ ㄴ, ㄷ, ㄹ
⑤ ㄱ, ㄴ, ㄷ, ㄹ

톺아보기

옳은 것은 ㄱㄴㄷ이다.

ㄹ 영속성은 부동산활동에서 토지의 물리적 감가상각을 배제하는 근거가 된다. 즉, 토지는 물리적인 감가가 발생하지 않는다. 영속성(비소모성, 비소멸성)은 물리적으로 보는 토지는 사용에 의해 마멸, 훼손되지 않으므로 절대면적이 줄어들지 않는다는 것을 말하는 것을 말한다.

정답 | 22 ① 23 ④ 24 ③

□□□

25

상**중**하

토지의 자연적 특성에 관한 설명으로 옳은 것을 모두 고른 것은? 제32회

> ㉠ 부증성으로 인해 동산과 부동산이 구분되고, 일반재화와 부동산재화의 특성이 다르게 나타난다.
> ㉡ 부동성으로 인해 임장활동과 지역분석을 필요로 한다.
> ㉢ 인접성으로 인해 부동산의 수급이 불균형하여 균형가격의 형성이 어렵다.
> ㉣ 개별성으로 인해 일물일가 법칙의 적용이 배제되어 토지시장에서 물건간 완전한 대체관계가 제약된다.

① ㉠, ㉡
② ㉠, ㉢
③ ㉡, ㉢
④ ㉡, ㉣
⑤ ㉢, ㉣

톺아보기

옳은 것은 ㉡㉣이다.

㉠ 부동성으로 인해 동산과 부동산이 구분되고, 일반재화와 부동산재화의 특성이 다르게 나타난다. ⇨ 동산과 부동산의 공시방법을 달리하게 한다.

㉢ 부증성, 부동성, 개별성 등으로 인해 부동산의 수급이 불균형하여 균형가격의 형성이 어렵다.

□□□

26

상**중**하

부동산의 자연특성 중 부증성에 관한 설명으로 틀린 것은? 제23회

① 토지는 다른 생산물처럼 노동이나 생산비를 투입하여 순수한 그 자체의 양을 늘릴 수 없다.
② 자연물인 토지는 유한하여 토지의 독점소유욕을 발생시킨다.
③ 매립이나 산지개간을 통한 농지나 택지의 확대는 부증성의 예외이다.
④ 토지의 지대 또는 지가를 발생시키며, 최유효이용의 근거가 된다.
⑤ 부증성에 기인한 특정 토지의 희소성은 공간수요의 입지경쟁을 유발시킨다.

톺아보기

- 매립이나 산지개간을 통한 농지나 택지의 확대는 부증성의 예외라고 볼 수 없으며, 물리적 공급도 아니다. 토지는 부증성의 특성으로 물리적 공급이 불가능하다.
- 매립이나 산지개간을 통한 농지나 택지의 확대는 용도전환 등을 통한 토지의 용도적 · 경제적 공급에 해당한다.

□□□

27

상**중**하

토지의 자연적 특성 중 영속성에 관한 설명으로 옳은 것을 모두 고른 것은? 제26회

> ㉠ 토지의 집약적 이용과 토지부족문제의 근거가 된다.
> ㉡ 소모를 전제로 하는 재생산이론과 감가상각(감가수정)이론이 적용되지 않는다.
> ㉢ 부동산활동을 임장활동화시키며, 감정평가시 지역분석을 필요로 한다.
> ㉣ 일물일가의 법칙이 배제되며, 토지시장에서 상품간 완전한 대체관계가 제약된다.
> ㉤ 부동산활동을 장기배려하게 하며, 토지의 가치보존력을 우수하게 한다.

① ㉠, ㉢
② ㉡, ㉤
③ ㉠, ㉡, ㉤
④ ㉠, ㉢, ㉣
⑤ ㉡, ㉢, ㉣, ㉤

톺아보기

영속성에 관한 설명은 ㉡㉤이다.

㉠ 부증성에 대한 설명이다.

㉡ 토지는 절대면적이 소멸(소모)되지 않으므로 물리적 감가가 적용되지 않으며, 소모를 전제로 하는 재생산 이론 또한 성립하지 않는다.

㉢ 부동성에 대한 설명이다.

㉣ 일물일가의 법칙이 배제되며, 토지시장에서 상품간 완전한 대체관계가 제약된다. ⇨ 개별성에 대한 설명이다.

㉤ 토지는 소멸하지 않고, 영속성이라는 특성으로 인해 부동산활동은 단기적인 상황이 아닌 장기적인 고려하에 할 필요가 있으며, 투자수단 · 인플레이션 헷지(방어)수단의 성질도 가지고 있다.

정답 | 25 ④ 26 ③ 27 ②

□□□

28

상**중**하

토지의 자연적 특성으로 인해 발생되는 부동산활동과 현상에 관한 설명으로 틀린 것은? 제28회

① 토지의 부증성은 지대 또는 지가를 발생시키며, 최유효이용의 근거가 된다.

② 토지의 개별성은 부동산활동과 현상을 개별화시킨다.

③ 토지의 부동성은 지방자치단체 운영을 위한 부동산조세 수입의 근거가 될 수 있다.

④ 토지의 영속성은 미래의 수익을 가정하고 가치를 평가하는 직접환원법의 적용을 가능하게 한다.

⑤ 토지의 부증성으로 인해 이용전환을 통한 토지의 용도적 공급을 더 이상 늘릴 수 없다.

톺아보기

⑤ 토지의 부증성으로 인해 물리적 공급을 늘릴 수 없지만, 용도의 다양성에 근거하여 용도전환 등을 통한 토지의 용도적 · 경제적인 공급은 가능하다.

③ 부동성(동일한 지역 · 위치는 존재하지 않는다)은 해당 지역 또는 지방에 소재하는 부동산으로부터 지방세 수입의 근거가 된다.

④ 영속성, 예측의 원칙, 직접환원법(수익가액 = $\frac{\text{장래 순영업소득}}{\text{환원이율}}$)에 따르면 부동산의 가치란 장래 유 · 무형 편익을 현재가치로 환원한 값을 말한다. ⇨ 부동산활동은 장기적인 고려하에(장래를 예측하여) 이루어진다.

□□□

29

상중하

부동산의 특성에 관한 설명으로 옳은 것은? 제33회

① 토지는 물리적 위치가 고정되어 있어 부동산시장이 국지화된다.

② 토지는 생산요소와 자본의 성격을 가지고 있지만, 소비재의 성격은 가지고 있지 않다.

③ 토지는 개별성으로 인해 용도적 관점에서도 공급을 늘릴 수 없다.

④ 토지의 부증성으로 인해 토지공급은 특정 용도의 토지에 대해서도 장·단기적으로 완전비탄력적이다.

⑤ 토지는 영속성으로 인해 물리적·경제적인 측면에서 감가상각을 하게 한다.

톺아보기

① 토지는 물리적 위치가 고정(부동성)되어 있어 부동산시장이 국지화(지역시장화)된다.

오답해설

② 토지는 경제적 측면에서 생산요소와 자본의 성격을 가지고 있으며, 소비재의 성격도 가지고 있다.

③ 토지는 개별성으로 인해 물리적 대체는 불가능하다. 단, 인접성에 의해 용도적 대체는 가능하다. 토지는 용도의 다양성에 의하여 용도 전환 등을 통해 경제적 공급을 늘릴 수 있다.

④ 토지의 부증성으로 인해 토지의 물리적 공급은 가격에 대하여 완전비탄력적이다. 특정 용도의 토지에 대해서 경제적 공급은 단기에는 비탄력적이지만, 장기적으로는 탄력적으로 나타난다.

⑤ 토지는 영속성으로 인해 물리적 측면에서 감가상각을 배제한다. 즉, 토지는 사용 등에 의해 절대면적이 소멸하지 않으므로 물리적 감가는 발생하지 않는다. 단, 주변 환경 등의 부조화로 인해 경제적 감가는 발생할 수 있다.

정답 | 28 ⑤ 29 ①

제3장 / 부동산학의 이해 및 부동산활동

기본서 p.49~58

□□□

30 상 중 **하**

부동산학에 관한 설명으로 틀린 것은? 제26회

① 과학을 순수과학과 응용과학으로 구분할 때, 부동산학은 응용과학에 속한다.

② 부동산학의 연구대상은 부동산활동 및 부동산현상을 포함한다.

③ 부동산학의 접근방법 중 종합식 접근방법은 부동산을 기술적 · 경제적 · 법률적 측면 등의 복합개념으로 이해하여 이를 종합해서 이론을 구축하는 방법이다.

④ 부동산학은 다양한 학문과 연계되어 있다는 점에서 종합학문적 성격을 지닌다.

⑤ 부동산학의 일반원칙으로서 안전성의 원칙은 소유활동에 있어서 최유효이용을 지도원리로 삼고 있다.

톺아보기

⑤ 부동산학의 일반원칙으로서 능률성의 원칙은 소유활동에 있어서 최유효이용을 지도원리로 삼고 있다. 안전성의 원칙은 복합개념에 따라 법률적 · 경제적 · 기술적 측면에서 사고 없이 안전하게 부동산활동을 해야 한다는 것이다.

② 인간이 부동산을 대상으로 전개하는 거래활동, 투자활동, 입지선정활동 등을 부동산활동이라 하며, 부동산활동을 통해 나타나는 지가고현상, 스프롤현상, 지가구배현상 등을 부동산현상이라고 한다.

□□□
31 한국표준산업분류에 따른 부동산업에 해당하지 않는 것은?

상 중 **하**

제24회

① 주거용 건물개발 및 공급업
② 부동산투자 및 금융업
③ 부동산자문 및 중개업
④ 비주거용 부동산관리업
⑤ 기타 부동산임대업

톺아보기

부동산투자업, 부동산금융업, 부동산컨설팅업, 건설업, 토지임대업은 제도권에서 규정하는 한국표준산업분류상 부동산업에 해당하지 않는다.

더 알아보기

한국표준산업분류상의 부동산업

대분류	중분류	소분류	세분류	세세분류
부동산업	부동산업	부동산임대업 및 공급업	부동산임대업	• 주거용 건물임대업 • 비주거용 건물임대업 • 기타 부동산임대업
			부동산개발 및 공급업	• 주거용 건물개발 및 공급업 • 비주거용 건물개발 및 공급업 • 기타 부동산개발 및 공급업
		부동산 관련 서비스업	부동산관리업	• 주거용 부동산관리업 • 비주거용 부동산관리업
			부동산중개 · 자문 및 감정평가업	• 부동산중개 및 대리업 • 부동산투자자문업 • 부동산감정평가업 • 부동산분양대행업

정답 | 30 ⑤ 31 ②

□□□

32 한국표준산업분류상 부동산관리업의 분류체계 또는 세부 예시에 해당하지 않는 것은?

제28회

상**중**하

① 주거용 부동산관리
② 비주거용 부동산관리
③ 사무용 건물관리
④ 사업시설 유지 · 관리
⑤ 아파트관리

톺아보기

부동산관리업은 세세분류로 나누면 주거용 부동산관리업과 비주거용 부동산관리업으로 구분된다. 사무용 건물관리는 비주거용 부동산관리에 포함되며, 아파트관리는 주거용 부동산관리에 포함되지만, 사업시설 유지 · 관리는 이에 해당하지 않는다.

□□□

33 한국표준산업분류상 부동산 관련 서비스업에 해당하지 않는 것은?

제31회

상중**하**

① 부동산투자자문업
② 주거용 부동산관리업
③ 부동산중개 및 대리업
④ 부동산개발 및 공급업
⑤ 비주거용 부동산관리업

톺아보기

부동산업을 소분류 기준(두 가지 기준)으로 구분할 때 부동산개발 및 공급업은 부동산 관련 서비스업에 해당하지 않으며, 부동산임대업 및 공급업에 해당한다.

정답 | 32 ④ 33 ④

land.Hackers.com

3개년 출제비중분석

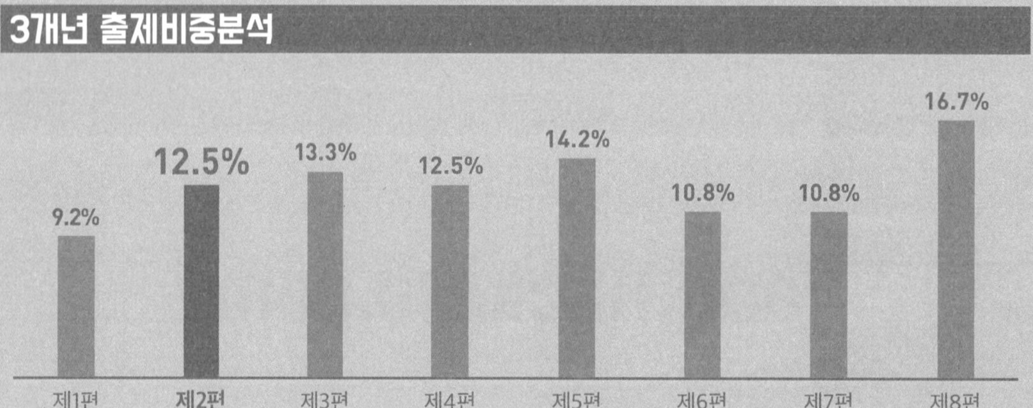
9.2%
12.5%
13.3%
12.5%
14.2%
10.8%
10.8%
16.7%
제1편
제2편
제3편
제4편
제5편
제6편
제7편
제8편

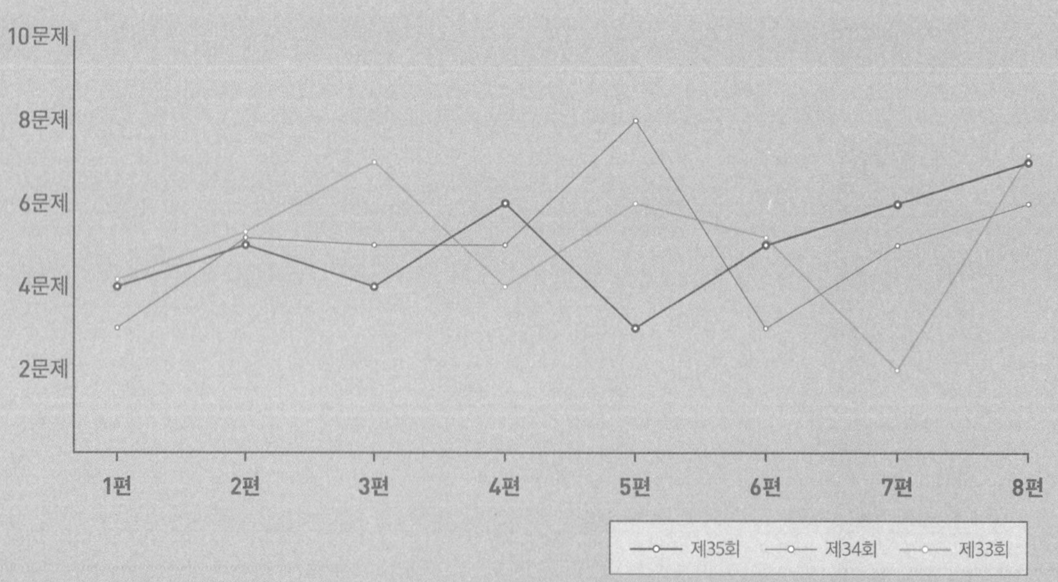
10문제
8문제
6문제
4문제
2문제
1편
2편
3편
4편
5편
6편
7편
8편
제35회
제34회
제33회

제2편

부동산경제론

제1장 부동산의 수요 · 공급이론
제2장 부동산의 경기변동

제1장 / 부동산의 수요 · 공급이론

기본서 p.63~93

□□□

상 중 하

다음 중 유량(flow) 경제변수는 모두 몇 개인가? 제31회

• 가계자산	• 노동자소득
• 가계소비	• 통화량
• 자본총량	• 신규주택공급량

① 1개
② 2개
③ 3개
④ 4개
⑤ 5개

톺아보기

- 유량(flow) 경제변수는 일정기간을 명시하여 측정하는 지표로, 보기 중 노동자소득, 가계소비(수요), 신규주택공급량 3개이다.
- 저량(stock) 경제변수는 일정시점을 명시하여 측정하는 지표로, 보기 중 가계자산, 자본총량, 통화량 3개이다.

더 알아보기

통화량

한 나라의 경제에서 일정 시점에 유통되고 있는, 존재하는 화폐(또는 통화)의 양을 말한다.

유량(flow)지표	저량(stock)지표
수요(소비), 공급(생산), 소득(급여 · 임금), 임대료수입(지대수입), 당기순이익, 순영업소득, 주택거래량, 신규주택공급량, 부채서비스액(원리금), 이자비용, 수입/수출, 투자, 손익계산서 등	인구, 부동산가격(가치), 매각대금, 순자산가치, 통화량, 주택보급률, 외환보유고, 기존주택공급량(주택재고량), 재무상태표(자산 / 부채 · 자본) 등

□□□

02 저량(stock)의 경제변수에 해당하는 것은? 제35회

상 중 **하**

① 주택재고 ② 가계소득 ③ 주택거래량
④ 임대료 수입 ⑤ 신규주택 공급량

톺아보기

① 주택재고(기존주택공급량: 일정 시점에 존재하는 주택의 양)는 일정 시점을 명시하여 측정하는 저량(stock)의 경제변수이다.

② 가계소득, ③ 주택거래량, ④ 임대료 수입, ⑤ 신규주택 공급량 ⇨ '일정기간'을 명시하여 측정하는 유량(flow) 경제변수이다.

□□□

03 부동산의 수요와 공급에 관한 설명으로 옳은 것은? (단, 수요곡선은 우하향하고 공급곡선은 우상향하며, 다른 조건은 동일함) 제30회

상 **중** 하

① 가격이 상승하면 공급량이 감소한다.
② 수요량은 일정기간에 실제로 구매한 수량이다.
③ 공급량은 주어진 가격수준에서 실제로 매도한 수량이다.
④ 건설종사자들의 임금 상승은 부동산가격을 하락시킨다.
⑤ 가격 이외의 다른 요인이 수요량을 변화시키면 수요곡선이 좌측 또는 우측으로 이동한다.

톺아보기

★ ⑤ (해당 부동산)가격 이외의 다른 요인(예 인구, 소득, 대체재가격 변화 등)이 수요량을 변화시키면 수요곡선 자체가 좌측 또는 우측으로 이동한다. ⇨ 부동산수요의 변화

오답해설

① (부동산)가격이 상승하면 (부동산)공급량은 증가한다. ⇨ 가격과 공급량은 비례관계
② 수요량은 일정기간에 실제로 구매한 수량이 아닌, 구매하고자 하는 최대수량이다. 수요량의 개념은 사후적 개념이 아닌 사전적 개념이다.
③ 공급량은 주어진 가격수준에서 실제로 매도한 수량이 아닌, 공급(판매)하고자 하는 최대수량이다. 공급량의 개념 또한 사후적 개념이 아닌 사전적 개념이다.
④ 건설종사자들의 임금 상승(공급자의 비용 증가)은 부동산공급을 감소시키고(공급곡선 좌측 이동) 이에 따라 부동산가격이 상승한다.

정답 | 01 ③ 02 ① 03 ⑤

□□□

04

상**중**하

해당 부동산시장의 수요곡선을 우측(우상향)으로 이동하게 하는 수요변화의 요인에 해당하는 것은? (단, 수요곡선은 우하향하고, 해당 부동산은 정상재이며, 다른 조건은 동일함) 제34회

① 대출금리의 상승
② 보완재가격의 하락
③ 대체재 수요량의 증가
④ 해당 부동산가격의 상승
⑤ 해당 부동산 선호도의 감소

톺아보기

② 보완재가격의 하락(보완재 수요량 증가) ⇨ 해당 부동산 수요 증가(수요곡선 우측 이동)

오답해설

① 대출금리의 상승 ⇨ 해당 부동산 수요 감소 ⇨ 수요곡선 좌측 이동
③ 대체재 수요량의 증가 ⇨ 해당 부동산 수요 감소 ⇨ 수요곡선 좌측 이동
④ 해당 부동산가격의 상승 ⇨ 해당 부동산 수요량 감소(수요곡선상 점의 이동)
⑤ 해당 부동산 선호도의 감소 ⇨ 해당 부동산 수요 감소 ⇨ 수요곡선 좌측 이동

□□□

05

상**중**하

부동산수요 증가에 영향을 주는 요인을 모두 고른 것은? (단, 다른 조건은 일정하다고 가정함) 제26회

㉠ 수요자의 실질소득 증가	㉡ 거래세 인상
㉢ 대출금리 하락	㉣ 부동산가격 상승 기대
㉤ 인구 감소	

① ㉠, ㉢ ② ㉢, ㉣
③ ㉠, ㉡, ㉣ ④ ㉠, ㉢, ㉣
⑤ ㉡, ㉢, ㉣, ㉤

톺아보기

부동산수요 증가에 영향을 주는 요인은 ㉠㉢㉣이다.
㉡ 거래세 인상은 부동산수요의 감소요인이다.
㉤ 인구의 감소(유출)는 부동산수요의 감소요인이다.

상중하

아파트시장의 수요곡선을 좌측으로 이동시킬 수 있는 요인은 모두 몇 개인가? (단, 다른 조건은 동일함) 제25회

- 수요자의 실질소득 증가
- 사회적 인구 감소
- 아파트 선호도 감소
- 아파트 담보대출금리의 하락
- 건축원자재가격의 하락
- 아파트가격의 하락
- 대체주택가격의 하락

① 2개
② 3개
③ 4개
④ 5개
⑤ 6개

톺아보기

문제에서 아파트시장의 수요곡선을 좌측으로 이동시키는 요인(수요의 감소요인)은 사회적 인구 감소, 아파트 선호도 감소, 대체주택가격의 하락으로 총 3개이다.

- 사회적 인구 감소 ⇨ 해당 아파트 수요 감소(수요곡선 좌측 이동)
- 아파트 선호도 감소 ⇨ 해당 아파트 수요 감소(수요곡선 좌측 이동)
- 대체주택가격의 하락(대체주택 수요량 증가) ⇨ 해당 아파트 수요 감소(수요곡선 좌측 이동)

오답해설

- 수요자의 실질소득 증가 ⇨ 해당 아파트 수요 증가(수요곡선 우측 이동)
- 아파트 담보대출금리의 하락 ⇨ 해당 아파트 수요 증가(수요곡선 우측 이동)
- 건축원자재가격 하락 ⇨ 해당 아파트 공급 증가(공급곡선 우측 이동)
- 아파트가격의 하락 ⇨ 아파트 수요량 증가 ⇨ 아파트 수요량의 변화(동일한 수요곡선상의 점의 이동)

정답 | 04 ② 05 ④ 06 ②

□□□

07

상중하

신규주택시장에서 공급을 감소시키는 요인을 모두 고른 것은? (단, 신규주택은 정상재이며, 다른 조건은 동일함) 제33회

> ㉠ 주택가격의 하락 기대
> ㉡ 주택건설업체 수의 감소
> ㉢ 주택건설용 토지의 가격 하락
> ㉣ 주택건설에 대한 정부 보조금 축소
> ㉤ 주택건설기술 개발에 따른 원가절감

① ㉠, ㉡
② ㉡, ㉣
③ ㉢, ㉤
④ ㉠, ㉡, ㉣
⑤ ㉡, ㉣, ㉤

톺아보기

주택의 공급은 신규주택공급과 기존주택공급으로 구분할 수 있으며, 이 중에서 신규주택의 공급이 감소하는 원인을 찾는 문제이다. 보기 중 신규주택공급을 감소시키는 요인에 해당하는 것은 ㉠㉡㉣이다.

㉠ 주택가격의 하락 기대(예상) ⇨ 신규주택공급자의 수익성 악화 ⇨ 신규주택공급 감소
㉡ 주택건설업체 수의 감소 ⇨ 신규주택공급자의 수의 감소 ⇨ 신규주택공급 감소
㉢ 주택건설용 토지의 가격 하락 ⇨ 공급자의 비용 감소 ⇨ 신규주택공급 증가
㉣ 주택건설에 대한 정부 보조금 축소 ⇨ 공급자의 비용 증가 ⇨ 신규주택공급 감소
㉤ 주택건설기술 개발에 따른 원가절감 ⇨ 공급자의 비용 감소 ⇨ 신규주택공급 증가

상중하

아파트매매시장에서 수요량과 수요의 변화에 관한 설명으로 옳은 것은? (단, X축은 수량, Y축은 가격이고, 아파트와 단독주택은 정상재이며, 다른 조건은 동일함)

제29회

① 아파트가격 하락이 예상되면 수요량의 변화로 동일한 수요곡선상에서 하향으로 이동하게 된다.

② 실질소득이 증가하면 수요곡선은 좌하향으로 이동하게 된다.

③ 대체재인 단독주택의 가격이 상승하면 아파트의 수요곡선은 우상향으로 이동하게 된다.

④ 아파트 담보대출금리가 하락하면 수요량의 변화로 동일한 수요곡선상에서 상향으로 이동하게 된다.

⑤ 아파트 거래세가 인상되면 수요곡선은 우하향으로 이동하게 된다.

제2편 부동산경제론

2편

톺아보기

★ ③ 대체재인 단독주택의 가격이 상승하면(단독주택 수요량은 감소하고), 아파트의 수요곡선은 우상향으로 이동한다. ⇨ 아파트수요곡선 우측 이동, 수요 증가

오답해설

① 아파트가격 하락이 예상(⇨ 해당 아파트가격 이외의 요인)되면 수요곡선 자체가 좌하향으로 이동하게 된다. ⇨ 수요 감소, 수요곡선 좌측 이동(좌하향으로 이동)

② 실질소득이 증가하면 수요곡선 자체가 우상향으로 이동하게 된다. ⇨ 수요 증가, 수요곡선 우측 이동(우상향으로 이동)

④ 아파트 담보대출금리가 하락하면 수요곡선 자체가 우상향으로 이동하게 된다. ⇨ 수요 증가, 수요곡선 우측 이동(우상향으로 이동)

⑤ 아파트 거래세가 인상되면 수요곡선 자체가 좌하향으로 이동하게 된다. ⇨ 수요 감소, 수요곡선 좌측 이동(좌하향으로 이동)

정답 | 07 ④ 08 ③

□□□

09

상중하

A부동산에 대한 기존 시장의 균형상태에서 수요함수는 P= 200 − 2Qd, 공급함수는 2P = 40 + Qs이다. 시장의 수요자 수가 2배로 증가되는 경우, 새로운 시장의 균형가격과 기존 시장의 균형가격간의 차액은? [단, P는 가격(단위: 만원), Qd는 수요량(단위: m^2)이며, Qs는 공급량(단위: m^2)이며 A부동산은 민간재(private goods)로 시장의 수요자는 모두 동일한 개별수요함수를 가지며, 다른 조건은 동일함]

제32회

① 24만원
② 48만원
③ 56만원
④ 72만원
⑤ 80만원

톺아보기

1. 균형은 'Qd = Qs'에서 이뤄지므로, 최초의 균형가격을 계산하기 위해 각 함수를 'Qd =', 'Qs ='으로 정리한다.
   - 수요함수: P = 200 − 2Qd ⇨ 2Qd = 200 − P

     양변을 나누기 2하여 수식을 정리하면 수요함수는 $Qd = 100 - \frac{1}{2}P$이다.
   - 공급함수: 2P = 40 + Qs ⇨ Qs = −40 + 2P
2. 최초 균형가격(Qd = Qs)

   $100 - \frac{1}{2}P = -40 + 2P$ ⇨ $\frac{5}{2}P = 140$ ⇨ $\frac{2}{5} \times \frac{5}{2}P = 140 \times \frac{2}{5}$

   $\therefore P_1 = 56$
3. 시장의 수요자 수가 2배로 증가되는 경우의 균형가격(Qd = Qs)
   - 최초의 수요함수 P = 200 − 2Qd

     수요자 수가 2배로 증가하는 경우에는 최초의 수요함수의 수식에서 기울기 값(2)만을 나눈다.

     즉, 인원 수(2)를 나누면 P = 200 − 2Qd ⇨ 새로운 시장수요함수: P = 200 − Qd
   - 균형가격을 계산하기 위해 수요함수를 정리하면 Qd = 200 − P이다.
   - 균형가격(Qd = Qs): 200 − P = −40 + 2P ⇨ 3P = 240 $\therefore P_2 = 80$
4. 최초의 균형가격은 56만원이고, 수요자 수가 2배로 증가했을 때 균형가격은 80만원이다. 따라서 균형가격의 차액은 24만원(= 80만원 − 56만원)이다.

□□□

10 상**중**하

부동산의 수요와 공급에 관한 설명으로 틀린 것은? (단, 부동산은 정상재이며, 다른 조건은 동일함) 제34회

① 수요곡선상의 수요량은 주어진 가격에서 수요자들이 구입 또는 임차하고자 하는 부동산의 최대수량이다.

② 부동산의 공급량과 그 공급량에 영향을 주는 요인들과의 관계를 나타낸 것이 공급함수이다.

③ 공급의 법칙에 따르면 가격(임대료)과 공급량은 비례관계이다.

④ 부동산시장수요곡선은 개별수요곡선을 수직으로 합하여 도출한다.

⑤ 건축원자재의 가격 상승은 부동산의 공급을 축소시켜 공급곡선을 좌측(좌상향)으로 이동하게 한다.

톺아보기

부동산시장수요곡선은 개별수요곡선을 수평적으로 합하여 도출한다. ⇨ 개별수요곡선보다 시장수요곡선이 그 양의 변화가 많아서 더 탄력적이다. ⇨ 시장수요곡선의 기울기가 더 완만하다(기울기의 절댓값은 작아진다).

정답 | 09 ① 10 ④

□□□

11

상중하

A지역의 기존 아파트 시장의 수요함수는 $P = -Qd + 40$, 공급함수는 $P = \frac{2}{3}Qs + 20$이었다. 이후 수요함수는 변하지 않고 공급함수가 $P = \frac{2}{3}Qs + 10$으로 변하였다. 다음 설명으로 옳은 것은? [단, X축은 수량, Y축은 가격, P는 가격(단위는 만원/m^2), Qd는 수요량(단위는 m^2), Qs는 공급량(단위는 m^2)이며, 다른 조건은 동일함] 제34회

① 아파트 공급량의 증가에 따른 공급량의 변화로 공급곡선이 좌측(좌상향)으로 이동하였다.

② 기존 아파트 시장 균형가격은 22만원/m^2이다.

③ 공급함수 변화 이후 아파트 시장 균형량은 $12m^2$이다.

④ 기존 아파트 시장에서 공급함수 변화로 인한 아파트 시장 균형가격은 6만원/m^2 만큼 하락하였다.

⑤ 기존 아파트 시장에서 공급함수 변화로 인한 아파트 시장 균형량은 $8m^2$만큼 증가하였다.

톺아보기

④ 1. 균형은 'Qd = Qs'에서 이뤄지므로, 각 수식(함수)을 'Qd =', 'Qs ='로 정리한다.

- 수요함수: $Qd = 40 - P$
- 공급함수: $\frac{2}{3}Qs = -20 + p$ ⇨ 양변에 $\frac{3}{2}$을 곱하여 수식을 정리한다.

⇨ $Qs = -\frac{60}{2} + \frac{3}{2}P$ ⇨ $Qs = -30 + \frac{3}{2}P$

2. 최초 균형가격과 균형거래량 계산

$40 - P = -30 + \frac{3}{2}P$ ⇨ 통분하여 정리하면 $\frac{5}{2}P = 70$ ⇨ 양변에 $\frac{2}{5}$를 곱하여 정리한다. ⇨ $P = \frac{140}{5}$

균형가격 $P_1 = 28$이며, 이를 최초의 수요함수나 공급함수에 대입하여 균형거래량을 계산한다.

∴ $Qd = 40 - P(28)$ ⇨ 균형거래량 $Q_1 = 12$

3. 공급함수 변화에 따른 균형가격과 균형거래량의 계산

- 공급함수 $\frac{2}{3}Qs = -10 + P$ ⇨ 양변에 $\frac{3}{2}$을 곱하여 정리한다.

  ⇨ $Qs = -\frac{30}{2} + \frac{3}{2}P$ ⇨ $Qs = -15 + \frac{3}{2}P$

- 균형은 Qd = Qs이므로, $40 - P = -15 + \frac{3}{2}P$ ⇨ 통분하여 정리하면 $\frac{5}{2}P = 55$

  ⇨ 양변에 $\frac{2}{5}$를 곱하여 정리한다. ⇨ $P = \frac{110}{5}$

균형가격 $P_2 = 22$이며, 이를 최초의 수요함수나 공급함수에 대입하여 균형거래량을 계산한다.

∴ $Qd = 40 - P(22)$ ⇨ 균형거래량 $Q_2 = 18$

4. 따라서 균형가격은 28만원에서 22만원으로 6만원 하락하고, 균형거래량은 $12m^2$에서 $18m^2$로 $6m^2$만큼 증가한다.

오답해설

① 공급곡선이 우측(우하향)으로 이동함에 따른 공급량의 변화이다. ⇨ 공급곡선 자체의 이동으로 '아파트공급의 변화'에 해당한다.

② 기존 아파트 시장 균형가격은 28만원/m^2이다.

③ 공급함수 변화 이후 아파트 시장 균형량은 $18m^2$이다.

⑤ 기존 아파트 시장에서 공급함수 변화로 인한 아파트 시장 균형량은 $6m^2$만큼 증가하였다.

정답 | 11 ④

□□□

12

상중하

A지역 아파트시장에서 수요함수는 일정한데, 공급함수는 다음 조건과 같이 변화하였다. 이 경우 균형가격(㉠)과 공급곡선의 기울기(㉡)는 어떻게 변화하였는가? (단, 가격과 수량의 단위는 무시하며, 주어진 조건에 한함) 제31회

- 공급함수: $Qs_1 = 30 + P$(이전) ⇨ $Qs_2 = 30 + 2P$(이후)
- 수요함수: $Qd = 150 - 2P$
- P는 가격, Qs는 공급량, Qd는 수요량, X축은 수량, Y축은 가격을 나타냄

	㉠	㉡
①	10 감소	$\frac{1}{2}$ 감소
②	10 감소	1 감소
③	10 증가	1 증가
④	20 감소	$\frac{1}{2}$ 감소
⑤	20 증가	$\frac{1}{2}$ 증가

톺아보기

㉠ 균형은 수요량과 공급량이 동일한 상태이므로, 수식을 Qd = Qs로 정리하고 균형가격을 구한다.

- 첫 번째 균형가격: $150 - 2P_1 = 30 + P_1$ ⇨ $3P_1 = 120$

  ∴ $P_1 = 40$이므로, 균형가격은 40이다.

- 두 번째 균형가격: $150 - 2P_2 = 30 + 2P_2$ ⇨ $4P_2 = 120$

  ∴ $P_2 = 30$이므로, 균형가격은 30이다.

따라서 균형가격은 40에서 30으로 10만큼 감소(하락)한다.

㉡ 공급곡선 기울기 값을 찾기 위해 공급함수 수식을 'P = '으로 정리한다.

- $Qs_1 = 30 + P$(이전) ⇨ $P = -30 + Qs_1$, 따라서 최초 공급곡선 기울기는 1이다.
- $Qs_2 = 30 + 2P$(이후) ⇨ $2P = -30 + Qs_2$, 기울기 값을 찾기 위해 수식의 양변을 2로 나누어주면 $P = -15 + \frac{1}{2}Qs_2$이므로, 기울기는 $\frac{1}{2}$이다.

따라서 공급곡선 기울기는 최초 1에서 $\frac{1}{2}$로 $\frac{1}{2}$만큼 감소한다.

□□□

13

상중하

A지역 오피스텔스장에서 수요함수는 $Qd_1 = 900 - P$, 공급함수는 $Qs = 100 + \frac{1}{4}P$이며, 균형상태에 있었다. 이 시장에서 수요함수가 $Qd_2 = 1,500 - \frac{3}{2}P$로 변화하였다면, 균형가격의 변화(㉠)와 균형거래량의 변화(㉡)는? (단, P는 가격, Qd_1과 Qd_2는 수요량, Qs는 공급량, X축은 수량, Y축은 간격을 나타내고, 가격과 수량의 단위는 무시하며, 주어진 조건에 한함) 제35회

① ㉠: 160 상승, ㉡: 변화 없음
② ㉠: 160 상승, ㉡: 40 증가
③ ㉠: 200 상승, ㉡: 40 감소
④ ㉠: 200 상승, ㉡: 변화 없음
⑤ ㉠: 200 상승, ㉡: 40 증가

톺아보기

균형: Qd = Qs, 각 수식(함수)을 'Qd =', 'Qs ='로 정리한다.

1. 최초 균형가격과 균형거래량 계산

   균형가격 P값을 찾기 위해 수식을 정리한다.

   $900 - P = 100 + \frac{1}{4}P \rightarrow \frac{5}{4}P = 800$ (* $1P = \frac{4}{4}P$)

   ⇨ 양변에 $\frac{4}{5}$를 곱하여 정리한다. $\frac{4}{5} \times \frac{5}{4}P = 800 \times \frac{4}{5}$ ⇨ $P = \frac{3,200}{5}$

   따라서, 균형가격 $P_1 = 640$이며,

   이를 최초의 수요함수나 공급함수에 P(640)을 대입하여 균형거래량을 계산한다.

   $Qd = 900 - P(640)$ ⇨ 균형거래량 $Q_1 = 260$

2. 수요함수 변화에 따른 균형가격과 균형거래량의 계산

   $1,500 - \frac{3}{2} = 100 + \frac{1}{4}P$ ⇨ $1,400 = \frac{3}{2}P + \frac{1}{4}P$, 해당 함수를 통분하여 정리하면

   $\frac{7}{4}P = 1,400$ ⇨ 양변에 $\frac{4}{7}$를 곱하여 정리한다. $\frac{4}{7} \times \frac{7}{4}P = \frac{4}{7} \times 1,400$ ⇨ $P_2 = \frac{5,600}{7}$

   따라서, 균형가격 $P_2 = 800$이며, 이를 수요함수나 공급함수에 대입하여 균형거래량을 계산한다.

   $Qd_2 = 1,500 - \frac{3}{2}P(800)$ ⇨ 균형거래량 $Qd_2(300) = 1,500 - 1,200$

∴ 따라서, 균형가격은 640에서 800으로 160 상승하고, 균형거래량은 $260m^2$에서 $300m^2$로 $40m^2$만큼 증가한다.

정답 | 12 ① 13 ②

□□□

14

상**중**하

아파트시장에서 균형가격을 하락시키는 요인은 모두 몇 개인가? (단, 아파트는 정상재이며, 다른 조건은 동일함) 제32회

- 건설노동자 임금 상승
- 대체주택에 대한 수요 감소
- 가구의 실질소득 증가
- 아파트건설업체 수 증가
- 아파트건설용 토지가격의 상승
- 아파트 선호도 감소

① 1개
② 2개
③ 3개
④ 4개
⑤ 5개

톺아보기

균형가격을 하락시키는 요인(공급 증가 또는 수요 감소)은 아파트건설업체 수 증가, 아파트 선호도 감소 2개이다.

- 아파트건설업체 수 증가 ⇨ 아파트공급 증가(공급곡선 우측 이동) ⇨ 균형가격 하락
- 아파트 선호도 감소 ⇨ 아파트수요 감소(수요곡선 좌측 이동) ⇨ 균형가격 하락

오답해설

- 건설노동자 임금 상승 ⇨ 아파트공급 감소(공급곡선 좌측 이동) ⇨ 균형가격 상승
- 대체주택에 대한 수요 감소 ⇨ 해당 아파트수요 증가(수요곡선 우측 이동) ⇨ 균형가격 상승
- 가구의 실질소득 증가 ⇨ 아파트수요 증가(수요곡선 우측 이동) ⇨ 균형가격 상승
- 아파트건설용 토지가격의 상승 ⇨ 아파트공급 감소(공급곡선 좌측 이동) ⇨ 균형가격 상승

□□□

15 아파트시장에서 균형가격을 상승시키는 요인은 모두 몇 개인가? (단, 아파트는 정상재로서 수요곡선은 우하향하고, 공급곡선은 우상향하며, 다른 조건은 동일함)

상 중 하

제35회

- 가구의 실질소득 증가
- 아파트에 대한 선호도 감소
- 아파트 건축자재 가격의 상승
- 아파트 담보대출 이자율의 상승

① 0개 ② 1개
③ 2개 ④ 3개
⑤ 4개

톺아보기

균형가격을 상승시키는 요인(수요 증가 또는 공급 감소)은 2개이다.

균형가격은 수요와 공급에 의해 결정된다. 즉, 해당 부동산가격 이외의 요인이 변하면 수요곡선이나 공급곡선이 좌우로 이동하여 새로운 균형점에서 균형가격과 균형거래량이 결정된다.

- 가구의 실질소득 증가 ⇨ 수요 증가(수요곡선 우상향으로 이동) ⇨ 균형가격 상승
- 아파트에 대한 선호도 감소 ⇨ 수요 감소(수요곡선 좌하향으로 이동) ⇨ 균형가격 하락
- 아파트 건축자재 가격의 상승 ⇨ 공급 감소(공급곡선 좌상향으로 이동) ⇨ 균형가격 상승
- 아파트 담보대출 이자율의 상승 ⇨ 수요 감소(수요곡선 좌하향으로 이동) ⇨ 균형가격 하락

정답 | 14 ② 15 ③

□□□

16 A지역 단독주택 시장의 균형가격과 균형거래량의 변화에 관한 설명으로 옳은 것은? (단, 수요곡선은 우하향하고 공급곡선은 우상향하며, 다른 조건은 동일함) 제33회

상 **중** 하

① 수요가 불변이고 공급이 감소하는 경우, 균형가격은 하락하고 균형거래량은 감소한다.

② 공급이 불변이고 수요가 증가하는 경우, 균형가격은 상승하고 균형거래량은 감소한다.

③ 수요와 공급이 동시에 증가하고 공급의 증가폭이 수요의 증가폭보다 더 큰 경우, 균형가격은 상승하고 균형거래량은 증가한다.

④ 수요와 공급이 동시에 감소하고 수요의 감소폭이 공급의 감소폭보다 더 큰 경우, 균형가격은 하락하고 균형거래량은 감소한다.

⑤ 수요는 증가하고 공급이 감소하는데 수요의 증가폭이 공급의 감소폭보다 더 큰 경우, 균형가격은 상승하고 균형거래량은 감소한다.

톺아보기

④ 수요와 공급이 동시에 감소하고 수요의 감소폭이 공급의 감소폭보다 더 큰 경우(수요 감소 > 공급 감소), 균형가격은 하락하고 균형거래량은 감소한다.

수요와 공급의 변화폭이 제시될 경우, 변화의 폭이 큰 쪽만 고려하여 균형가격과 균형거래량의 변화를 판단한다.

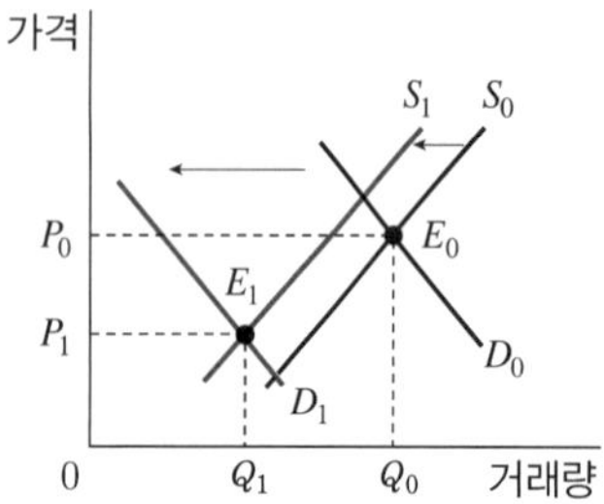

수요 감소 > 공급 감소 ⇨ 균형가격 하락, 균형거래량 감소

오답해설

① 수요가 불변이고 공급이 감소하는 경우(⇨ 공급곡선만 좌측 이동), 균형가격은 상승하고 균형거래량은 감소한다.

② 공급이 불변이고 수요가 증가하는 경우(⇨ 수요곡선만 우측 이동), 균형가격은 상승하고 균형거래량은 증가한다.

③ 수요와 공급이 동시에 증가하고 공급의 증가폭이 수요의 증가폭보다 더 큰 경우(⇨ 공급 증가 > 수요 증가), 균형가격은 하락하고 균형거래량은 증가한다.

⑤ 수요는 증가하고 공급이 감소하는데 수요의 증가폭이 공급의 감소폭보다 더 큰 경우(⇨ 수요 증가 > 공급 감소), 균형가격은 상승하고 균형거래량은 증가한다.

□□□

17 수요와 공급이 동시에 변화할 경우, 균형가격과 균형량에 관한 설명으로 옳은 것은? (단, 수요곡선은 우하향, 공급곡선은 우상향, 다른 조건은 동일함) 제32회

상 중 하

① 수요와 공급이 증가하는 경우, 수요의 증가폭이 공급의 증가폭보다 크다면 균형가격은 상승하고 균형량은 감소한다.

② 수요와 공급이 감소하는 경우, 수요의 감소폭이 공급의 감소폭보다 작다면 균형가격은 상승하고 균형량은 증가한다.

③ 수요의 공급이 감소하는 경우, 수요의 감소폭과 공급의 감소폭이 같다면 균형가격은 불변이고 균형량은 증가한다.

④ 수요는 증가하고 공급이 감소하는 경우, 수요의 증가폭이 공급의 감소폭보다 작다면 균형가격은 상승하고 균형량은 증가한다.

⑤ 수요는 감소하고 공급이 증가하는 경우, 수요의 감소폭이 공급의 증가폭보다 작다면 균형가격은 하락하고 균형량은 증가한다.

톺아보기

⑤ 수요 감소 < 공급 증가 ⇨ 균형가격은 하락하고 균형량은 증가한다.

tip: 변화의 크기가 제시되면 변화폭이 큰 쪽만을 고려하여 정답을 찾는다.

오답해설

① 수요와 공급이 증가하는 경우, 수요의 증가폭이 공급의 증가폭보다 크다면 균형가격은 상승하고 균형량은 증가한다.

② 수요와 공급이 감소하는 경우, 수요의 감소폭이 공급의 감소폭보다 작다면 균형가격은 상승하고 균형량은 감소한다.

③ 수요의 공급이 감소하는 경우, 수요의 감소폭과 공급의 감소폭이 같다면 균형가격은 불변이고(변하지 않고) 균형량은 감소한다.

④ 수요는 증가하고 공급이 감소하는 경우, 수요의 증가폭이 공급의 감소폭보다 작다면 균형가격은 상승하고 균형량은 감소한다.

정답 | 16 ④ 17 ⑤

□□□

18

상중하

A지역 단독주택시장의 균형변화에 관한 설명으로 옳은 것은? (단, 수요곡선은 우하향하고, 공급곡선은 우상향이며, 다른 조건은 동일함) 제35회

① 수요와 공급이 모두 증가하고 수요의 증가폭과 공급의 증가폭이 동일한 경우, 균형거래량은 감소한다.

② 수요가 증가하고 공급이 감소하는데 수요의 증가폭보다 공급의 감소폭이 더 큰 경우, 균형가격은 하락한다.

③ 수요가 감소하고 공급이 증가하는데 수요의 감소폭이 공급의 증가폭보다 더 큰 경우, 균형가격은 상승한다.

④ 수요와 공급이 모두 감소하고 수요의 감소폭보다 공급의 감소폭이 더 큰 경우, 균형거래량은 감소한다.

⑤ 수요가 증가하고 공급이 감소하는데 수요의 증가폭과 공급의 감소폭이 동일한 경우, 균형가격은 하락한다.

톺아보기

★ ④ 수요의 감소 < 공급의 감소 ⇨ 균형가격은 상승하고, 균형거래량은 감소한다.

tip: 변화의 크기가 제시되면 변화폭이 큰 쪽만을 고려하여 정답을 찾는다.

오답해설

① 수요의 증가 = 공급의 증가 ⇨ 균형가격은 변하지 않고, 균형거래량은 증가한다.
② 수요의 증가 < 공급의 감소 ⇨ 균형가격은 상승하고, 균형거래량은 감소한다.
③ 수요의 감소 > 공급의 증가 ⇨ 균형가격은 하락하고, 균형거래량은 감소한다.
⑤ 수요의 증가 = 공급의 감소 ⇨ 균형가격은 상승하고, 균형거래량은 변하지 않는다.

□□□

19

상중하

부동산매매시장에서 수요와 공급의 가격탄력성에 관한 설명으로 틀린 것은? (단, X축은 수량, Y축은 가격, 수요의 가격탄력성은 절댓값을 의미하며, 다른 조건은 동일함) 제29회

① 수요의 가격탄력성이 완전탄력적이면 가격의 변화와는 상관없이 수요량이 고정된다.

② 공급의 가격탄력성이 '0'이면 완전비탄력적이다.

③ 수요의 가격탄력성이 비탄력적이면 가격의 변화율보다 수요량의 변화율이 더 작다.

④ 수요곡선이 수직선이면 수요의 가격탄력성은 완전비탄력적이다.

⑤ 공급의 가격탄력성이 탄력적이면 가격의 변화율보다 공급량의 변화율이 더 크다.

톺아보기

① 수요의 가격탄력성이 완전탄력적이면(미세한) 가격의 변화에 수요량의 변화가 무한대로 변한다. 가격이 변하여도 수요량이 고정된 경우는 양의 변화가 없으므로 완전비탄력적이라고 한다.

★ ⑤ 공급의 가격탄력성이 탄력적이면 가격의 변화율보다 공급량의 변화율이 더 크다.

□□□

20

상 중 **하**

수요와 공급의 가격탄력성에 관한 설명으로 옳은 것은? (단, X축은 수량, Y축은 가격, 수요의 가격탄력성은 절댓값을 의미하며, 다른 조건은 동일함) 제34회

① 가격이 변화하여도 수요량이 전혀 변화하지 않는다면, 수요의 가격탄력성은 완전탄력적이다.

② 가격변화율보다 공급량의 변화율이 커서 1보다 큰 값을 가진다면, 공급의 가격탄력성은 비탄력적이다.

③ 공급의 가격탄력성이 0이라면, 완전탄력적이다.

④ 수요의 가격탄력성이 1보다 작은 값을 가진다면, 수요의 가격탄력성은 탄력적이다.

⑤ 공급곡선이 수직선이라면, 공급의 가격탄력성은 완전비탄력적이다.

톺아보기

⑤ 공급곡선이 수직선이라면, 공급의 가격탄력성은 완전비탄력적이다.

오답해설

① 가격이 변화하여도 수요량이 전혀 변화하지 않는다면, 수요의 가격탄력성은 완전비탄력적이다. 수요의 가격탄력성이 완전탄력적이면(미세한) 가격의 변화에 수요량의 변화가 무한대로 변한다.

② 가격변화율보다 공급량의 변화율이 커서 1보다 큰 값을 가진다면, 공급의 가격탄력성은 탄력적이다.

③ 공급의 가격탄력성이 0이라면(양의 변화가 전혀 없으므로), 완전비탄력적이다.

④ 수요의 가격탄력성이 1보다 작은 값을 가진다면, 수요의 가격탄력성은 비탄력적이다.

정답 | 18 ④ 19 ① 20 ⑤

□□□

21

상중하

다음의 ( )에 들어갈 내용으로 옳은 것은? (단, P는 가격, Qd는 수요량이며, 조건은 동일함) 제30회

> 어떤 도시의 이동식 임대주택 시장의 수요함수는 Qd = 800 − 2P, 공급함수는 P_1 = 200이다. 공급함수가 P_2 = 300으로 변할 경우 균형거래량의 변화량은 (㉠)이고, 공급곡선은 가격에 대하여 (㉡)이다.

① ㉠: 100 증가, ㉡: 완전탄력적
② ㉠: 100 증가, ㉡: 완전비탄력적
③ ㉠: 100 증가, ㉡: 단위탄력적
④ ㉠: 200 감소, ㉡: 완전비탄력적
⑤ ㉠: 200 감소, ㉡: 완전탄력적

톺아보기

㉠은 '200 감소', ㉡은 '완전탄력적'이다.

㉠ 균형은 수요량(Qd)과 공급량(Qs)이 동일한 상태를 말한다.

- 수요함수는 Qd = 800 − 2P, 공급함수는 P_1 = 200이므로 두 곡선이 만나는 점이 최초의 균형상태이다.
- 수요량 800 − 2P의 수식에 P_1 = 200을 대입하여 그 양을 구하면 800 − 2P(200) = 400이다.
- 수요량 800 − 2P의 수식에 P_2 = 300을 대입하여 그 양을 구하면 800 − 2P(300) = 200이다.

따라서 균형거래량은 400에서 200으로 200만큼 감소한다.

㉡ 공급함수가 P_1 = 200, P_2 = 300이라는 것은 공급곡선이 가격(종축, 세로축)에 대해 수평선 형태로 나타난다. 따라서 공급곡선은 가격에 대해 완전탄력적이다.

□□□

22

상중하

수요의 가격탄력성에 관한 설명으로 틀린 것은? (단, 수요의 가격탄력성은 절댓값을 의미하며, 다른 조건은 불변이라고 가정함) 제27회

① 미세한 가격 변화에 수요량이 무한히 크게 변화하는 경우 완전탄력적이다.
② 대체재의 존재 여부는 수요의 가격탄력성을 결정하는 중요한 요인 중 하나이다.
③ 일반적으로 부동산수요에 대한 관찰기간이 길어질수록 수요의 가격탄력성은 작아진다.
④ 일반적으로 재화의 용도가 다양할수록 수요의 가격탄력성은 커진다.
⑤ 수요의 가격탄력성이 비탄력적이라는 것은 가격의 변화율에 비하여 수요량의 변화율이 작다는 것을 의미한다.

톺아보기

③ 일반적으로 부동산수요에 대한 관찰기간이 길어질수록(단기보다 장기로 갈수록, 장기일수록, 충분히 준비하면) 수요의 가격탄력성은 더 커진다. 즉, 단기에는 그 양의 변화가 적어서 비탄력적이지만 장기에는 그 양의 변화가 많아서 보다 더 탄력적이 된다.

★ ④ 일반적으로 재화의 용도가 다양할수록(용도적 대체재가 많아질수록) 수요의 가격탄력성은 커진다(탄력적이 된다).

□□□
23

상중하

수요의 가격탄력성에 관한 설명으로 옳은 것은? (단, 수요의 가격탄력성은 절댓값을 의미하며, 다른 조건은 동일함) 제28회

① 수요의 가격탄력성이 1보다 작을 경우 전체 수입은 임대료가 상승함에 따라 감소한다.

② 대체재가 있는 경우 수요의 가격탄력성은 대체재가 없는 경우보다 비탄력적이 된다.

③ 우하향하는 선분으로 주어진 수요곡선의 경우, 수요곡선상의 측정지점에 따라 가격탄력성은 다르다.

④ 일반적으로 부동산수요의 가격탄력성은 단기에서 장기로 갈수록 더 비탄력적이 된다.

⑤ 부동산의 용도전환이 용이할수록 수요의 가격탄력성은 작아진다.

톺아보기

③ 수요곡선상의 측정지점에 따라 최초값(기준점)을 달리하면 가격탄력성 값도 다르게 나타난다.

오답해설

① 수요의 가격탄력성이 1보다 작을 경우(비탄력적일 경우 ⇨ 수요자에게 대체재가 적을수록) 전체 수입은 임대료가 상승함에 따라 증가한다. ⇨ 비탄력적일 경우에는 임대료 상승률보다 수요량이 덜 감소하므로 임대료를 인상할수록 임대수입은 증가한다. ⇨ 수요의 가격탄력성이 비탄력적일 경우에는 고가(高價)전략이 유리하다.

② 대체재가 있는 경우 수요의 가격탄력성은 대체재가 없는 경우보다 더 탄력적이 된다. ⇨ 대체재가 많을수록 수요의 가격탄력성은 더 커진다(탄력적이 된다).

④ 일반적으로 부동산수요의 가격탄력성은 단기에서 장기로 갈수록 더 탄력적이 된다. ⇨ 단기에는 비탄력적이지만, 장기에는 그 양의 변화가 많아서 더 탄력적이 된다.

⑤ 부동산의 용도전환이 용이할수록(용도적 대체재가 많아질수록) 수요의 가격탄력성은 커진다. ⇨ 탄력적이 된다.

정답 | 21 ⑤ 22 ③ 23 ③

□□□

24 상**중**하

A부동산에 대한 수요의 가격탄력성과 소득탄력성이 각각 0.9와 0.5이다. A부동산 가격이 2% 상승하고 소득이 4% 증가할 경우, A부동산 수요량의 전체 변화율(%)은? (단, A부동산은 정상재이고, 가격탄력성은 절댓값으로 나타내며, 다른 조건은 동일함)

제24회

① 0.2　　② 1.4
③ 1.8　　④ 2.5
⑤ 3.8

톺아보기

1. 가격(원인)과 수요량(결과)은 반비례관계이다.
   - 수요의 가격탄력성 = $\frac{\text{수요량 변화율}}{\text{가격 변화율}}$, $0.9 = \frac{\text{수요량 감소율}}{\text{2\% 상승}}$

   ⇨ 수요량은 1.8%(= 0.9 × 2%) 감소한다.
2. 수요의 소득탄력성이 0보다 크면 소득의 증가로 수요량이 증가하는 정상재(우등재)에 해당한다.
   - 수요의 소득탄력성 = $\frac{\text{수요량 변화율}}{\text{소득 변화율}}$, $0.5 = \frac{\text{수요량 증가율}}{\text{4\% 증가}}$

   ⇨ 수요량은 2%(= 0.5 × 4%) 증가한다.

가격탄력성 $0.9 = \frac{1.8\%\downarrow}{2\%\uparrow}$ + 소득탄력성 $0.5 = \frac{2\%\uparrow}{4\%\uparrow}$ ⇨ 전체 수요량 변화율 0.2% 증가

∴ 두 조건을 반영한 전체 수요량은 0.2%(= −1.8% + 2%) 증가한다.
(수요의 가격탄력성 조건에 따른 수요량 1.8% 감소 + 수요의 소득탄력성 조건에 따른 수요량 2% 증가)

□□□

25 상**중**하

아파트 매매가격이 10% 상승할 때, 아파트 매매수요량이 5% 감소하고 오피스텔 매매수요량이 8% 증가하였다. 이 때 아파트 매매수요의 가격탄력성의 정도(A), 오피스텔 매매수요의 교차탄력성(B), 아파트에 대한 오피스텔의 관계(C)는? (단, 수요의 가격탄력성은 절댓값이며, 다른 조건은 동일함) 제32회

① A: 비탄력적, B: 0.5, C: 대체재
② A: 탄력적, B: 0.5, C: 보완재
③ A: 비탄력적, B: 0.8, C: 대체재
④ A: 탄력적, B: 0.8, C: 보완재
⑤ A: 비탄력적, B: 1.0, C: 대체재

톺아보기

• A: 아파트수요의 가격탄력성 0.5 = $\frac{\text{수요량의 변화율 5\%}\downarrow}{\text{가격변화율 10\%}\uparrow}$

⇨ 가격변화율보다 수요량의 변화율이 더 작으므로 비탄력적이다.

• B, C: 아파트가격에 대한 오피스텔수요의 교차탄력성 0.8 = $\frac{\text{오피스텔 수요량의 변화율 8\%}\uparrow}{\text{아파트 가격변화율 10\%}\uparrow}$

따라서 아파트가격 상승으로(아파트수요량은 감소하고) 오피스텔의 수요량이 증가하였으므로, 두 재화는 대체관계이다. 교차탄력성이 0.8(+ 값)이면 두 재화는 대체관계이다.

정답 | 24 ① 25 ③

□□□

26

상중하

어느 지역의 오피스텔에 대한 수요의 가격탄력성은 0.6이고 소득탄력성은 0.5이다. 오피스텔가격이 5% 상승함과 동시에 소득이 변하여 전체 수요량이 1% 감소하였다면, 이때 소득의 변화율은? (단, 오피스텔은 정상재이고, 수요의 가격탄력성은 절댓값으로 나타내며, 다른 조건은 동일함) 제29회

① 1% 증가
② 2% 증가
③ 3% 증가
④ 4% 증가
⑤ 5% 증가

톺아보기

수요의 가격탄력성과 수요의 소득탄력성 두 가지 조건을 고려하여 전체 수요량이 1% 감소하였다는 것이고, 이에 따른 소득의 변화율을 묻고 있다.

- 가격탄력성에 따른 수요량 3% 감소 + 소득탄력성에 따른 수요량 2% 증가 ⇨ 전체 수요량 1% 감소

가격탄력성 $0.6 = \frac{3\% \downarrow}{5\% \uparrow}$ + 소득탄력성 $0.5 = \frac{a \uparrow}{b \uparrow}$ ⇨ 전체 수요량 변화율 1% 감소

- 수요의 가격탄력성 $0.6 = \frac{\text{수요량의 변화율}}{\text{가격 변화율 } 5\% \uparrow}$ 이므로, 가격이 5% 상승하면 수요량은 3%(= 0.6 × 5%) 감소한다(가격과 수요량은 반비례관계). 그럼에도 소득탄력성까지 고려한 전체 수요량이 1% 감소하였다는 것은 소득탄력성 조건에 따른 수요량의 변화율(a)은 2% 증가했다는 의미이다.
- 따라서 수요의 소득탄력성 $0.5 = \frac{\text{수요량의 변화율 } 2\% \uparrow}{\text{소득 변화율(b)}}$ 이므로, 소득탄력성의 분모 값인 소득변화(증가)율(b)은 2% ÷ 0.5 = 4%이다. 즉, 소득탄력성 조건에 따른 수요량이 2% 증가하기 위해서는 소득이 4% 증가하여야 한다.

□□□

27

상**중**하

A지역 소형아파트 수요의 가격탄력성은 0.9이고, 오피스텔 가격에 대한 소형아파트 수요의 교차탄력성은 0.5이다. A지역 소형아파트 가격이 2% 상승하고 동시에 A지역 오피스텔 가격이 5% 상승할 때, A지역 소형아파트 수요량의 전체 변화율은? (단, 소형아파트와 오피스텔은 모두 정상재로서 서로 대체적인 관계이고, 수요의 가격탄력성은 절댓값으로 나타내며, 다른 조건은 동일함) 제35회

① 0.7% ② 1.8%
③ 2.5% ④ 3.5%
⑤ 4.3%

톺아보기

1. 가격(원인)과 수요량(결과)은 반비례관계이다.
   - 수요의 가격탄력성 = $\frac{\text{수요량 변화율}}{\text{가격 변화율}}$, $0.9 = \frac{\text{수요량 감소율(a)}}{\text{2\% 상승}}$

   ⇨ 수요량(a)은 1.8%(= 0.9 × 2%) 감소한다.
2. 수요의 교차탄력성이 0보다 크면 두 재화는 대체관계이다.
   - 수요의 교차탄력성 = $\frac{\text{소형아파트 수요량 변화율}}{\text{오피스텔 가격변화율}}$, $0.5 = \frac{\text{소형아파트 수요량 증가율(b)}}{\text{오피스텔 가격 5\% 상승}}$

   ⇨ 소형아파트 수요량은 2.5%(= 0.5 × 5%) 증가한다.
   [오피스텔가격이 상승하면(오피스텔 수요량은 감소하고, 이에 따라) 소형아파트 수요량은 증가한다]

가격탄력성 $0.9 = \frac{1.8\% \downarrow}{2\% \uparrow}$ + 교차탄력성 $0.5 = \frac{2.5\% \uparrow}{5\% \uparrow}$ ⇨ 전체 수요량 변화율 0.7% 증가

∴ 두 조건을 반영한 소형아파트 전체 수요량은 0.7%(= 1.8% 감소 + 2.5% 증가) 증가한다.

정답 | 26 ④ 27 ①

□□□

28 상중하

아파트에 대한 수요의 가격탄력성은 0.6, 소득탄력성은 0.4이고, 오피스텔가격에 대한 아파트 수요량의 교차탄력성은 0.2이다. 아파트가격, 아파트수요자의 소득, 오피스텔가격이 각각 3%씩 상승할 때, 아파트 전체 수요량의 변화율은? (단, 두 부동산은 모두 정상재이고 서로 대체재이며, 아파트에 대한 수요의 가격탄력성은 절댓값으로 나타내며, 다른 조건은 동일함) 제30회

① 1.2% 감소
② 1.8% 증가
③ 2.4% 감소
④ 3.6% 증가
⑤ 변화 없음

톺아보기

수요의 가격탄력성, 수요의 소득탄력성, 교차탄력성 세 가지 조건을 모두 고려한 아파트 전체 수요량의 변화율을 구하는 문제이다.

• 수요의 가격탄력성 = $\frac{\text{수요량 변화율}}{\text{가격 변화율}}$, $0.6 = \frac{\text{1.8\% 감소}}{\text{3\% 상승}}$

⇨ 아파트의 수요량은 1.8%(= 0.6 × 3%) 감소한다(가격과 수요량은 반비례관계).

• 수요의 소득탄력성 = $\frac{\text{수요량 변화율}}{\text{소득 변화율}}$, 0.4(정상재) = $\frac{\text{1.2\% 증가}}{\text{3\% 증가}}$

⇨ 아파트의 수요량은 1.2%(= 0.4 × 3%) 증가한다.

• 수요의 교차탄력성 = $\frac{\text{아파트수요량 변화율}}{\text{오피스텔가격 변화율}}$, 0.2(대체관계) = $\frac{\text{0.6\% 증가}}{\text{3\% 상승}}$

⇨ 아파트의 수요량은 0.6%(= 0.2 × 3%) 증가한다.

가격탄력성 $0.6 = \frac{\text{아파트수요량의 변화율 1.8\%}\downarrow}{\text{아파트가격 변화율 3\%}\uparrow}$ + 소득탄력성 $0.4 = \frac{\text{아파트수요량의 변화율 1.2\%}\uparrow}{\text{소득 변화율 3\%}\uparrow}$ + 교차탄력성 $0.2 = \frac{\text{아파트수요량의 변화율 0.6\%}\uparrow}{\text{오피스텔가격 변화율 3\% 상승}\uparrow}$	⇨ 분자 값인 아파트 총수요량 변화 없음(0)

∴ 아파트의 가격 상승으로 아파트의 수요량이 1.8% 감소하였고, 소득 증가와 오피스텔가격 변화로 아파트 수요량이 1.8% 증가(= 1.2% 증가 + 0.6% 증가)하였으므로 전체 아파트의 수요량은 변화가 없다.

□□□
29 상중하

오피스텔 시장에서 수요의 가격탄력성은 0.5이고, 오피스텔의 대체재인 아파트가격에 대한 오피스텔 수요의 교차탄력성은 0.3이다. 오피스텔가격, 오피스텔 수요자의 소득, 아파트가격이 각각 5%씩 상승함에 따른 오피스텔 전체 수요량의 변화율이 1%라고 하면, 오피스텔 수요의 소득탄력성은? (단, 오피스텔과 아파트 모두 정상재이고, 수요의 가격탄력성은 절댓값으로 나타내며, 다른 조건은 동일함) 제33회

① 0.2　② 0.4
③ 0.6　④ 0.8
⑤ 1.0

톺아보기

1. 오피스텔 수요의 가격탄력성 0.5 ⇨ 오피스텔가격 5% 상승으로 오피스텔 수요량이 2.5% 감소하고,
2. 아파트가격에 대한 오피스텔 수요의 교차탄력성 0.3 ⇨ 아파트가격 5% 상승으로 오피스텔 수요량이 1.5% 증가하였으므로, 소득탄력성 x에 의한 소득 5% 증가로 오피스텔 수요량이 2% 증가하여야만, 이 세 가지 조건에 따른 오피스텔 전체(총) 수요량이 1% 증가하게 된다.

ⓐ 가격탄력성에 의한 수요량 2.5% 감소	+	
ⓑ 교차탄력성에 의한 수요량 1.5% 증가		⇨ 오피스텔 전체 수요량 1% 증가
ⓒ 소득탄력성에 의한 수요량 2% 증가	+	

즉, ⓐ 2.5% 감소 + ⓑ 1.5% 증가 + ⓒ 2% 증가 = 전체 수요량 1% 증가

3. [(가격탄력성 $0.5 = \frac{\text{ⓐ } 2.5\% \downarrow}{5\% \uparrow}$) + (교차탄력성 $0.3 = \frac{\text{ⓑ 오피스텔 수요량 } 1.5\% \uparrow}{\text{아파트가격 } 5\% \uparrow}$)
+ (소득탄력성 $x = \frac{\text{ⓒ 수요량 } 2\% \uparrow}{\text{소득 } 5\% \uparrow}$)] ⇨ 분자 값: 오피스텔 전체 수요량 1% ↑
오피스텔 수요의 가격탄력성, 아파트가격 변화율에 대한 오피스텔 수요의 교차탄력성, 수요의 소득탄력성의 세 가지 조건을 모두 고려(반영)한 오피스텔의 전체 수요량의 변화율이 1%라는 의미이다.
4. 따라서 소득탄력성 x는 0.4이다.

정답 | 28 ⑤　29 ②

□□□

30 상중하

다음 아파트에 대한 다세대주택 수요의 교차탄력성은? (단, 주어진 조건에 한함) 제28회

- 가구소득이 10% 상승하고 아파트가격은 5% 상승했을 때, 다세대주택 수요는 8% 증가
- 다세대주택 수요는 소득탄력성은 0.6이며, 다세대주택과 아파트 대체관계임

① 0.1 ② 0.2 ③ 0.3
④ 0.4 ⑤ 0.5

톺아보기

아파트가격 5% 상승과 소득 10% 증가로 인한 다세대주택의 수요량 증가분의 합이 총 8%이다. 이 중에서 소득탄력성(0.6)에 따른 다세대주택 수요량이 6% 증가, 나머지(a) 2%는 아파트가격 변화에 따른 다세대주택 수요량 증가분이다.

$$\left[\text{소득탄력성 } 0.6 = \frac{\text{수요량 } 6\% \uparrow}{\text{소득 } 10\% \uparrow}\right] + \left[\text{교차탄력성(b)} = \frac{\text{다세대주택 수요량(a)}}{\text{아파트가격 } 5\% \uparrow}\right]$$

⇨ 다세대주택 총수요량 8% 증가

⇨ 소득탄력성에 따른 다세대주택 수요량 증가분 6% + 교차탄력성에 따른 다세대주택 수요량 증가분(a) 2% = 다세대주택 총수요량 8% 증가

따라서 교차탄력성(b) $0.4 = \frac{\text{다세대주택 수요량 } 2\% \uparrow}{\text{아파트가격 변화율 } 5\% \uparrow}$이다.

□□□

31 상중하

부동산공급 및 공급곡선에 관한 설명으로 <u>틀린</u> 것은? (단, 다른 조건은 동일함) 제27회

① 부동산수요가 증가할 때 부동산공급곡선이 탄력적일수록 부동산가격은 더 크게 상승한다.

② 공급량은 주어진 가격수준에서 공급자가 공급하고자 하는 최대수량이다.

③ 해당 부동산가격의 변화에 의한 공급량의 변화는 다른 조건이 불변일 때 동일한 공급곡선상에서 점의 이동으로 나타난다.

④ 물리적 토지공급량이 불변이라면 토지의 물리적 공급은 토지가격변화에 대하여 완전비탄력적이다.

⑤ 용도변경을 제한하는 법규가 강화될수록 공급곡선은 이전에 비하여 비탄력적이 된다.

톺아보기

① 부동산수요가 증가할 때 부동산공급곡선이 탄력적일수록(공급이 적시에 이루어지므로) 부동산가격은 덜 상승하며, 부동산공급곡선이 비탄력적일수록(공급이 적시에 이루어지지 못하면) 부동산가격은 더 크게 상승한다.
③ 해당 부동산가격의 변화에 의한 공급량의 변화는 다른 조건이 불변일 때 동일한 공급곡선상의 점의 이동으로 나타난다. ⇨ 부동산공급량의 변화
⑤ 용도변경을 제한하는 법규가 강화될수록 (용도적 공급이 어려우므로 그 양의 변화가 적어서) 공급곡선은 이전에 비하여 비탄력적이 된다. ⇨ 공급곡선의 기울기는 더욱 급해진다.

□□□
32

상**중**하

주택매매시장의 수요와 공급에 관한 설명으로 틀린 것은? (단, X축은 수량, Y축은 가격, 수요의 가격탄력성은 절댓값을 의미하며, 다른 조건은 동일함) 제29회

① 주택의 수요와 공급이 모두 증가하게 되면 균형거래량은 증가한다.
② 주택수요의 가격탄력성이 완전탄력적인 경우에 공급이 증가하면 균형가격은 변하지 않고 균형거래량은 증가한다.
③ 해당 주택가격 변화에 의한 수요량의 변화는 동일한 수요곡선상의 이동으로 나타난다.
④ 주택수요가 증가하면 주택공급이 탄력적일수록 균형가격이 더 크게 상승한다.
⑤ 주택공급의 가격탄력성은 단기에 비해 장기에 더 크게 나타난다.

톺아보기

④ 주택수요가 증가하면 주택공급이 탄력적일수록(주택공급이 적시에 이루어지므로) 균형가격이 덜 상승한다. ⇨ 탄력적일수록(양의 변화가 많을수록) 균형가격의 변화폭은 작아진다.
★ ① 주택의 수요와 공급이 모두 증가하게 되면 균형거래량은 증가한다.
② 주택수요의 가격탄력성이 완전탄력적인 경우(수요곡선 수평선)에 공급이 증가하면 균형가격은 변하지 않고 균형거래량은 증가한다.
⑤ 주택공급의 가격탄력성은 단기에 비해 장기에 더 크게 나타난다. ⇨ 단기보다 장기에 그 양의 변화가 많아서 장기공급의 가격탄력성이 더 탄력적이다.

정답 | 30 ④ 31 ① 32 ④

□□□

33

상중하

부동산에 관한 수요와 공급의 가격탄력성에 관한 설명으로 틀린 것은? (단, 다른 조건은 동일함)

제30회

① 수요의 가격탄력성이 완전탄력적일 때 수요가 증가할 경우 균형가격은 변하지 않는다.

② 오피스텔에 대한 대체재가 감소함에 따라 오피스텔 수요의 가격탄력성은 작아진다.

③ 공급의 가격탄력성이 수요의 가격탄력성보다 작은 경우 공급자가 수요자보다 세금부담이 더 크다.

④ 임대주택 수요의 가격탄력성이 1인 경우 임대주택의 임대료가 하락하더라도 전체 임대료 수입은 변하지 않는다.

⑤ 일반적으로 임대주택을 건축하여 공급하는 기간이 짧을수록 공급의 가격탄력성은 커진다.

톺아보기

① 균형가격과 균형거래량은 수요곡선과 공급곡선이 만나는 균형점에서 결정된다. 해당 문항에서 '수요의 가격탄력성이 완전탄력적일 때 수요가 증가할 경우'라는 조건 자체에 하자가 있기 때문에 해당 조건에서는 균형가격과 균형거래량의 변화를 파악할 수 없다. 따라서 수요의 가격탄력성이 완전탄력적일 때 (수요곡선 수평선) 공급이 증가할 경우 균형가격은 변하지 않는다.

② 대체재가 작을수록 수요의 가격탄력성은 작아진다(비탄력적이 된다).

③ 가격탄력성이 낮은 쪽(비탄력적인 쪽)이 더 많은 세금을 부담한다(더 많은 세금이 귀착된다).

④ 단위탄력적(탄력성 값: 1)일 경우에는 임대료변화율과 수요량의 변화율이 동일하므로, 임대주택의 임대료가 상승 또는 하락하더라도 전체 임대료 수입은 변하지 않는다.

★ ⑤ 일반적으로 임대주택을 건축하여 공급하는 기간이 짧을수록 공급의 가격탄력성은 커진다. 임대주택을 건축하여 공급하는 기간이 짧을수록(⇨ 가격이 상승할 때 적시에 공급이 가능할수록 양의 변화가 많아지므로) 공급의 가격탄력성은 커진다(공급은 더 탄력적이 된다).

정답 | 33 ①

제2장 / 부동산의 경기변동

기본서 p.94~105

□□□

34

상 중 하

부동산경기변동에 관한 설명으로 틀린 것은? 제29회

① 부동산경기는 지역별로 다르게 변동할 수 있으며 같은 지역에서도 부분시장(sub-market)에 따라 다른 변동양상을 보일 수 있다.

② 부동산경기변동은 건축착공량, 거래량 등으로 확인할 수 있다.

③ 부동산경기와 일반경기는 동일한 주기와 진폭으로 규칙적 · 반복적으로 순환한다.

④ 부동산경기가 상승국면일 경우, 직전에 거래된 거래사례가격은 현재 시점에서 새로운 거래가격의 하한이 되는 경향이 있다.

⑤ 업무용 부동산의 경우, 부동산경기의 하강국면이 장기화되면 공실률이 증가하는 경향이 있다.

톺아보기

부동산경기는 일반경기와는 다르게 불규칙적이고 그 순환국면이 불분명하며 뚜렷하게 구분되지 않는다. 즉, 지역별, 유형별, 부문경기에 따라 그 변동양상이 다르기 때문에 현재의 국면이 호황인지 불황인지 파악이 용이하지 않다는 것이다.

정답 | 34 ③

□□□

35 부동산경기순환과 경기변동에 관한 설명으로 틀린 것은? 제31회

상 중 **하**

① 부동산경기변동이란 부동산시장이 일반경기변동처럼 상승과 하강국면이 반복되는 현상을 말한다.

② 부동산경기는 일반경기와 같이 일정한 주기와 동일한 진폭으로 규칙적이고 안정적으로 반복되며 순환된다.

③ 부동산경기변동은 일반경기변동에 비해 저점이 깊고 정점이 높은 경향이 있다.

④ 부동산경기는 부동산의 특성에 의해 일반경기보다 주기가 더 길 수 있다.

⑤ 회복시장에서 직전국면 저점의 거래사례가격은 현재 시점에서 새로운 거래가격의 하한이 되는 경향이 있다.

톺아보기

② 부동산경기는 지역마다, 도시마다, 유형마다 경기변동의 양상이 각각 다르기 때문에 일반경기와 달리 그 순환국면이 불규칙적이고 불분명하며, 호황과 불황의 국면이 뚜렷하게 구분되지 않는 특성을 갖는다.

① 부동산경기변동 = 부동산경기의 순환변동

③ 부동산경기변동은 일반경기변동에 비해 경기의 진폭이 큰 편이다.

④ 부동산경기(한센의 건축순환: 17~18년)는 부동산의 특성에 의해 일반경기(쥬글라순환: 약 10년)보다 주기가 더 길다는 특징이 있다.

⑤ 회복시장 또는 상향국면에서 직전국면 저점의 거래사례가격은 현재시점에서 새로운 거래가격의 하한이 되는 경향이 있고, 후퇴시장 또는 하향국면에서 직전국면 저점의 거래사례가격은 현재시점에서 새로운 거래가격의 상한이 되는 경향이 있다.

□□□

36 부동산경기변동에 관한 설명으로 옳은 것은? 제33회

상 중 **하**

① 상향시장 국면에서는 부동산가격이 지속적으로 하락하고 거래량은 감소한다.

② 후퇴시장 국면에서는 경기 상승이 지속적으로 진행되어 경기의 정점에 도달한다.

③ 하향시장 국면에서는 건축허가신청이 지속적으로 증가한다.

④ 회복시장 국면에서는 매수자가 주도하는 시장에서 매도자가 주도하는 시장으로 바뀌는 경향이 있다.

⑤ 안정시장 국면에서는 과거의 거래가격을 새로운 거래가격의 기준으로 활용하기 어렵다.

톺아보기

④ 수축국면(후퇴 · 하향시장)은 매수자 중심시장이고, 확장국면(회복 · 상향시장)은 매도자 중심시장이다.

오답해설

① 상향시장 국면에서는 부동산가격이 지속적으로 상승하고 거래량은 증가한다.
② 후퇴시장 국면에서는 경기의 정점을 지나서 경기 하강이 지속적으로 진행된다.
③ 하향시장 국면에서는 건축허가신청이 지속적으로 감소한다.
⑤ 안정시장 국면에서는 과거의 거래가격은 새로운 거래가격의 신뢰할 수 있는 기준가격이 된다.

□□□

37 거미집모형에 관한 설명으로 옳은 것은? (단, 다른 조건은 동일함) 제34회

상**중**하

① 수요의 가격탄력성이 공급의 가격탄력성보다 크면 발산형이다.
② 가격이 변동하면 수요와 공급은 모두 즉각적으로 반응한다는 가정을 전제하고 있다.
③ 수요곡선의 기울기 절댓값이 공급곡선의 기울기 절댓값보다 작으면 수렴형이다.
④ 수요와 공급의 동시적 관계로 가정하여 균형의 변화를 정태적으로 분석한 모형이다.
⑤ 공급자는 현재와 미래의 가격을 동시에 고려해 미래의 공급을 결정한다는 가정을 전제하고 있다.

톺아보기

★ ③ • 기울기의 절댓값이 작다. ⇨ 가격탄력성이 크다(탄력적).
• 수요곡선의 기울기 절댓값이 공급곡선의 기울기 절댓값보다 작으면(수요의 가격탄력성은 상대적으로 탄력적이고, 공급의 가격탄력성은 비탄력적인 경우) 수렴형이다.

오답해설

① 수요의 가격탄력성이 공급의 가격탄력성보다 크면(수요가 공급에 비해 상대적으로 탄력적이므로, 따라서 공급은 비탄력적이다) 수렴형이다.
② 가격이 변동하면 수요는 즉각적으로 반응하지만, 공급은 일정한 시간이 지나야만 반응한다는 것을 전제한다.
④ 균형의 변화를(균형으로 수렴해가는 과정을) 동태적으로 분석한 모형이다. ⇨ 동적(動的) 균형이론
⑤ 공급자는 언제나 현재가격에만 반응한다는 것을 전제하고 있다(공급자가 장래가격을 예측할 수 있다면 거미집이론은 성립되지 않는다).

더 알아보기

수렴형 조건

- 수요의 가격탄력성보다 공급의 가격탄력성이 더 작을 경우(비탄력적일 경우)
- 수요곡선보다 공급곡선 기울기가 더 급할 경우
- 수요곡선보다 공급곡선 기울기의 절댓값이 더 클 경우

정답 | 35 ② 36 ④ 37 ③

□□□

38

상**중**하

다음은 거미집이론에 관한 내용이다. (　　)에 들어갈 모형형태는? (단, X축은 수량, Y축은 가격을 나타내며, 다른 조건은 동일함) 제31회

> • 수요의 가격탄력성의 절댓값이 공급의 가격탄력성의 절댓값보다 크면 (㉠)이다.
> • 수요곡선의 기울기의 절댓값이 공급곡선의 기울기의 절댓값보다 크면 (㉡)이다.

① ㉠: 수렴형, ㉡: 수렴형
② ㉠: 수렴형, ㉡: 발산형
③ ㉠: 발산형, ㉡: 수렴형
④ ㉠: 발산형, ㉡: 발산형
⑤ ㉠: 발산형, ㉡: 순환형

톺아보기

㉠ 첫 번째 조건은 탄력성을 제시하였다. '수요의 가격탄력성 절댓값 = 수요의 가격탄력성'이므로 수요의 가격탄력성의 절댓값이 공급의 가격탄력성의 절댓값보다 크면, 수요는 탄력적이고 공급은 비탄력적이므로 수렴형이다.

㉡ 두 번째 조건은 곡선 기울기의 절댓값을 제시하였다. 수요곡선의 기울기의 절댓값이 공급곡선의 기울기의 절댓값보다 크면, 수요는 비탄력적이고 공급은 탄력적이므로 발산형이다.

□□□

39

상**중**하

A · B · C부동산시장이 다음과 같을 때 거미집이론에 따른 각 시장의 모형형태는? (단, X축은 수량, Y축은 가격을 나타내며, 다른 조건은 동일함) 제27회

구분	A시장	B시장	C시장
수요곡선 기울기	−0.8	−0.3	−0.6
공급곡선 기울기	0.6	0.3	1.2

	A	B	C
①	수렴형	발산형	순환형
②	순환형	발산형	수렴형
③	발산형	수렴형	순환형
④	수렴형	순환형	발산형
⑤	발산형	순환형	수렴형

톺아보기

해당 문제는 탄력성이 아니라 기울기를 제시하였다.

수요곡선은 음(−)의 기울기를 가지나, 음(−)의 값을 무시하고 절댓값을 판단하여야 한다.

- A시장: 수요곡선 기울기의 절댓값(0.8)보다 공급곡선 기울기의 절댓값(0.6)이 작다. 즉, 공급이 탄력적이므로 발산형이다.
- B시장: 수요곡선과 공급곡선 기울기의 절댓값(= 0.3/0.3)이 같으므로 순환형이다.
- C시장: 수요곡선 기울기의 절댓값(0.6)보다 공급곡선 기울기의 절댓값(1.2)이 크다. 즉, 공급이 비탄력적이므로 수렴형이다.

더 알아보기

- 공급의 가격탄력성이 비탄력적일수록, 공급곡선 기울기의 절댓값이 클수록 균형으로 수렴한다.
- 공급의 가격탄력성이 탄력적일수록, 공급곡선의 기울기의 절댓값이 적을수록 균형을 이탈, 발산형으로 나타난다.

정답 | 38 ② 39 ⑤

□□□

40

상중하

A와 B부동산시장의 함수조건하에서 가격변화에 따른 동태적 장기 조정과정을 설명한 거미집이론(Cob-web theory)에 의한 모형형태는? (단, P는 가격, Qd는 수요량, Qs는 공급량이고, 가격변화에 수요는 즉각적인 반응을 보이지만 공급은 시간적인 차이를 두고 반응하며, 다른 조건은 동일함) 제25회

- A부동산시장: 2P = 500 − Qd, 3P = 300 + 4Qs
- B부동산시장: P = 400 − 2Qd, 2P = 100 + 4Qs

① A: 수렴형, B: 발산형
② A: 발산형, B: 순환형
③ A: 순환형, B: 발산형
④ A: 수렴형, B: 순환형
⑤ A: 발산형, B: 수렴형

톺아보기

수요함수와 공급함수의 기울기를 구하여 거미집이론의 각 유형을 판단한다.

1. A부동산시장 ⇨ 수요곡선 기울기의 절댓값($\frac{1}{2}$)보다 공급곡선 기울기의 절댓값($\frac{4}{3}$)이 더 크므로(공급이 더 비탄력적이므로) 수렴형이다.
   - 수요함수: 2P = 500 − Qd ⇨ P = 250 − $\frac{1}{2}$Qd(수식을 'P ='으로 정리하고, 나누기 2를 하여 기울기 값을 구한다) ⇨ 수요곡선 기울기: $\frac{1}{2}$
   - 공급함수: 3P = 300 + 4Qs ⇨ P = 100 + $\frac{4}{3}$Qs(수식을 'P ='으로 정리하고, 나누기 3를 하여 기울기 값을 구한다) ⇨ 공급곡선 기울기: $\frac{4}{3}$
2. B부동산시장 ⇨ 수요곡선 기울기의 절댓값(2)과 공급곡선 기울기의 절댓값(2)의 크기가 동일하므로 순환형이다.
   - 수요함수: P = 400 − 2Qd ⇨ 수요곡선 기울기: 2
   - 공급함수: 2P = 100 + 4Qs ⇨ P = 50 + 2Qs(수식을 'P ='으로 정리하고, 나누기 2를 하여 기울기 값을 구한다) ⇨ 공급곡선 기울기: 2

□□□

41 상중하

어느 지역의 수요와 공급함수가 각각 A부동산상품시장에서는 Qd = 100 − P, 2Qs = −10 + P, B부동산상품시장에서는 Qd = 500 − 2P, 3Qs = −20 + 6P이며, A부동산상품의 가격이 5% 상승하였을 때 B부동산상품의 수요가 4% 하락하였다. 거미집이론(Cob-web theory)에 의한 A와 B 각각의 모형 형태와 A부동산상품과 B부동산상품의 관계는? (단, x축은 수량, y축은 가격, 각각의 시장에 대한 P는 가격, Qd는 수요량, Qs는 공급량이며, 다른 조건은 동일함) 제29회

	A	B	A와 B의 관계
①	수렴형	순환형	보완재
②	수렴형	발산형	보완재
③	발산형	순환형	대체재
④	발산형	수렴형	대체재
⑤	순환형	발산형	대체재

톺아보기

1. A부동산상품시장은 공급곡선 기울기의 절댓값이 더 크므로(공급이 더 비탄력적이므로) 수렴형이다.
   - 수요함수: Qd = 100 − P ⇨ P = 100 − Qd ⇨ 기울기의 절댓값 = 1
   - 공급함수: 2Qs = −10 + P ⇨ P = 10 + 2Qs ⇨ 기울기의 절댓값 = 2
2. B부동산상품시장은 수요곡선 기울기와 공급곡선 기울기의 절댓값의 크기가 동일하므로 순환형이다.
   - 수요함수: Qd = 500 − 2P ⇨ 2P = 500 − Qd ⇨ $P = 250 - \frac{1}{2}Qd$ ⇨ 기울기의 절댓값 = $\frac{1}{2}$
   - 공급함수: 3Qs = −20 + 6P ⇨ 6P = 20 + 3Qs ⇨ $P = \frac{20}{6} + \frac{3}{6}Qs$ ⇨ 기울기의 절댓값 = $\frac{1}{2}$
3. A와 B의 관계: A부동산상품의 가격이 5% 상승하였을 때(A부동산 수요량은 감소하고), B부동산상품의 수요가 4% 하락(감소)하였다. 두 재화의 수요가 동일 방향으로 진행되고 있으므로 보완관계이다.

정답 | 40 ④ 41 ①

□□□

42

상중하

A주택시장과 B주택시장의 함수조건이 다음과 같다. 거미집이론에 의한 두 시장의 모형형태는? (단, X축은 수량, Y축은 가격, 각각의 시장에 대한 P는 가격, Qd는 수요량, Qs는 공급량, 다른 조건은 동일함) 제32회

- A주택시장: Qd = 200 - P, Qs = 100 + 4P
- B주택시장: Qd = 500 - P, Qs = $200 + \frac{1}{2}$P

① A: 수렴형, B: 수렴형
② A: 수렴형, B: 발산형
③ A: 수렴형, B: 순환형
④ A: 발산형, B: 수렴형
⑤ A: 발산형, B: 발산형

톺아보기

기울기 값을 찾기 위해 각 함수를 'P ='으로 정리한다.

1. A주택시장: Qd = 200 − P ⇨ P = 200 − Qd ⇨ 수요곡선 기울기 1

   Qs = 100 + 4P ⇨ 4P = −100 + Qs ⇨ P = $-25 + \frac{1}{2}$Qs ⇨ 공급곡선 기울기 $\frac{1}{4}$(= 0.25)

   ∴ 수요곡선 기울기 값이 더 크므로(1 > 0.25) 수요가 더 비탄력적, 공급은 상대적으로 탄력적이다. 따라서 발산형이다.

2. B주택시장: Qd = 500 - P ⇨ P = 500 − Qd ⇨ 수요곡선 기울기 1

   Qs = $200 + \frac{1}{2}$P ⇨ $\frac{1}{2}$P = −200 + Qs ⇨ P = −400 + 2Qs ⇨ 공급곡선 기울기 2

   ∴ 공급곡선 기울기 값이 더 크므로(1 < 2) 공급이 더 비탄력적, 수요는 상대적으로 탄력적이다. 따라서 수렴형이다.

정답 | 42 ④

land.Hackers.com

3개년 출제비중분석

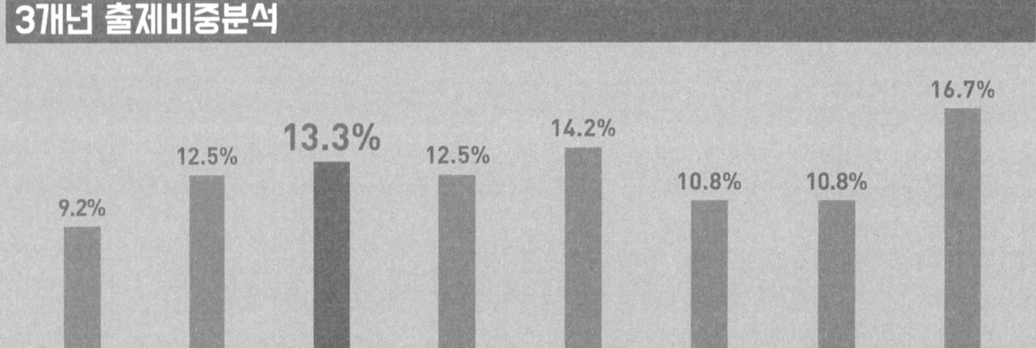
9.2%
12.5%
13.3%
12.5%
14.2%
10.8%
10.8%
16.7%
제1편
제2편
제3편
제4편
제5편
제6편
제7편
제8편

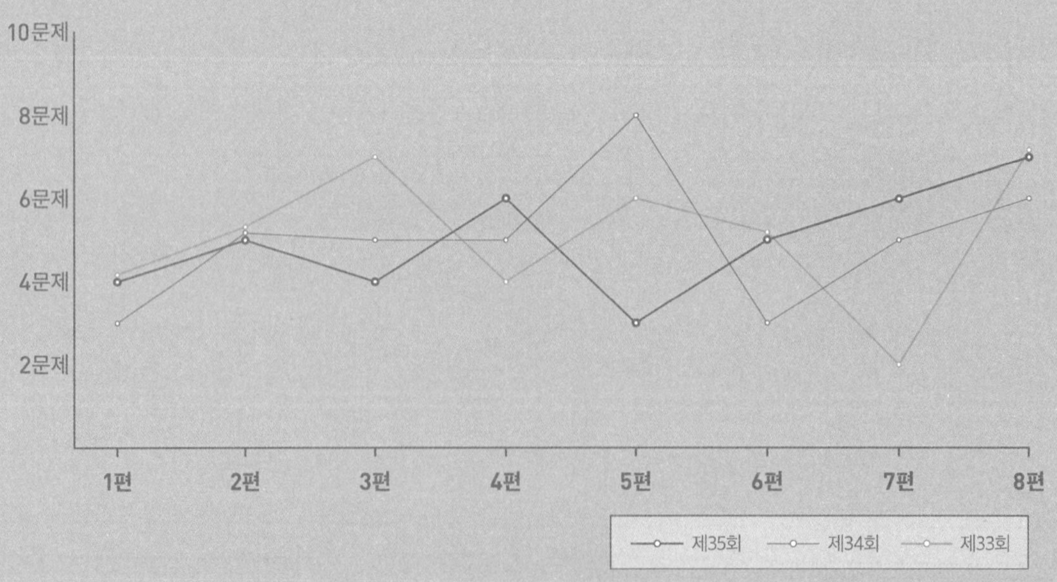
10문제
8문제
6문제
4문제
2문제
1편
2편
3편
4편
5편
6편
7편
8편
제35회
제34회
제33회

제3편

부동산시장론

제1장 / 부동산시장

기본서 p.109~128

□□□

01

상**중**하

부동산시장에 관한 일반적인 설명으로 <u>틀린</u> 것은? 제23회

① 부동산시장은 지역의 경제적 · 사회적 · 행정적 변화에 따라 영향을 받으며, 수요 · 공급도 그 지역 특성의 영향을 받는다.

② 부동산시장에서는 수요와 공급의 불균형으로 인해 단기적으로 가격형성이 왜곡될 가능성이 있다.

③ 부동산시장은 거래의 비공개성으로 불합리한 가격이 형성되며, 이는 비가역성과 관련이 깊다.

④ 부동산시장은 외부효과에 의해 시장의 실패가 발생할 수 있다.

⑤ 부동산시장에서는 매도인의 제안가격과 매수인의 제안가격의 접점에서 부동산가격이 형성된다.

톺아보기

③ 부동산시장은 거래의 비공개성(은밀성)으로 불합리한 가격이 형성되며, 이는 부동산상품의 개별성(이질성)과 관련이 깊다.

② 부동산시장에서는 수요와 공급의 불균형으로 인해 단기적으로 가격형성이 왜곡될 가능성이 있다.

더 알아보기

- **부동산문제의 비가역성**: 원래 상태대로 되돌리기 어렵다.
- **부동산이용의 비가역성**: 한 번 용도를 결정하면 다른 용도로 변경하기 어렵다.

상**중**하

부동산시장에 관한 설명으로 틀린 것은? 제26회

① 부동산시장에서는 어떤 특정한 지역에 국한되는 시장의 지역성 혹은 지역시장성이 존재한다.

② 부동산시장에서는 정보의 비대칭성으로 인하여 부동산가격의 왜곡현상이 나타나기도 한다.

③ 할당 효율적 시장에서는 부동산거래의 은밀성으로 인하여 부동산가격의 과소평가 또는 과대평가 등 왜곡가능성이 높아진다.

④ 부동산거래비용의 증가는 부동산수요자와 공급자의 시장 진출입에 제약을 줄 수 있어 불완전경쟁시장의 요인이 될 수 있다.

⑤ 개별성의 특성은 부동산상품의 표준화를 어렵게 할 뿐만 아니라 부동산시장을 복잡하고 다양하게 한다.

톺아보기

③ 할당 효율적 시장에서는 정보비용을 상회하는 초과이윤의 획득은 불가능하며, 과소평가나 과대평가 등의 왜곡가능성은 낮아지거나 그 가능성이 없는 상태가 된다.

★ ⑤ 개별성의 특성은 부동산상품의 표준화를 어렵게 할 뿐만 아니라 부동산시장을 복잡하고 다양하게 한다.

더 알아보기

할당 효율적 시장

- 할당 효율적 시장이란 자원이나 정보가 시장참여자에게 균형적으로 배분된 시장으로 어느 누구도 싼 값으로 정보를 획득할 수 없는 시장을 말한다.
- 부동산시장이 할당 효율적이지 못할 경우에는 부동산거래의 은밀성으로 인하여 부동산가격의 과소평가 또는 과대평가 등 왜곡가능성이 높아진다.

정답 | 01 ③ 02 ③

□□□

03 부동산시장에 관한 설명으로 틀린 것은? (단, 다른 조건은 동일함) 제31회

상중하

① 부동산은 대체가 불가능한 재화이기에 부동산시장에서 공매(short selling)가 빈번하게 발생한다.

② 부동산시장이 강성 효율적 시장일 때 초과이윤을 얻는 것은 불가능하다.

③ 부동산시장은 부동산의 유형, 규모, 품질 등에 따라 구별되는 하위시장이 존재한다.

④ 부동산시장이 준강성 효율적 시장일 때 새로운 정보는 공개되는 즉시 시장에 반영된다.

⑤ 부동산시장은 불완전경쟁시장이더라도 할당 효율적 시장이 될 수 있다.

톺아보기

① 부동산은 개별성에 따라 표준화가 제한되므로, 증권(주식)과 달리 부동산시장에서 공매(short selling, 空賣)를 통한 가격 하락위험을 타인에게 전가하기가 어렵다. 즉, 부동산시장에서는 공매제도 자체가 없다.

★ ② 부동산시장이 강성 효율적 시장일 때 초과이윤을 얻는 것은 불가능하다.

⑤ 부동산시장은 불완전경쟁시장이더라도 할당 효율적 시장이 될 수 있다.

더 알아보기

공매(short selling, 空賣)

증권시장에서 주가 하락에 대비하여 증권회사로부터 빌려온 주식을 고가에 매도하고, 예상대로 주가가 하락하면 주식을 되사서 증권회사에 주식을 상환하는 것을 말한다. 이를 통해 가격 하락위험을 타인에게 전가할 수 있다.

□□□

04 부동산시장에 관한 설명으로 틀린 것은? (단, 다른 조건은 모두 동일함) 제29회

상중하

① 불완전경쟁시장에서 할당 효율적 시장이 이루어질 수 있다.

② 진입장벽의 존재는 부동산시장을 불완전하게 만드는 원인이다.

③ 부동산시장의 분화현상은 경우에 따라 부분시장(sub-market)별로 시장의 불균형을 초래하기도 한다.

④ 강성 효율적 시장에서도 정보를 이용하여 초과이윤을 얻을 수 있다.

⑤ 부동산에 가해지는 다양한 공적 제한은 부동산시장의 기능을 왜곡할 수 있다.

톺아보기

④ 공표된 정보는 물론 미공개정보까지도 이미 부동산가격에 반영되어 있는 강성 효율적 시장에서는 정보를 이용하여 초과이윤(수익)을 얻을 수 없다.

① 불완전경쟁시장도 정보비용와 이윤이 일치한다면 할당 효율적 시장이 이루어질 수 있다. 정보비용보다 (초과)이윤이 더 많다면 할당 효율적이지 못할 수도 있다.

★ ③ 부동산시장의 분화현상은 경우에 따라 부분시장(sub-market)별로 시장의 불균형을 초래하기도 한다.

더 알아보기

정보가 이미 가격에 반영된 시장을 효율적 시장이라고 하며, 효율적 시장하에서는 정보를 활용하여 초과이윤(수익)을 달성할 수 없다.

□□□

05 부동산시장에 관한 설명으로 틀린 것은? (단, 다른 조건은 동일함) 제28회

상**중**하

① 준강성 효율적 시장은 공표된 것이건 그렇지 않은 것이건 어떠한 정보도 이미 가치에 반영되어 있는 시장이다.

② 부동산시장에서 정보의 비대칭성은 가격형성의 왜곡을 초래할 수 있다.

③ 부동산시장에서 기술의 개발로 부동산공급이 증가하는 경우, 수요의 가격탄력성이 작을수록 균형가격의 하락폭은 커진다.

④ 일반적으로 부동산은 일반재화에 비해 거래비용이 많이 들고, 부동산이용의 비가역적 특성 때문에 일반재화에 비해 의사결정지원분야의 역할이 더욱 중요하다.

⑤ 부동산은 다양한 공·사적 제한이 존재하며, 이는 부동산가격 변동에 영향을 미칠 수 있다.

톺아보기

① 강성 효율적 시장은 공표(공개)된 것이건 그렇지 않은 것(미공개정보)이건 어떠한 정보도 이미 가치에 반영되어 있는 시장이고, 준강성 효율적 시장은 공표(공개)된 모든 정보가 부동산가치에 반영된 시장이다.

③ 부동산공급이 증가하여 가격이 하락할 때, 수요의 가격탄력성이 작을수록(수요가 비탄력적일수록, 매수자가 부족할수록) 균형가격의 하락폭은 커진다. ⇨ 수요의 가격탄력성이 비탄력적일수록 가격은 더 하락한다.

④ 의사결정지원분야: 부동산관리, 부동산마케팅, 부동산감정평가, 상담분야

정답 | 03 ① 04 ④ 05 ①

다음은 3가지 효율적 시장(A~C)의 유형과 관련된 내용이다. 시장별 해당되는 내용을 <보기>에서 모두 찾아 옳게 짝지어진 것은? 제32회

상중하

A. 약성 효율적 시장
B. 준강성 효율적 시장
C. 강성 효율적 시장

보기

㉠ 과거의 정보를 분석해도 초과이윤을 얻을 수 없다.
㉡ 현재시점에 바로 공표된 정보를 분석해도 초과이윤을 얻을 수 없다.
㉢ 아직 공표되지 않은 정보를 분석해도 초과이윤을 얻을 수 없다.

① A − (㉠), B − (㉡), C − (㉢)
② A − (㉠), B − (㉠, ㉡), C − (㉠, ㉡, ㉢)
③ A − (㉢), B − (㉡, ㉢), C − (㉠, ㉡, ㉢)
④ A − (㉠, ㉡, ㉢), B − (㉠, ㉡), C − (㉠)
⑤ A − (㉠, ㉡, ㉢), B − (㉡, ㉢), C − (㉢)

톺아보기

㉠ 과거의 정보를 분석해도 초과이윤을 얻을 수 없다. ⇨ 약성 효율적 시장가설
㉡ • 과거 및 현재시점의 공표된 정보를 분석해도 초과이윤을 얻을 수 없다. ⇨ 준강성 효율적 시장가설
• 준강성 효율적 시장은 약성 효율적 시장의 성격을 포함하고 있다.
㉢ • 과거 및 현재의 공표된 정보는 물론 아직 공표되지 않은 정보(미공개정보)를 분석해도 초과이윤을 얻을 수 없다. ⇨ 강성 효율적 시장가설
• 강성 효율적 시장은 약성 효율적 시장과 준강성 효율적 시장의 성격을 포함하고 있다.

상 중 하

지하철 역사가 개발된다는 다음과 같은 정보가 있을 때, 합리적인 투자자가 최대한 지불할 수 있는 이 정보의 현재가치는? (단, 주어진 조건에 한함) 제35회

- 지하철 역사 개발예정지 인근에 A토지가 있다.
- 1년 후 지하철 역사가 개발된 가능성은 60%로 알려져 있다.
- 1년 후 지하철 역사가 개발되면 A토지의 가격은 14억 3천만원, 개발되지 않으면 8억 8천만원으로 예상된다.
- 투자자의 요구수익률(할인율)은 연 10%다.

① 1억 6천만원
② 1억 8천만원
③ 2억원
④ 2억 2천만원
⑤ 2억 4천만원

톺아보기

가중평균 개념과 일시불의 현재가치계수[$=\frac{1}{(1+r)^n}$]를 사용하여 정보의 현재가치를 계산한다.

1. 확실성하 ⇨ 지하철 역사가 100% 들어설 가능성을 반영

   확실성하 토지의 현재가치(PV) $= \frac{\text{14억 3,000만원}}{(1+0.1)^1} =$ 13억원

2. 확실성하 ⇨ 지하철 역사가 들어설 가능성 60%, 지하철 역사가 들어서지 않을 가능성 40%를 반영

   불확실성하 토지의 현재가치(PV) $= \frac{(0.6 \times \text{14억 3,000만원}) + (0.4 \times \text{8억 8,000만원})}{(1+0.1)^1}$

   $= \frac{\text{12억 1,000만원}}{(1+0.1)^1} =$ 11억원

∴ 정보의 현재가치 = 13억원 − 11억원 = 2억원

더 알아보기

1. 정보의 현재가치 = 확실성하의 현재가치 − 불확실성하의 현재가치
2. 현재가치(PV) $= \frac{\text{미래가치(FV)}}{(1+r)^n}$

정답 | 06 ② 07 ③

□□□

08 주택여과과정과 주거분리에 관한 설명으로 옳은 것은?

상 중 **하**

제30회

① 주택여과과정은 주택의 질적 변화와 가구의 이동과의 관계를 설명해준다.

② 상위계층에서 사용되는 기존주택이 하위계층에서 사용되는 것을 상향여과라 한다.

③ 공가(空家)의 발생은 주거지 이동과는 관계가 없다.

④ 주거분리는 소득과 무관하게 주거지역이 지리적으로 나뉘는 현상이다.

⑤ 저급주택이 수선되거나 재개발되어 상위계층에서 사용되는 것을 하향여과라 한다.

톺아보기

★ ① 주택여과과정은 주택의 질적 변화와 가구의 이동과의 관계를 설명해준다.

오답해설

② 상위계층에서 사용되는 기존주택이 하위계층에서 사용되는 것을 하향여과라 한다.

③ 공가(空家, 빈집)의 발생은 주거지 이동과는 관계가 있다. 공가의 발생은 여과과정의 중요한 구성요소가 된다. 즉, 빈집이 있어야만 주거이동이 가능하다는 것이다.

④ 주거분리는 소득 등의 차이로 고가주택지역과 저가주택지역이 서로 분리되어 입지하는 현상을 말한다.

⑤ 저급주택이 수선되거나 재개발되어 상위계층에서 사용되는 것을 상향여과라 한다.

□□□

09 주거분리에 관한 설명으로 틀린 것은? (단, 다른 조건은 동일함)

상 **중** 하

제27회

① 고소득층 주거지와 저소득층 주거지가 서로 분리되는 현상을 의미한다.

② 고소득층 주거지와 저소득층 주거지가 인접한 경우, 경계지역 부근의 저소득층 주택은 할인되어 거래되고 고소득층 주택은 할증되어 거래된다.

③ 저소득층은 다른 요인이 동일할 경우 정(+)의 외부효과를 누리고자 고소득층 주거지에 가까이 거주하려 한다.

④ 고소득층 주거지와 저소득층 주거지가 인접한 지역에서는 침입과 천이현상이 발생할 수 있다.

⑤ 도시 전체에서뿐만 아니라 지리적으로 인접한 근린지역에서도 발생할 수 있다.

톺아보기

고소득층 주거지역의 경계와 인접한 저소득층 주택은 정(+)의 외부효과로 인해 할증되어(비싸게) 거래되는 반면, 저소득층 주거지역의 경계와 인접한 고소득층 주택은 부(-)의 외부효과로 인해 할인되어(싸게) 거래된다.

□□□

10

상 중 **하**

주택의 여과과정(filtering process)과 주거분리에 관한 설명으로 <u>틀린</u> 것은?

제31회

① 주택의 하향여과과정이 원활하게 작동하면 저급주택의 공급량이 감소한다.

② 저급주택이 재개발되어 고소득 가구의 주택으로 사용이 전환되는 것을 주택의 상향여과과정이라 한다.

③ 저소득가구의 침입과 천이현상으로 인하여 주거입지의 변화가 야기될 수 있다.

④ 주택의 개량비용이 개량 후 주택가치의 상승분보다 크다면 하향여과과정이 발생하기 쉽다.

⑤ 여과과정에서 주거분리를 주도하는 것은 고소득 가구로 정(+)의 외부효과를 추구하고 부(−)의 외부효과를 회피하려는 동기에서 비롯된다.

톺아보기

① 주택의 하향여과과정이 원활하게 작동하면(고가주택의 일부가 노후화되어 하위계층의 사용으로 전환되면) 전체 주택시장에서 저가주택이 차지하는 비중은 증가한다.

★ ② 저급주택이 재개발되어 고소득 가구의 주택으로 사용이 전환되는 것을 주택의 상향여과과정이라 한다.

★ ④ 주택의 개량비용이 개량 후 주택가치의 상승분보다 크다면 하향여과과정이 발생하기 쉽다.

정답 | 08 ①　09 ②　10 ①

제2장 / 입지 및 공간구조론

기본서 p.129~164

□□□

11 다음 중 리카도(D. Ricardo)의 차액지대론에 관한 설명으로 옳은 것을 모두 고른 것은? 제31회

상중하

㉠ 지대 발생의 원인으로 비옥한 토지의 부족과 수확체감의 법칙을 제시하였다.
㉡ 조방적 한계의 토지에는 지대가 발생하지 않으므로 무지대(無地代)토지가 된다.
㉢ 토지소유자는 토지 소유라는 독점적 지위를 이용하여 최열등지에도 지대를 요구한다.
㉣ 지대는 잉여이기에 토지생산물의 가격이 높아지면 지대가 높아지고 토지생산물의 가격이 낮아지면 지대도 낮아진다.

① ㉠, ㉢
② ㉡, ㉣
③ ㉠, ㉡, ㉢
④ ㉠, ㉡, ㉣
⑤ ㉡, ㉢, ㉣

톺아보기

옳은 것은 ㉠㉡㉣이다.

㉠㉡㉣ 리카도(D. Ricardo)의 차액지대론은 한계지와의 비옥도(생산성)의 차이가 지대를 결정한다는 것이다. 차액지대설에 따르면 생산물가격과 생산비가 일치하는 한계지에서는 지대가 발생하지 않는다. 곡물가격 상승(비옥도)이 지대를 발생한다는 것이므로 지대는 토지소유자의 불로소득, 즉 잉여라는 것을 증명해 준다.

㉢ 마르크스의 절대지대설에 대한 설명이다.

□□□

12 상중하

지대론에 관한 설명으로 틀린 것은? 제24회

① 리카도(D. Ricardo)는 비옥도의 차이, 비옥한 토지량의 제한, 수확체감법칙의 작동을 지대발생의 원인으로 보았다.

② 위치지대설에 따르면 다른 조건이 동일한 경우, 지대는 중심지에서 거리가 멀어질수록 하락한다.

③ 절대지대설에 따르면 토지의 소유 자체가 지대의 발생요인이다.

④ 입찰지대설에 따르면 토지이용은 최고의 지대지불의사가 있는 용도에 할당된다.

⑤ 차액지대설에 따르면 지대는 경제적 잉여가 아니고 생산비이다.

톺아보기

⑤ 리카도의 차액지대설은 지대를 생산비가 아니라 토지소유자에게 귀속되는 불로소득에 해당하는 잉여로 간주하였다.

★ ① 리카도(D. Ricardo)는 비옥도의 차이, 비옥한 토지량의 제한, 수확체감법칙의 작동을 지대발생의 원인으로 보았다.

더 알아보기

- 고전학파(예 리카도의 차액지대설 등)는 지대를 생산비가 아니라 토지소유자에게 귀속되는 불로소득에 해당하는 잉여로 간주하였다. 곡물가격의 상승으로 지대가 발생하였으므로 지대의 성격은 가격에 영향을 주는 비용이 아니며, 토지소유자에게 귀속되는 불로소득(잉여)라는 것이다.
- 신고전학파는 지대를 생산물가격에 영향을 주는 비용으로 파악하였다.

구분	고전학파	신고전학파
배경	소득분배문제를 강조하여 경제성장문제에 관심을 둠	자원의 효율적 배분문제를 강조하여 가격결정문제에 관심을 둠
토지관	토지를 고정적 자원, 즉 공급의 한정으로 인한 특별한 재화로 파악(자연적 특성을 강조)	토지는 경제적 공급이 가능하므로 여러 개의 생산요소 중의 하나로 취급
가격에의 영향	• 곡물가격이 지대를 결정함 • 곡물가격 상승 ⇨ 지대 발생	• 지대가 곡물가격을 결정함 • 지대 상승 ⇨ 곡물가격 상승
지대의 성격	생산물에서 다른 생산요소에 대한 대가를 지불하고 남은 잉여(불로소득)로 간주	잉여가 아니라 생산요소에 대한 대가이므로 지대를 요소비용(기회비용)으로 파악

정답 | 11 ④ 12 ⑤

□□□

13 지대이론에 관한 설명으로 옳은 것은?

상중하 제34회

① 튀넨(J. H. von Thünen)의 위치지대설에 따르면, 비옥도 차이에 기초한 지대에 의해 비농업적 토지이용이 결정된다.

② 마샬(A. Marshall)의 준지대설에 따르면, 생산을 위하여 사람이 만든 기계나 기구들로부터 얻은 일시적인 소득은 준지대에 속한다.

③ 리카도(D. Ricardo)의 차액지대설에서 지대는 토지의 생산성과 운송비의 차이에 의해 결정된다.

④ 마르크스(K. Marx)의 절대지대설에 따르면, 최열등지에서는 지대가 발생하지 않는다.

⑤ 헤이그(R. Haig)의 마찰비용이론에서 지대는 마찰비용과 교통비용의 합으로 산정된다.

톺아보기

★ ② 마샬(A. Marshall)의 준지대설에 따르면, 생산을 위하여 사람이 만든 기계나 기구들로부터 얻은 일시적인 소득은 준지대에 속한다.

오답해설

① 튀넨(J. H. von Thünen)의 위치지대설에 따르면 수송비 차이에 기초한 (입찰)지대에 따라 농업적 토지이용이 결정된다.

③ 리카도(D. Ricardo)의 차액지대설에서 지대는 토지의 생산성과 비옥도의 차이에 의해 결정된다.

④ 마르크스(K. Marx)의 절대지대설에 따르면 최열등지(한계지)에서도 지대가 발생한다(비옥도와 무관하게 최열등지에서도 토지소유자는 지대를 요구할 수 있다).

⑤ 헤이그(R. Haig)의 마찰비용이론에서 마찰비용은 교통비용과 지대의 합으로 구성된다.

더 알아보기

토지에서 발생하는 지대소득은 영구적이지만, 토지 이외의 고정생산요소(예 기계, 기구, 설비 등)에 발생하는 지대는 준지대로서, 일시적인 소득이다.

□□□

14 다음의 설명에 모두 해당하는 것은? 제33회

상**중**하

- 서로 다른 지대곡선을 가진 농산물들이 입지경쟁을 벌이면서 각 지점에 따라 가장 높은 지대를 지불하는 농업적 토지이용에 토지가 할당된다.
- 농산물 생산활동의 입지경쟁 과정에서 토지 이용이 할당되어 지대가 결정되는데, 이를 입찰지대라 한다.
- 중심지에 가까울수록 집약 농업이 입지하고, 교외로 갈수록 조방 농업이 입지한다.

① 튀넨(J. H. von Thünen)의 위치지대설
② 마샬(A. Marshall)의 준지대설
③ 리카도(D. Ricardo)의 차액지대설
④ 마르크스(K. Marx)의 절대지대설
⑤ 파레토(V. Pareto)의 경제지대론

톺아보기

① 튀넨(J. H. von Thünen)의 위치지대설(고립국이론, 입지교차지대설, 입찰지대설)에 대한 설명이다.
- 읍 중심지로부터 원거리에 입지한 토지생산물에 비하여 근거리에 입지한 토지생산물의 수송비 절약분이 지대가 된다.
- 읍 중심에 가까울수록 수송비가 감소되므로 토지이용자(경작자)가 지불할 수 있는 입찰지대는 증가한다.
- 생산물가격, 생산비, 수송비 등에 따라 지대곡선 기울기는 달라진다. 집약적 농업일수록 지대곡선 기울기는 급해지고, 조방적 농업일수록 지대곡선 기울기는 완만해진다.
- 한정된 토지에 대한 입지경쟁의 결과, 가장 높은 지대를 지불하는 입지주체가 중심지 가까이 입지하게 되고, 각 위치별도 지대지불능력에 따라 토지이용의 유형이 결정된다.

오답해설

② 마샬(A. Marshall)의 준지대란 토지 이외의 기계, 기구, 설비 등 고정생산요소에 귀속되는 일시적인 소득을 말한다.
③ 리카도(D. Ricardo)의 차액지대에 따르면 어떤 토지의 지대는 우등지의 생산성과 한계지의 생산성의 차이에 의해 결정된다.
④ 마르크스(K. Marx)의 절대지대에 따르면 토지소유 자체가 지대의 발생요인이다.
⑤ 파레토(V. Pareto)의 경제지대란 공급이 제한된, 공급이 비탄력적인 생산요소(예 토지, 노동 등)로부터 발생하는 추가적인 보수, 초과수익(잉여)을 말한다.

정답 | 13 ② 14 ①

□□□

15 다음 설명에 모두 해당하는 것은? 제35회

상 중 **하**

> • 토지의 비옥도가 동일하더라도 중심도시와의 접근성 차이에 의해 지대가 차별적으로 나타난다.
> • 한계지대곡선은 작물의 종류나 농업의 유형에 따라 그 기울기가 달라질 수 있으며, 이 곡선의 기울기에 따라 집약적 농업과 조방적 농업으로 구분된다.
> • 가장 높은 지대를 지불하는 농업적 토지이용에 토지가 할당된다.

① 마샬(A. Marshall)의 준지대설

② 헤이그(R. Haig)의 마찰비용이론

③ 튀넨(J. H. von Thünen)의 위치지대설

④ 마르크스(K. Marx)의 절대지대설

⑤ 파레토(V. Pareto)의 경제지대론

톺아보기

튀넨(J. H. von Thünen)의 위치(입찰)지대설 · 고립국이론에 대한 설명이다.

• 생산물가격, 생산비, 수송비, 인간의 행태에 따라 지대곡선의 기울기는 달라진다.

• 집약적 농업의 경우 지대곡선의 기울기는 급해지고, 조방적 농업의 경우 지대곡선의 기울기는 완만해진다.

• 입찰지대(bid-rent): 단위면적토지에 대한 토지이용자의 지불용의최대금액으로, 토지이용자의 초과이윤이 '0'이 되는 수준의 지대를 말한다.

• 입찰지대곡선이란 각 위치(거리)별로 최대의 지불능력을 나타내는 각 산업의 지대곡선을 연결한 곡선(포락선)을 말한다. ⇨ 높은 지대를 지불하는 주체가 중심지 가까이 입지한다.

★ • 한계지대곡선은 작물의 종류나 농업의 유형에 따라 그 기울기가 달라질 수 있으며, 이 곡선의 기울기에 따라 집약적 농업과 조방적 농업으로 구분된다.

□□□

16

상중하

알론소(W. Alonso)의 입찰지대이론에 관한 설명으로 틀린 것은? 제23회

① 튀넨의 고립국이론을 도시공간에 적용하여 확장 · 발전시킨 것이다.

② 운송비는 도심지로부터 멀어질수록 증가하고, 재화의 평균생산비용은 동일하다는 가정을 전제한다.

③ 지대는 기업주의 정상이윤과 투입 생산비를 지불하고 남은 잉여에 해당하며, 토지이용자에게는 최소지불용의액이라 할 수 있다.

④ 도심지역의 이용 가능한 토지는 외곽지역에 비해 한정되어 있어 토지이용자들 사이에 경쟁이 치열해질 수 있다.

⑤ 교통비 부담이 너무 커서 도시민이 거주하려고 하지 않는 한계지점이 도시의 주거한계점이다.

톺아보기

단위면적 토지에 대하여 토지이용자(토지를 빌려쓰는 자)가 지불하고자 하는 최대금액(지불용의최대금액)으로, 초과이윤이 '0'이 되는 수준의 지대를 입찰지대라고 한다.

정답 | 15 ③ 16 ③

□□□

17 도시공간구조이론 및 지대론에 관한 설명으로 틀린 것은? 제26회

상중하

① 해리스(C. Harris)와 울만(E. Ullman)의 다핵이론에서는 상호편익을 가져다주는 활동(들)의 집적지향성(집적이익)을 다핵입지의 발생요인 중 하나로 본다.

② 알론소(W. Alonso)의 입찰지대곡선은 여러 개의 지대곡선 중 가장 높은 부분을 연결한 포락선이다.

③ 헤이그(R. Haig)의 마찰비용이론에서는 교통비와 지대를 마찰비용으로 본다.

④ 리카도(D. Ricardo)의 차액지대설에서는 지대발생원인을 농토의 비옥도에 따른 농작물 수확량의 차이로 파악한다.

⑤ 마샬(A. Marshall)은 일시적으로 토지의 성격을 가지는 기계, 기구 등의 생산요소에 대한 대가를 파레토지대로 정의하였다.

톺아보기

⑤ 마샬(A. Marshall)은 토지가 아닌 인간이 투입한 인공적인 기계, 설비 등 자본재로부터 발생하는 일시적인 소득, 장기적으로 재화의 가격이나 생산량에 영향을 주는 것을 준지대라 하였다.

② 입찰지대곡선이란 각 위치별로 최대의 지대지불능력을 나타내는 각 산업의 지대곡선을 연결한 포락선(curve)을 말한다.

더 알아보기

파레토지대(경제지대)는 공급의 희소성에 따른, 즉 공급이 제한된 생산요소(예 토지, 노동 등)에 의해 발생하는 추가적인 보수, 다시 말해 전용수입을 초과하여 발생하는 일종의 초과수익을 말한다.

□□□

18 지대이론에 관한 설명으로 옳은 것은? 제29회

상중하

① 차액지대는 토지의 위치를 중요시하고 비옥도와는 무관하다.

② 준지대는 토지사용에 있어서 지대의 성질에 준하는 잉여로 영구적 성격을 가지고 있다.

③ 절대지대는 토지의 생산성과 무관하게 토지가 개인에 의해 배타적으로 소유되는 것으로부터 발생한다.

④ 경제지대는 어떤 생산요소가 다른 용도로 전용되지 않고 현재의 용도에 그대로 사용되도록 지급하는 최소한의 지급금액이다.

⑤ 입찰지대는 토지소유자의 노력과 희생 없이 사회 전체의 노력에 의해 창출된 지대이다.

톺아보기

③ 절대지대는 비옥도(생산성)에 관계없이 토지소유 자체를 지대발생원인으로 본다.

오답해설

① 차액지대는 농토의 비옥도 차이, 생산성의 차이에 따라 지대가 발생한다는 것을 설명한다.
② 준지대는 토지 이외의 고정생산요소에 의해 발생하는 지대의 성질에 준하는 잉여로 일시적인 소득의 성격을 가지고 있다.
④ 전용수입은 어떤 생산요소가 다른 용도로 전용되지 않고 현재의 용도에 그대로 사용되도록 지급하는 최소한의 지급액으로, 생산요소의 기회비용을 말한다. 경제(파레토)지대는 공급의 희소성에 따른, 즉 공급이 제한된 생산요소(예 토지, 노동 등)에 의해 발생하는 추가적인 보수(수입)로, 전용수입을 초과하여 발생하는 일종의 초과수익(잉여)을 말한다.
⑤ 입찰지대는 단위면적 토지에 대하여 토지이용자가 지불하고자 하는 최대금액을 말한다.

□□□

19 상 중 하

도시공간구조이론에 관한 설명으로 옳은 것은? 제28회

① 도시공간구조의 변화를 야기하는 요인은 교통의 발달이지 소득의 증가와는 관계가 없다.
② 버제스(E. Burgess)는 도시의 성장과 분화가 주요 교통망에 따라 확대되면서 나타난다고 보았다.
③ 호이트(H. Hoyt)는 도시의 공간구조형성을 침입, 경쟁, 천이 등의 과정으로 나타난다고 보았다.
④ 동심원이론에 의하면 점이지대는 고급주택지구보다 도심으로부터 원거리에 위치한다.
⑤ 다핵심이론의 핵심요소에는 공업, 소매, 고급주택 등이 있으며, 도시성장에 맞춰 핵심의 수가 증가하고 특화될 수 있다.

톺아보기

오답해설

① 도시공간구조의 변화를 야기하는 요인은 교통의 발달과 소득의 증가와 관계가 있다.
  - 동심원이론 ⇨ 소득의 변화
  - 선형이론 ⇨ 교통과 소득의 변화
② 호이트(H. Hoyt)의 선형이론에서는 도시의 성장과 분화가 주요 교통망에 따라 확대되면서 나타난다고 보았다.
③ 버제스(E. Burgess)의 동심원이론에서는 도시의 공간구조형성을 침입, 경쟁, 천이 등의 과정으로 나타난다고 보았다.
④ 동심원이론에 의하면 점이(천이)지대는 고급주택지구보다 도심으로부터 근거리에 위치한다.

정답 | 17 ⑤ 18 ③ 19 ⑤

□□□

20 다음 내용을 모두 만족시키는 도시공간구조이론은?

제29회

상 중 **하**

> • 유사한 도시활동은 집적으로부터 발생하는 이익 때문에 집중하려는 경향이 있다.
> • 서로 다른 도시활동 중에서는 집적 불이익이 발생하는 경우가 있는데, 이러한 활동은 상호 분리되는 경향이 있다.
> • 도시활동 중에는 교통이나 입지의 측면에서 특별한 편익을 필요로 하는 기능들이 있다.
> • 해리스(C. Harris)와 울만(E. Ullman)이 주장하였다.

① 동심원이론
② 선형이론
③ 다핵심이론
④ 입지지대이론
⑤ 최소비용이론

톺아보기

대도시나 현대도시에서 발생하는 중심업무지구 외에 부도심(다핵심)의 기능별 분화현상을 설명해주는 다핵심이론에 대한 설명이다.

□□□

21

상중하

레일리(W. Reilly)의 소매중력모형에 따라 C신도시의 소비자가 A도시와 B도시에서 소비하는 월 추정소비액은 각각 얼마인가? (단, C신도시의 인구는 모두 소비자이고, A, B도시에서만 소비하는 것으로 가정함) 제33회

- A도시 인구: 50,000명, B도시 인구: 32,000명
- C신도시: A도시와 B도시 사이에 위치
- A도시와 C신도시간의 거리: 5km
- B도시와 C신도시간의 거리: 2km
- C신도시 소비자의 잠재 월 추정소비액: 10억원

① A도시: 1억원, B도시: 9억원
② A도시: 1억 5천만원, B도시: 8억 5천만원
③ A도시: 2억원, B도시: 8억원
④ A도시: 2억 5천만원, B도시: 7억 5천만원
⑤ A도시: 3억원, B도시: 7억원

톺아보기

- 두 도시로의 구매지향비율은 두 도시의 인구수에 비례하고, 두 도시의 분기점으로부터 거리의 제곱에 반비례하여 결정된다.

$$\frac{\text{A도시의 구매지향비율}}{\text{B도시의 구매지향비율}} = \frac{\text{A도시의 인구}}{\text{B도시의 인구}} \times \left(\frac{\text{B도시까지의 거리}}{\text{A도시까지의 거리}}\right)^2$$

$$\Rightarrow \frac{A}{B} = \frac{50{,}000\text{명}}{32{,}000\text{명}} \times \left(\frac{2\text{km}}{5\text{km}}\right)^2 = \frac{200{,}000}{800{,}000} = \frac{2}{8}$$

따라서, 전체 10(=2 + 8) 중에서 2(20%):8(80%)의 비율이 된다.

- C신도시 소비자의 월 추정소비액 10억원 × A도시의 구매지향비율 0.2(20%) = A도시 월 소비액 2억원
- C신도시 소비자의 월 추정소비액 10억원 × B도시의 구매지향비율 0.8(80%) = B도시 월 소비액 8억원

더 알아보기

허프의 확률모형을 통해서도 간편하게 구할 수 있다.

- A도시로의 유인력(중력) 2,000 = $\frac{50{,}000\text{명}}{5^2}$
- B도시로의 유인력(중력) 8,000 = $\frac{32{,}000\text{명}}{2^2}$

각각 2,000(20%):8,000(80%)의 비율이 된다.

즉, A도시로의 구매확률 20% = $\frac{2{,}000}{10{,}000}$, B도시의 구매확률 80% = $\frac{8{,}000}{10{,}000}$

정답 | 20 ③ 21 ③

□□□

22

상**중**하

A · B도시 사이에 C도시가 위치한다. 레일리(W. Reilly)의 소매인력법칙을 적용할 경우, C도시에서 A · B도시로 구매활동에 유인되는 인구규모는? (단, C도시의 인구는 모두 구매자이고, A · B도시에서만 구매하는 것으로 가정하며, 주어진 조건에 한함) 제27회

- A도시 인구수: 400,000명
- B도시 인구수: 100,000명
- C도시 인구수: 50,000명
- C도시와 A도시간의 거리: 10km
- C도시와 B도시간의 거리: 5km

	A	B
①	15,000명	35,000명
②	20,000명	30,000명
③	25,000명	25,000명
④	30,000명	20,000명
⑤	35,000명	15,000명

톺아보기

두 도시로의 인구유인비율을 구하여 계산한다.

$$\frac{X_A}{X_B} = \frac{\text{A도시의 인구}}{\text{B도시의 인구}} \times \left(\frac{\text{B도시까지의 거리}}{\text{A도시까지의 거리}}\right)^2 = \frac{400{,}000\text{명}}{100{,}000\text{명}} \times \left(\frac{5\text{km}}{10\text{km}}\right)^2 = \frac{4}{4}$$

A도시와 B도시로 유인될 비율은 4:4 = 1:1이다.

∴ C도시 인구 50,000명 중 각 도시로 유인되는 인구규모는 각각 25,000명씩이다.

□□□

23 컨버스(P. D. Converse)의 분기점모형에 기초할 때, A시와 B시의 상권 경계지점은 A시로부터 얼마만큼 떨어진 지점인가? (단, 주어진 조건에 한함) 제32회

상**중**하

- A시와 B시는 동일 직선상에 위치하고 있다.
- A시 인구: 64만명
- B시 인구: 16만명
- A시와 B시 사이의 직선거리: 30km

① 5km
② 10km
③ 15km
④ 20km
⑤ 25km

톺아보기

상권의 분기점(경계점)이란 두 도시(매장)으로 구매하러 갈 비율이 1:1인 지점이므로 다음과 같이 정리하여 계산한다. A도시 인구가 B도시 인구보다 더 많기 때문에 A도시의 상권의 영향력이 더 크다. 따라서 분기점은 B도시에 가깝게 형성된다.

- $\frac{A}{B} = \frac{\text{A도시 인구}}{\text{B도시 인구}} \times \left(\frac{\text{B도시까지의 거리}}{\text{A도시까지의 거리}}\right)^2 = \frac{1}{1}$
- $\frac{A}{B} = \frac{\text{64만명}}{\text{16만명}} \times \left(\frac{\text{B도시까지의 거리}}{\text{A도시까지의 거리}}\right)^2 = \frac{1}{1} \Rightarrow \frac{A}{B} = \frac{4}{1} \times \left(\frac{1}{2}\right)^2 = \frac{1}{1}$

∴ 전체 거리 30km 중 A도시와 B도시간 거리의 비율은 2:1이므로, $30\text{km} \times \frac{2}{3} = 20\text{km}$, 즉 A도시로부터 20km 떨어진 지점이 상권의 분기점이 된다.

더 알아보기

아래와 같은 공식을 사용하는 방법도 있다.

$$\text{A도시로부터의 분기점} = \frac{\text{두 도시간의 거리}}{1 + \sqrt{\frac{\text{B도시의 인구}}{\text{A도시의 인구}}}} = \frac{30\text{km}}{1 + \sqrt{\frac{16}{64}}} = \frac{30\text{km}}{1.5\left(=1\frac{1}{2}\right)} = 20\text{km}$$

정답 | 22 ③ 23 ④

□□□

24 컨버스(P. Converse)의 분기점 모형에 기초할 때, A시와 B시의 상권 경계지점은 A시로부터 얼마만큼 떨어진 지점인가? (단, 주어진 조건에 한함) 제35회

상 중 하

- A시와 B시는 동일 직선상에 위치
- A시와 B시 사이의 직선거리: 45km
- A시 인구: 84만명
- B시 인구: 21만명

① 15km ② 20km ③ 25km
④ 30km ⑤ 35km

톺아보기

상권의 분기점(경계점)이란 두 도시(매장)으로 구매하러 갈 비율이 1:1인 지점이므로 다음과 같이 정리하여 계산한다. A도시 인구가 B도시 인구보다 더 많기 때문에 A도시의 상권의 영향력이 더 크다. 따라서, 상권의 경계지점(분기점)은 B도시에 가깝게 형성된다.

- $\frac{A}{B} = \frac{\text{A도시 인구}}{\text{B도시 인구}} \times \left(\frac{\text{B도시까지의 거리}}{\text{A도시까지의 거리}}\right)^2 = \frac{(1)}{(1)}$

 ⇨ $\frac{\text{84만명}}{\text{21만명}} \times \left(\frac{\text{B도시까지의 거리}}{\text{A도시까지의 거리}}\right)^2 = \frac{(1)}{(1)}$

A도시와 B도시의 인구비율은 84 : 21이므로, 전체 105(= 84 + 21) 중에서 A도시 인구비중 80%[$=\frac{84}{105}$], B도시 인구비중은 20%[$=\frac{21}{105}$]이다. 즉, 두 도시의 인구수 비율은 A도시 4 : B도시 1이 된다.

두 도시 인구수를 7로 약분하여 정리하여도 동일한 비율로 계산된다.

[A도시 인구비율 $\frac{84}{7} = 12$, B도시 인구비율 $\frac{21}{7} = 3$] ⇨ $\frac{A}{B} = \frac{4(12)}{1(3)} \times \left(\frac{1}{2}\right)^2 = \frac{(1)}{(1)}$

∴ 전체 거리 45km 중 A도시와 B도시간 거리의 비율은 2 : 1이므로, 45km $\times \frac{2}{3}$ = 30km, 즉 A도시로부터 30km 떨어진 지점이 상권의 분기점이 된다.

더 알아보기

아래와 같은 공식을 사용하는 방법도 있다.

$$\text{A도시로부터의 분기점} = \frac{\text{두 도시간의 거리}}{1 + \sqrt{\frac{\text{B도시의 인구}}{\text{A도시의 인구}}}} = \frac{45\text{km}}{1 + \sqrt{\frac{21}{84}}} = \frac{45\text{km}}{1.5\left(= 1\frac{1}{2}\right)} = 30\text{km}$$

□□□

25 상중하

C도시 인근에 A와 B 두 개의 할인점이 있다. 허프(D. L. Huff)의 상권분석모형을 적용할 경우, B할인점의 이용객 수는? (단, 거리에 대한 소비자의 거리마찰계수값은 2이고, 도시인구의 60%가 할인점을 이용함) 제25회

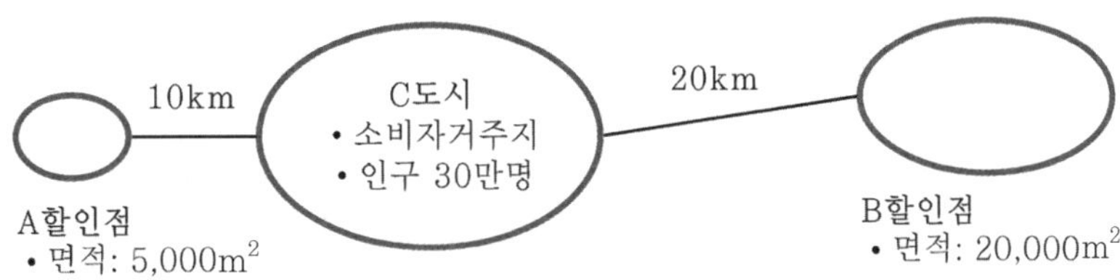

① 70,000명
② 80,000명
③ 90,000명
④ 100,000명
⑤ 110,000명

톺아보기

C도시 인구 30만명 중 60%인 18만명(=30만명 × 0.6) 중에서 각 할인점으로 유입될 인구를 구한다.

• A할인점 구매중력(유인력) $= \frac{5,000}{10^2} = 50$

• B할인점 구매중력(유인력) $= \frac{20,000}{20^2} = 50$

A할인점과 B할인점으로 구매하러 갈 중력(유인력)은 50:50, 즉 1:1이므로, 구매확률은 각각 50%이다.
∴ B할인점의 이용객 수는 C도시 인구의 60%(180,000명) 중에서 50%이므로 90,000명이다.

정답 | 24 ④ 25 ③

□□□

26

상중하

허프(D. Huff)모형에 관한 설명으로 틀린 것은? (단, 다른 조건은 동일함) 제30회

① 중력모형을 활용하여 상권의 규모 또는 매장의 매출액을 추정할 수 있다.
② 모형의 공간(거리)마찰계수는 시장의 교통조건과 쇼핑물건의 특성에 따라 달라지는 값이다.
③ 모형을 적용하기 전에 공간(거리)마찰계수가 먼저 정해져야 한다.
④ 교통조건이 나쁠 경우, 공간(거리)마찰계수가 커지게 된다.
⑤ 전문품점의 경우는 일상용품점보다 공간(거리)마찰계수가 크다.

톺아보기

⑤ 전문품점은 교통비나 거리를 크게 고려하지 않기 때문에 소비자의 거리에 대한 저항이 작다. 따라서 전문품점의 공간(거리)마찰계수 값은 일상용품점보다 작다.
④ 교통조건이 나쁠 경우, 소비자의 거리에 대한 저항이 크기 때문에 공간(거리)마찰계수가 커지게 된다.

더 알아보기

전문품점은 소비자가 구매의 노력과 비용에 관계없이 구매하는 상품을 취급하는 점포이다(예 고급의류점, 백화점 등).

□□□

27

상중하

허프(D. Huff)모형을 활용하여 점포 A의 월 매출액을 추정하였는데, 착오에 의한 공간(거리)마찰계수가 잘못 적용된 것을 확인하였다. 올바르게 추정한 점포 A의 월 매출을 잘못 추정한 점포 A의 월 매출액보다 얼마나 증가하는가? (단, 주어진 조건에 한함) 제34회

- X지역의 현재 주민: 10,000명
- 1인당 월 점포 소비액: 30만원
- 올바른 공간(거리)마찰계수: 2
- 잘못 적용된 공간(거리)마찰계수: 1
- X지역의 주민은 모두 구매자이고, 점포(A, B, C)에서만 구매한다고 가정함
- 각 점포의 매출액은 X지역 주민에 의해서만 창출됨

구분	점포 A	점포 B	점포 C
면적	$750m^2$	$2,500m^2$	$500m^2$
X지역 거주지로부터의 거리	5km	10km	5km

① 1억원　② 2억원　③ 3억원　④ 4억원　⑤ 5억원

톺아보기

각 점포로의 구매중력(유인력)을 계산하여 매출액 증가분을 구한다.

$$해당\ 점포로의\ 중력(유인력) = \frac{매장면적}{거리^{마찰계수}}$$

1. 잘못 적용된 마찰계수(1)를 활용한 각 점포의 구매중력(면적 및 거리의 단위는 생략한다)
   - A 점포: $150 = \frac{750}{5}$, B 점포: $250 = \frac{2,500}{10}$, C 점포: $100 = \frac{500}{5}$
   - 각 점포로의 구매중력 비율은 150:250:100, 따라서 구매확률은 각각 순서대로 다음과 같다.

     ⇨ A 점포: $30\% = \frac{150}{500}$, B 점포: $50\% = \frac{250}{500}$, C 점포: $20\% = \frac{100}{500}$
   - 주민 10,000명 중 30%인 3,000명이 A 점포의 소비자이다. 따라서 마찰계수를 잘못 적용한 최초의 A 점포의 매출액은 3,000명 × 1인당 소비액 30만원 = 9억원이다.
2. 올바르게 적용된 마찰계수(2)를 활용한 각 점포의 구매중력
   - A 점포: $30 = \frac{750}{5^2}$, B 점포: $25 = \frac{2,500}{10^2}$, C 점포: $20 = \frac{500}{5^2}$
   - 각 점포로의 구매중력 비율은 30:25:20, 따라서 구매확률은 각각 순서대로 다음과 같다.

     ⇨ A 점포: $40\% = \frac{30}{75}$, B 점포: 약 $33.3\% = \frac{25}{75}$, C 점포: 약 $26.7\% = \frac{20}{75}$
   - 주민 10,000명 중 40%인 4,000명이 A 점포의 소비자이다. 따라서 마찰계수를 올바르게 적용한 A 점포의 매출액은 4,000명 × 1인당 소비액 30만원 = 12억원이다.
3. 마찰계수를 잘못 적용했을 경우(1.) 매출액이 9억원이고, 올바르게 적용했을 경우(2.) 매출액이 12억원이므로 이전보다 매출액은 3억원 더 증가한다.

정답 | 26 ⑤ 27 ③

□□□

28

상**중**하

다음 표는 어느 시장지역 내 거주지 A에서 소비자가 이용하는 쇼핑센터까지의 거리와 규모를 표시한 것이다. 현재 거주지 A지역의 인구가 1,000명이다. 허프(Huff) 모형에 의한다면 거주지 A에서 쇼핑센터1의 이용객 수는? (단, 공간마찰계수는 2이고, 소요시간과 거리의 비례는 동일하며, 다른 조건은 불변이라고 가정함) 제23회

구분	쇼핑센터1	쇼핑센터2
쇼핑센터의 면적	1,000m^2	1,000m^2
거주지 A로부터의 시간거리	5분	10분

① 600명
② 650명
③ 700명
④ 750명
⑤ 800명

톺아보기

- 쇼핑센터1의 구매중력 $= \frac{1,000}{5^2} = 40$
- 쇼핑센터2의 구매중력 $= \frac{1,000}{10^2} = 10$

쇼핑센터1과 쇼핑센터2로 각각 구매하러 갈 중력(유인력)을 계산한 값이 40과 10이므로, 전체 50(= 40 + 10) 중에서 4:1의 비율로 나누어진다. 따라서 거주지 A지역 인구 1,000명 중 80%(= 40 ÷ 50)인 800명이 쇼핑센터1로 구매하러 갈 이용객이다.

□□□

29

상 중 **하**

다음 이론에 관한 설명으로 틀린 것은? 제29회

① 레일리(W. Reilly)는 두 중심지가 소비자에게 미치는 영향력의 크기는 두 중심지의 크기에 반비례하고 거리의 제곱에 비례한다고 보았다.

② 베버(A. Weber)는 운송비 · 노동비 · 집적이익을 고려하여 비용이 최소화되는 지점이 공장의 최적입지가 된다고 보았다.

③ 컨버스(P. Converse)는 경쟁관계에 있는 두 소매시장간 상권의 경계지점을 확인할 수 있도록 소매중력모형을 수정하였다.

④ 허프(D. Huff)는 소비자가 특정 점포를 이용할 확률은 소비자와 점포와의 거리, 경쟁점포의 수와 면적에 의해서 결정된다고 보았다.

⑤ 크리스탈러(W. Christaller)는 재화와 서비스에 따라 중심지가 계층화되며 서로 다른 크기의 도달범위와 최소요구범위를 가진다고 보았다.

톺아보기

① 레일리(W. Reilly)는 두 중심지가 소비자에게 미치는 영향력의 크기는 두 중심지의 크기(인구 수)에 비례하고, 두 도시의 분기점으로부터 거리의 제곱에 반비례한다고 보았다.

★ ② 베버(A. Weber)는 운송비 · 노동비 · 집적이익을 고려하여 비용이 최소화되는 지점이 공장의 최적입지가 된다고 보았다. ⇨ 베버(A. Weber)의 최소비용이론은 운송비(수송비)를 가장 중요한 요인으로 보았다.

③ 컨버스(P. Converse)는 경쟁관계에 있는 두 소매시장간 상권의 경계지점을 확인할 수 있도록 소매중력모형을 수정하였다. ⇨ 상권의 경계지점(분기점): 두 점포로의 구매지향비율이 1:1인 지점을 말한다.

★ ⑤ 크리스탈러(W. Christaller)는 재화와 서비스에 따라 중심지가 계층화되며 서로 다른 크기의 도달범위와 최소요구범위를 가진다고 보았다.

정답 | 28 ⑤ 29 ①

□□□
30
상**중**하

다음 입지와 도시공간구조에 관한 설명으로 옳은 것을 모두 고른 것은? 제31회

> ㉠ 컨버스(P. Converse)는 소비자들의 특정 상점의 구매를 설명할 때 실측거리, 시간거리, 매장규모와 같은 공간요인뿐만 아니라 효용이라는 비공간요인도 고려하였다.
> ㉡ 호이트(H. Hoyt)는 저소득층의 주거지가 형성되는 요인으로 도심과 부도심 사이의 도로, 고지대의 구릉지, 주요 간선도로의 근접성을 제시하였다.
> ㉢ 넬슨(R. Nelson)은 특정 점포가 최대 이익을 얻을 수 있는 매출액을 확보하기 위해서 어떤 장소에 입지하여야 하는지를 제시하였다.
> ㉣ 알론소(W. Alonso)는 단일도심도시의 토지이용형태를 설명함에 있어 입찰지대의 개념을 적용하였다.

① ㉠
② ㉠, ㉡
③ ㉡, ㉢
④ ㉢, ㉣
⑤ ㉡, ㉢, ㉣

톺아보기

옳은 것은 ㉢㉣로, ㉢ 넬슨(R. Nelson)의 소매입지이론과 ㉣ 알론소(W. Alonso)의 입찰지대이론에 대한 설명이다.

㉠ 허프(D. L. Huff)의 확률모형에 대한 설명이다. 허프의 확률모형은 소비자들의 특정 상점의 구매를 설명할 때 실측거리, 시간거리, 매장규모와 같은 공간요인뿐만 아니라 효용이라는 비공간요인도 고려하였다. 반면에, 컨버스(P. Converse)의 분기점이론은 레일리의 소매인력법칙을 응용하여 두 점포(도시)간 상권의 분기점(경계점)을 구하는 모델을 제시하였다. 컨버스는 점포의 면적(도시크기)과 거리만 고려한다.

㉡ 호이트(H. Hoyt)는 고소득층의 주거지(고급주택지구)가 형성되는 주요인으로 주요 간선도로의 근접성을 제시하였다.

★ ㉢ 넬슨(R. Nelson)은 특정 점포가 최대 이익을 얻을 수 있는 매출액을 확보하기 위해서 어떤 장소에 입지하여야 하는지를 제시하였다.

□□□

31 상**중**하

크리스탈러(W. Christaller)의 중심지이론에 관한 설명으로 옳은 것은? 제34회

① 최소요구범위 – 중심지 기능이 유지되기 위한 최소한의 수요 요구 규모
② 최소요구치 – 중심지로부터 어느 기능에 대한 수요가 0이 되는 곳까지의 거리
③ 배후지 – 중심지에 의해 재화와 서비스를 제공받는 주변지역
④ 도달범위 – 판매자가 정상이윤을 얻을 만큼의 충분한 소비자들을 포함하는 경계까지의 거리
⑤ 중심지 재화 및 서비스 – 배후지에서 중심지로 제공되는 재화 및 서비스

톺아보기

최소요구치와 최소요구범위의 개념을 구분하고 있는지에 대한 정확한 개념을 묻고 있다.
③ 배후지(상권) – 중심지에 의해(중심지로부터) 재화와 서비스를 제공받는 주변지역

오답해설

① 최소요구치 – 중심지 기능이 유지되기 위한 최소한의 수요 요구 규모
② 도달범위 – 중심지로부터 어느 기능에 대한 수요가 0이 되는 곳까지의 거리
④ 최소요구범위 – 판매자가 정상이윤을 얻을 만큼의 충분한 소비자들을 포함하는 경계까지의 거리
⑤ 중심지 재화 및 서비스 – 중심지에서 배후지로 제공되는 재화 및 서비스

정답 | 30 ④ 31 ③

□□□

32 상중하

다음에서 설명하는 내용을 〈보기〉에서 올바르게 고른 것은? 제30회

> ㉠ 토지이용이 도시를 중심으로 지대지불능력에 따라 달라진다는 튀넨(J. H. von Thünen)의 이론을 도시 내부에 적용하였다.
> ㉡ 공간적 중심지 규모의 크기에 따라 상권의 규모가 달라진다는 것을 실증하였다.
> ㉢ 특정 점포가 최대 이익을 얻을 수 있는 매출액을 확보하기 위해서는 어떤 장소에 입지하여야 하는지를 제시하였다.

보기

> 가: 버제스(E. Burgess)의 동심원이론
> 나: 레일리(W. Reilly)의 소매인력법칙
> 다: 크리스탈러(W. Christaller)의 중심지이론
> 라: 넬슨(R. Nelson)의 소매입지이론

① ㉠: 가, ㉡: 나, ㉢: 다
② ㉠: 가, ㉡: 나, ㉢: 라
③ ㉠: 가, ㉡: 다, ㉢: 라
④ ㉠: 나, ㉡: 다, ㉢: 가
⑤ ㉠: 나, ㉡: 다, ㉢: 라

톺아보기

㉠ 튀넨(J. H. von Thünen)의 이론을 도시 내부에 적용하여 도시구조가 원을 그리면서 팽창 · 형성된다는 것은 (가) 버제스(E. Burgess)의 동심원이론이다.
㉡ 공간적 중심지 규모의 크기에 따라(예 고차중심지 · 중차중심지 · 저차중심지 등) 상권의 규모가 달라진다는 것을 설명하는 것은 (다) 크리스탈러(W. Christaller)의 중심지이론이다.
⇨ 고차중심지일수록 최소요구범위와 재화의 도달범위가 더 크다.
㉢ 특정 점포가 최대 이익을 얻을 수 있는 매출액을 확보하기 위해서는 어떤 장소에 입지하여야 하는지를 제시하고, 특히 양립성을 강조한 것은 (라) 넬슨(R. Nelson)의 소매입지이론이다.

□□□

33 다음을 모두 설명하는 입지이론은?

상 중 **하**

제32회

- 운송비의 관점에서 특정 공장이 원료지향적인지 또는 시장지향적인지를 판단하기 위해 '원료지수(MI: material index)' 개념을 사용한다.
- 최소운송비 지점, 최소노동비 지점, 집적이익이 발생하는 구역을 종합적으로 고려해서 최소비용지점을 결정한다.
- 최소운송비 지점으로부터 기업이 입지를 바꿀 경우, 이에 따른 추가적인 운송비의 부담액이 동일한 지점을 연결한 것이 등비용선이다.

① 베버(A. Weber)의 최소비용이론
② 호텔링(H. Hotelling)의 입지적 상호의존설
③ 뢰쉬(A. Lösch)의 최대수요이론
④ 애플바움(W. Applebaum)의 소비자분포기법
⑤ 크리스탈러(W. Christaller)의 중심지이론

톺아보기

공업입지이론 중 베버(A. Weber)의 최소비용이론에 대한 설명이다. 베버는 입지삼각형 모델을 통해 원료와 제품의 수송비(운송비)가 최소가 되는 지점을 찾고, 그 곳이 공장(기업)의 최적입지라고 주장하였다.

정답 | 32 ③ 33 ①

□□□

34 상**중**하

다음 입지 및 도시공간구조 이론에 관한 설명으로 옳은 것을 모두 고른 것은? 제33회

> ㉠ 베버(A. Weber)의 최소비용이론은 산업입지의 영향요소를 운송비, 노동비, 집적이익으로 구분하고, 이 요소들을 고려하여 비용이 최소화 되는 지점이 공장의 최적입지가 된다는 것이다.
>
> ㉡ 뢰시(A. Lösch)의 최대수요이론은 장소에 따라 수요가 차별적이라는 전제하에 수요측면에서 경제활동의 공간조직과 상권조직을 파악한 것이다.
>
> ㉢ 넬슨(R. Nelson)의 소매입지이론은 특정 점포가 최대 이익을 얻을 수 있는 매출액을 확보하기 위해서는 어떤 장소에 입지하여야 하는가에 대한 원칙을 제시한 것이다.
>
> ㉣ 해리스(C. Harris)와 울만(E. Ullman)의 다핵심이론은 단일의 중심업무지구를 핵으로 하여 발달하는 것이 아니라, 몇 개의 분리된 핵이 점진적으로 통합됨에 따라 전체적인 도시구조가 형성된다는 것이다.

① ㉠, ㉡
② ㉢, ㉣
③ ㉠, ㉡, ㉣
④ ㉡, ㉢, ㉣
⑤ ㉠, ㉡, ㉢, ㉣

톺아보기

㉠㉡㉢㉣ 모두 옳은 지문이다.

㉠ 베버(A. Weber)의 최소비용이론 ⇨ 공업입지이론

㉡ 뢰시(A. Lösch)의 최대수요이론 ⇨ 공업입지이론

㉢ 넬슨(R. Nelson)의 소매입지이론 ⇨ 상업입지이론

㉣ 해리스(C. Harris)와 울만(E. Ullman)의 다핵심이론 ⇨ 도시구조이론

□□□

35

상 중 하

다음 이론에 관한 설명 중 옳은 것을 모두 고른 것은? 제30회

> ㉠ 호이트(H. Hoyt)에 의하면 도시는 전체적으로 원을 반영한 부채꼴 모양의 형상으로 그 핵심의 도심도 하나이나 교통의 선이 도심에서 방사되는 것을 전제로 하였다.
> ㉡ 뢰시(A. Lösch)는 수요측면의 입장에서 기업은 시장확대 가능성이 가장 높은 지점에 위치해야 한다고 보았다.
> ㉢ 튀넨(J. H. von Thünen)은 완전히 단절된 고립국을 가정하여 이곳의 작물재배활동은 생산비와 수송비를 반영하여 공간적으로 분화된다고 보았다.

① ㉠ ② ㉢
③ ㉠, ㉢ ④ ㉡, ㉢
⑤ ㉠, ㉡, ㉢

톺아보기

㉠㉡㉢ 모두 옳은 지문이다.

㉠ 호이트(H. Hoyt)에 의하면 도시는 전체적으로 원을 반영한 부채꼴 모양의 형상으로 그 핵심의 도심도 하나이나 교통의 선이 도심에서 방사되는 것을 전제로 하였다(호이트의 선형이론 ⇨ 도시구조이론).

㉡ 뢰시(A. Lösch)의 최대수요이론 ⇨ 공업입지이론

㉢ 튀넨(J. H. von Thünen)의 고립국이론 ⇨ 위치지대 및 입찰지대이론

정답 | 34 ⑤ 35 ⑤

□□□

36 도시공간구조이론 및 입지이론에 관한 설명으로 옳은 것은?

상**중**하 제34회

① 버제스(E. Burgess)의 동심원이론에서 통근자지대는 가장 외곽에 위치한다.

② 호이트(H. Hoyt)의 선형이론에 따르면, 도시공간구조의 성장과 분화는 점이지대를 향해 직선으로 확대되면서 나타난다.

③ 해리스(C. Harris)와 울만(E. Ullman)의 다핵심이론에는 중심업무지구와 점이지대가 존재하지 않는다.

④ 뢰쉬(A. Lösch)의 최대수요이론은 운송비와 집적이익을 고려한 특정 사업의 팔각형 상권체계 과정을 보여준다.

⑤ 레일리(W. Reilly)의 소매인력법칙은 특정 점포가 최대이익을 확보하기 위해 어떤 장소에 입지하는가에 대한 8원칙을 제시한다.

톺아보기

① 버제스(E. Burgess)의 동심원이론에서 통근자지대(고소득층 주거지대)는 가장 외곽에 위치한다.

오답해설

② 호이트(H. Hoyt)의 선형이론에 따르면 도시공간구조의 성장은 중심업무지구에서 방사형 교통망을 따라 부채꼴 모양으로 확대되면서 나타난다.

③ 해리스(C. Harris)와 울만(E. Ullman)의 다핵심이론에는 중심업무지구는 존재하지만, 점이지대는 존재하지 않는다. 점이지대는 버제스의 동심원이론에 해당하는 내용이다.

④ • 뢰쉬(A. Lösch)의 최대수요이론에 따르면 이윤극대화를 위한 공장의 입지는 시장확대 가능성이 가장 풍부한 곳에 이루어져야 한다는 것이다(공간원추모형).
• 베버의 최소비용이론은 노동비, 운송비, 집적이익을 고려하여 공업입지이론을 전개하였다.

⑤ • 넬슨(R. Nelson)의 소매입지이론은 특정 점포가 최대이익을 확보하기 위해 어떤 장소에 입지하는가에 대한 8원칙을 제시한다.
• 레일리(W. Reilly)의 소매인력법칙은 두 도시(중심지)간 상호작용(중력)을 중시한다. ⇨ 두 도시간 소비자에 대한 유인력은 두 도시의 인구수(도시크기)에 비례하고, 분기점으로부터 거리의 제곱에 반비례하여 결정된다.

□□□

37 입지 및 도시공간구조 이론에 관한 설명으로 틀린 것은? 제35회

상**중**하

① 호이트(H. Hoyt)의 선형이론은 단핵의 중심지를 가진 동심원 도시구조를 기본으로 하고 있다는 점에서 동심원이론을 발전시킨 것이라 할 수 있다.

② 크리스탈러(W. Christaller)는 중심성의 크기를 기초로 중심지가 고차중심지와 저차중심지로 구분되는 동심원이론을 설명했다.

③ 해리스(C. Harris)와 울만(E. Ullman)은 도시 내부의 토지이용이 단일한 중심의 주위에 형상된다는 점을 강조하면서, 도시공간구조가 다핵심구조를 가질 수 있다고 보았다.

④ 베버(A. Weber)는 운송비의 관점에서 특정 공장이 원료지향적인지 또는 시장지향적인지를 판단하기 위해 원료지수(material index) 개념을 사용했다.

⑤ 허프(D. Huff)모형의 공간(거리)관리 마찰계수는 도로환경, 지형, 주행수단 등 다양한 요인에 영향을 받을 수 있는 값이며, 이 모형을 적용하려면 공가(거리) 마찰계수가 정확해져야 한다.

톺아보기

② • 크리스탈러(W. Christaller)는 중심성의 크기를 기초로 중심지가 고차중심지, 중차중심지, 저차중심지로 구분되는 중심지이론을 설명했다.

• 크리스탈러(W. Christaller)의 중심지이론: 재화와 서비스에 따라 중심지가 계층화되며 서로 다른 크기의 도달범위와 최소요구범위를 가진다는 것을 설명한다.

• 동심원이론은 버제스(E. Burgess)에 의한 단핵도시구조이론이다.

★ ③ 해리스(C. Harris)와 울만(E. Ullman)은 도시 내부의 토지이용이 단일한 중심의 주위에 형상된다는 점을 강조하면서, 도시공간구조가 다핵심구조를 가질 수 있다고 보았다.

★ ④ 베버(A. Weber)는 운송비의 관점에서 특정 공장이 원료지향적인지 또는 시장지향적인지를 판단하기 위해 원료지수(material index) 개념을 사용했다.

★ ⑤ 허프(D. Huff)모형의 공간(거리)관리 마찰계수는 도로환경, 지형, 주행수단 등 다양한 요인에 영향을 받을 수 있는 값이며, 이 모형을 적용하려면 공가(거리) 마찰계수가 정확해져야 한다.

정답 | 36 ① 37 ②

3개년 출제비중분석

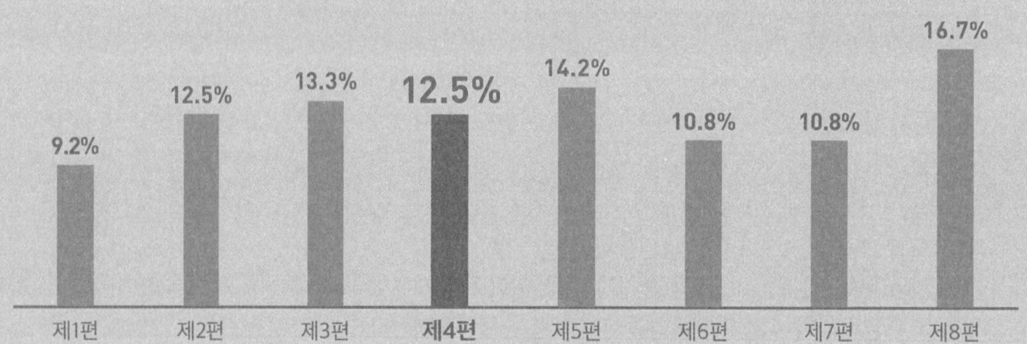
9.2%
12.5%
13.3%
12.5%
14.2%
10.8%
10.8%
16.7%
제1편
제2편
제3편
제4편
제5편
제6편
제7편
제8편

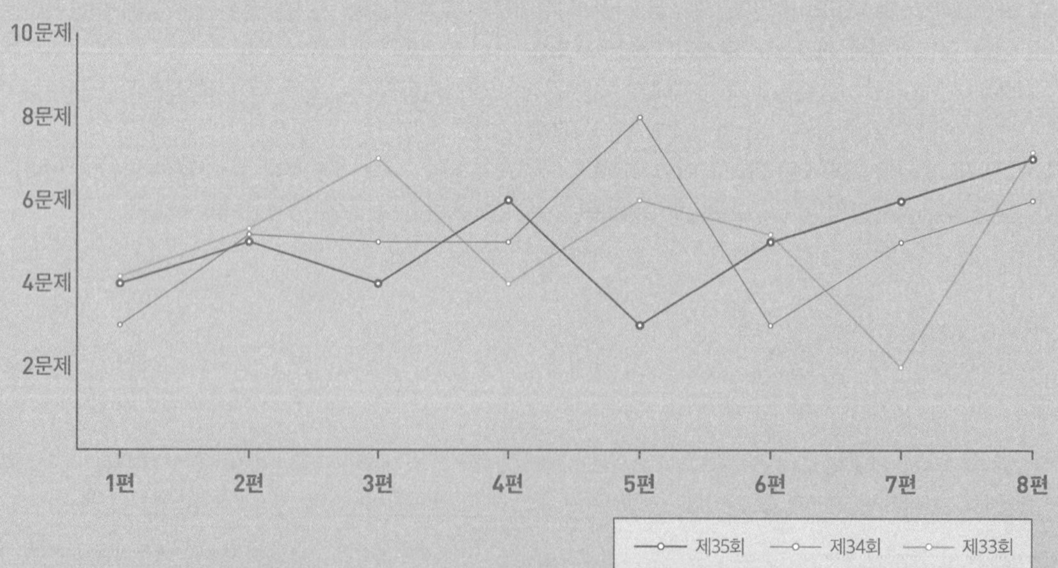
10문제
8문제
6문제
4문제
2문제
1편
2편
3편
4편
5편
6편
7편
8편
제35회
제34회
제33회

제4편

부동산정책론

제1장 / 부동산정책의 의의와 기능

기본서 p.169~178

□□□

01 상**중**하

정부가 부동산시장에 개입할 수 있는 근거가 아닌 것은? 제25회

① 토지자원배분의 비효율성
② 부동산 투기
③ 저소득층 주거문제
④ 난개발에 의한 기반시설의 부족
⑤ 개발부담금 부과

톺아보기

⑤ 개발부담금 부과는 개발이익의 일부를 국가가 환수하는 것으로, 정부의 부동산시장에 대한 개입근거라기보다는 정책의 수단이다.

①②③④ 토지자원배분의 비효율성, 부동산투기문제, 저소득층 주거문제, 난개발에 의한 기반시설의 부족(예 공공재의 과소생산 등) 등은 정부의 부동산시장에 대한 개입근거(이유)가 된다.

□□□

02 상**중**하

부동산시장에서 시장실패의 원인으로 틀린 것은? 제29회

① 공공재
② 정보의 비대칭성
③ 외부효과
④ 불완전경쟁시장
⑤ 재화의 동질성

톺아보기

재화의 동질성은 완전경쟁시장의 요건에 해당하는 것이므로 시장실패의 원인에 해당하지 않는다.

더 알아보기

시장실패

1. 시장실패란 시장(가격)기구가 자원을 효율적으로 배분하지 못한 상태로, 사회적 후생이 감소하는 경우를 말한다.
2. 시장실패의 원인
   - 불완전경쟁
   - 규모의 경제
   - 공공재
   - 정보의 비대칭성
   - 외부효과

□□□

03 공공재에 관한 일반적인 설명으로 틀린 것은?

제30회

상 중 **하**

① 소비의 비경합적 특성이 있다.
② 비내구재이기 때문에 정부만 생산비용을 부담한다.
③ 무임승차 문제와 같은 시장실패가 발생한다.
④ 생산을 시장기구에 맡기면 과소생산되는 경향이 있다.
⑤ 비배제성에 의해 비용을 부담하지 않는 사람도 소비할 수 있다.

톺아보기

② 공공재는 비(非)내구재가 아니며, 정부만 생산비용을 부담하는 것은 아니다. 공공재(예 도로 · 공원 등)는 내구재적 성격을 지니며, 시장기능에 생산과 소비를 맡겨두면 공공재를 공급하는 사적 주체의 사적 비용이 사회적 비용보다 커지므로(사적 주체의 수익성 확보가 어려워) 사회적 최적량보다 과소생산되는 경향이 있다.

★ ③ 공공재는 무임승차 문제와 같은 시장실패가 발생한다.

더 알아보기

공공재

- 공공재(예 도로, 공원 등)는 무임승차의 문제로 사적 주체의 생산비용(사적 비용)이 사회적 비용보다 많기 때문에 사회적 최적수준보다 과소생산되는 문제가 있으며, 정부 등 공적 주체가 사적 주체에게 보조금 지급 등을 통하여 부동산시장에 개입하기도 한다.
- **비경합성**: 다른 경제주체가 소비하여도 자신의 소비에 아무런 지장을 받지 않는 성질, 즉 타인과 경쟁(경합)하지 않고도 다른 사람들과 함께 시용할 수 있는 특성을 말한다.
- **비배제성**: 생산비(가격)를 지불하지 않더라도 소비로부터 배제되지 않는 성질을 말한다. 이러한 성질 때문에 공공재는 무임승차의 문제가 발생한다.

정답 | 01 ⑤ 02 ⑤ 03 ②

□□□

04 외부효과에 관한 설명으로 틀린 것은? 제26회

상 중 **하**

① 외부효과란 어떤 경제활동과 관련하여 거래당사자가 아닌 제3자에게 의도하지 않은 혜택이나 손해를 가져다주면서도 이에 대한 대가를 받지도 지불하지도 않는 상태를 말한다.

② 정(+)의 외부효과가 발생하면 님비(NIMBY)현상이 발생한다.

③ 인근지역에 쇼핑몰이 개발됨에 따라 주변 아파트가격이 상승하는 경우, 정(+)의 외부효과가 나타난 것으로 볼 수 있다.

④ 부(-)의 외부효과를 발생시키는 시설의 경우, 발생된 외부효과를 제거 또는 감소시키기 위한 사회적 비용이 발생할 수 있다.

⑤ 여러 용도가 혼재되어 있어 인접지역간 토지이용의 상충으로 인하여 토지시장의 효율적인 작동을 저해하는 경우, 부(-)의 외부효과가 발생할 수 있다.

톺아보기

② 정(+)의 외부효과가 발생하면 핌피(PIMFY, 개발유치)현상이 발생하고, 부(-)의 외부효과가 발생하면 님비(NIMBY, 개발기피)현상이 발생한다.

★ ① 외부효과란 어떤 경제활동과 관련하여 거래당사자가 아닌 제3자에게 의도하지 않은 혜택이나 손해를 가져다주면서도 이에 대한 대가를 받지도 지불하지도 않는 상태를 말한다.

□□□

05 부동산정책에 관한 설명으로 옳은 것을 모두 고른 것은? 제28회

상 중 하

> ㉠ 공공재 또는 외부효과의 존재는 정부의 시장개입근거가 된다.
> ㉡ 부(−)의 외부효과는 사회가 부담하는 비용을 감소시킨다.
> ㉢ 부동산조세는 소득재분배효과를 기대할 수 있다.
> ㉣ 용도지역은 토지를 경제적 · 효율적으로 이용하고 공공복리의 증진을 도모하기 위하여 지정한다.

① ㉠, ㉡
② ㉠, ㉢
③ ㉠, ㉣
④ ㉠, ㉢, ㉣
⑤ ㉡, ㉢, ㉣

톺아보기

옳은 것은 ㉠㉢㉣이다.

㉠ 공공재 또는 외부효과의 존재는 시장실패의 원인이 되므로, 정부의 시장개입근거가 된다.
㉡ 부(−)의 외부효과는 사회가 부담하는 비용을 증가시킨다. ⇨ 사적 비용 < 사회적 비용
㉢ 부동산조세(예 상속세, 증여세 등)는 사회계층간의 소득격차를 좁히는 기능(= 소득재분배효과)을 갖는다.
㉣ 용도지역은 토지를 경제적 · 효율적으로 이용하고 공공복리의 증진을 도모하기 위하여 지정한다.
⇨ 용도지역은 토지시장에 발생하는 부(−)의 외부효과를 차단 · 제거하여 토지이용의 효율성을 제고하며, 개발과 보전의 적절한 조화를 통해 세대간 형평성을 유지(= 공공복리 증진 도모)하려는 목적이 있다.

더 알아보기

생산측면에서 부(−)의 외부효과가 발생하면 다른 제3자에게 피해를 주기 때문에 사회적 비용이 사적 비용보다 커진다.

정답 | 04 ② 05 ④

제2장 / 토지정책

기본서 p.179~191

□□□
06
상 중 **하**

정부의 부동산시장 직접개입 유형에 해당하는 것을 모두 고른 것은? 제31회

㉠ 토지은행	㉡ 공영개발사업
㉢ 총부채상환비율(DTI)	㉣ 종합부동산세
㉤ 개발부담금	㉥ 공공투자사업

① ㉠, ㉡, ㉢　② ㉠, ㉡, ㉥
③ ㉢, ㉣, ㉤　④ ㉢, ㉤, ㉥
⑤ ㉣, ㉤, ㉥

톺아보기

직접개입 유형은 정부 등 공적 주체가 부동산시장의 수요자나 공급자의 역할을 수행하는 방법으로, 보기 중 ㉠㉡㉥이다.
㉢ 총부채상환비율(DTI)을 적용하는 것은 원칙적으로 금융상 규제수단이다.
㉣ 종합부동산세를 부과하는 것은 규제수단이며, 세제상 지원하는 것은 간접적 개입이다.
㉤ 개발부담금을 부과하는 것은 규제수단으로 볼 수 있다.

□□□
07
상 중 **하**

부동산정책 중 금융규제에 해당하는 것은? 제35회

① 택지개발지구 지정
② 토지거래허가제 시행
③ 개발부담금의 부담률 인상
④ 분양가상한제의 적용 지역 확대
⑤ 총부채원리금상환비율(DSR) 강화

톺아보기

⑤ 금융규제에 해당하는 것은 총부채원리금상환비율(DSR) 강화이다.
총부채원리금상환비율(DSR)이란 모든 대출의 원리금상환액을 반영하여 대출금액을 판단하는 지표이다. 즉, 원리금상환액을 따질 때 주택담보대출뿐만 아니라 일반신용대출, 마이너스 통장, 카드론, 할부거래 등이 모두 포함된다.

오답해설

① 택지개발지구 지정 ⇨ 택지개발을 촉진하는 수단
② 토지거래허가제 시행 ⇨ 거래 규제(투기억제 수단)
③ 개발부담금의 부담률 인상 ⇨ 개발이익의 일부를 환수하는 수단(투기억제 수단)
④ 분양가상한제의 적용 지역 확대 ⇨ 가격 규제

□□□

08 부동산정책에 관한 설명으로 틀린 것은? 제26회

상 중 하

① 부동산에 대한 부담금제도나 보조금제도는 정부의 부동산시장에 대한 직접개입 방식이다.
② 정부가 부동산시장에 개입하는 이유에는 시장실패의 보완, 부동산시장의 안정 등이 있다.
③ 개발제한구역은 도시의 무질서한 팽창을 억제하는 효과가 있다.
④ 공공토지비축제도는 공익사업용지의 원활한 공급과 토지시장의 안정에 기여하는 것을 목적으로 한다.
⑤ 정부의 시장개입은 사회적 후생손실을 발생시킬 수 있다.

톺아보기

① 부담금제도나 보조금제도는 정부의 부동산시장에 대한 직접적 개입방식이 아니다.
★ ④ 공공토지비축제도는 공익사업용지의 원활한 공급과 토지시장의 안정에 기여하는 것을 목적으로 한다.
⑤ 정부의 시장개입은 사회적 후생손실을 발생시킬 수 있다. ⇨ 정부의 실패: 정부의 시장개입으로 인해 자원배분의 효율성이 더욱 악화될 수 있다.

더 알아보기

부담금제도는 규제수단으로 볼 수 있으며, 보조금제도는 간접적 개입방식에 해당한다.

정답 | 06 ② 07 ⑤ 08 ①

□□□

09 토지정책에 관한 설명으로 옳은 것은?

상중하 제28회

① 토지정책수단 중 도시개발사업, 토지수용, 금융지원, 보조금 지급은 직접개입방식이다.

② 개발권양도제는 개발사업의 시행으로 이익을 얻은 사업시행자로부터 불로소득적 증가분의 일정액을 환수하는 제도다.

③ 토지선매란 토지거래허가구역 내에서 토지거래계약의 허가신청이 있을 때 공익목적을 위하여 사적 거래에 우선하여 국가 · 지방자치단체 · 한국토지주택공사 등이 그 토지를 매수할 수 있는 제도다.

④ 토지적성평가제는 미개발 토지를 토지이용계획에 따라 구획정리하고 기반시설을 갖춤으로써 이용가치가 높은 토지로 전환시키는 제도다.

⑤ 토지거래허가제는 토지에 대한 개발과 보전의 문제가 발생했을 때 이를 합리적으로 조정하는 제도다.

톺아보기

「부동산 거래신고 등에 관한 법률」 제15조 【선매】 ① 시장 · 군수 또는 구청장은 제11조 제1항에 따른 토지거래계약에 관한 허가신청이 있는 경우 다음 각 호의 어느 하나에 해당하는 토지에 대하여 국가, 지방자치단체, 한국토지주택공사, 그 밖에 대통령령으로 정하는 공공기관 또는 공공단체가 그 매수를 원하는 경우에는 이들 중에서 해당 토지를 매수할 자[이하 "선매자(先買者)"라 한다]를 지정하여 그 토지를 협의 매수하게 할 수 있다.

1. 공익사업용 토지
2. 제11조 제1항에 따른 토지거래계약허가를 받아 취득한 토지를 그 이용목적대로 이용하고 있지 아니한 토지

오답해설

① 금융지원, 보조금 지급은 간접개입방식이다.

② 개발이익환수제도(개발부담금제)는 개발사업의 시행으로 이익을 얻은 사업시행자로부터 불로소득적 증가분의 일정액을 환수하는 제도이다.

④ 환지방식은 미개발 토지를 토지이용계획에 따라 기반시설을 갖춘 이용가치가 높은 (도시용)토지로 전환시키는 택지개발수법의 하나이다.

⑤ 「국토의 계획 및 이용에 관한 법률」에 따른 토지적성평가제도는 토지에 대한 개발과 보전의 문제가 발생했을 때 이를 합리적으로 조정하고, 토지의 토양, 입지, 활용가능성 등에 따라 개발적성, 농업적성, 보전적성을 평가하며 그 결과에 따라 토지용도를 분류함으로써 국토의 난개발을 방지하고 개발과 보전의 조화를 유도하기 위한 제도이다.

□□□

10 토지정책에 관한 설명으로 틀린 것은? 제29회

상 중 **하**

① 개발부담금제는 개발사업의 시행으로 이익을 얻은 사업시행자로부터 개발이익의 일정액을 환수하는 제도이다.

② 용도지역 · 지구제는 토지이용계획의 내용을 구현하는 법적 수단이다.

③ 개발권양도제(TDR)는 개발이 제한되는 지역의 토지소유권에서 개발권을 분리하여 개발이 필요한 다른 지역에 개발권을 양도할 수 있도록 하는 제도이다.

④ 부동산가격공시제도에 있어 개별공시지가는 국토교통부장관이 공시한다.

⑤ 토지비축제도는 정부가 직접적으로 부동산시장에 개입하는 정책수단이다.

톺아보기

④ 부동산가격공시제도에 있어 개별공시지가는 시장 · 군수 또는 구청장이 공시한다.

★ ① 개발부담금제는 개발사업의 시행으로 이익을 얻은 사업시행자로부터 개발이익의 일정액을 환수하는 제도이다.

★ ③ 개발권양도제(TDR)는 개발이 제한되는 지역의 토지소유권에서 개발권을 분리하여 개발이 필요한 다른 지역에 개발권을 양도할 수 있도록 하는 제도이다. ⇨ 우리나라의 제도는 아니다(미국에서 도입된 제도이다).

정답 | 09 ③ 10 ④

□□□

11 부동산정책에 관한 내용으로 틀린 것은? 제35회

상중하

① 국토의 계획 및 이용에 관한 법령상 지구단위계획은 도시·군계획수립 대상지역의 일부에 대하여 토지 이용을 합리화하고 그 기능을 증진시키며 미관을 개선하고 양호한 환경을 확보하며, 그 지역을 체계적·계획적으로 관리하기 위하여 수립하는 도시·군기본계획을 말한다.

② 지역지구제는 토지이용에 수반되는 부(−)의 외부효과를 제거하거나 완화시킬 목적으로 활용된다.

③ 개발권양도제(TDR)는 토지이용규제로 인해 개발행위의 제약을 받는 토지소유자의 재산적 손실을 보전해주는 수단으로 활용될 수 있으며, 법령상 우리나라에서는 시행되고 있지 않다.

④ 부동산가격공시제도에 따라 국토교통부장관은 일단의 토지 중에서 선정한 표준지에 대하여 매년 공시기준일 현재의 단위면적당 적정가격을 조사·평가하여 공시하여야 한다.

⑤ 토지비축제도는 정부가 토지를 매입한 후 보유하고 있다가 적절한 때에 이를 매각하거나 공공용으로 사용하는 제도를 말한다.

톺아보기

국토의 계획 및 이용에 관한 법령상 지구단위계획은 도시·군계획 수립 대상지역의 일부에 대하여 토지 이용을 합리화하고 그 기능을 증진시키며 미관을 개선하고 양호한 환경을 확보하며, 그 지역을 체계적·계획적으로 관리하기 위하여 수립하는 도시·군 관리계획을 말한다.

2차 시험과목 '부동산공법'에서 학습하는 내용이다.

더 알아보기

지구단위계획은 유사한 제도의 중복운영에 따른 혼선과 불편을 해소하기 위하여 국토의 계획 및 이용에 관한 법률로 의해 이전 제도가 통합되어 시행되고 있는 제도이다.

□□□

12 상 중 **하**

부동산시장에 대한 정부의 개입에 관한 설명으로 틀린 것은? 제34회 수정

① 부동산투기, 저소득층 주거문제, 부동산자원배분의 비효율성은 정부가 부동산시장에 개입하는 근거가 된다.

② 부동산시장실패의 대표적인 원인으로 공공재, 외부효과, 정보의 비대칭성이 있다.

③ 토지비축제도는 공익사업용지의 원활한 공급과 토지시장 안정을 위해 정부가 직접적으로 개입하는 방식이다.

④ 토지수용, 종합부동산세, 담보인정비율, 개발부담금은 부동산시장에 대한 직접개입수단이다.

⑤ 다른 조건이 일정할 때, 정부가 주택시장에 개입하여 민간분양주택 분양가를 시장균형가격 이하로 규제할 경우 주택산업의 채산성 · 수익성을 저하시켜 신축 민간주택의 공급을 축소시킨다.

톺아보기

④ 직접적 개입이란 정부 등 공적 주체가 부동산의 수요자 및 공급자 역할을 수행하는 방법을 말하며, 토지수용은 이에 해당한다. 이와는 달리, 종합부동산세, 담보인정비율, 개발부담금은 직접적 개입수단이 아니다.

② 시장실패의 원인은 불완전경쟁, 규모의 경제, 공공재, 외부효과, 정보의 비대칭성(불완전성)이다.

⑤ 다른 조건이 일정할 때, 정부가 주택시장에 개입하여 민간분양주택 분양가를 시장균형가격 이하로 규제할 경우 주택산업의 채산성 · 수익성을 저하시켜 신축 민간주택의 공급을 축소시킨다.

정답 | 11 ① 12 ④

제3장 / 주택정책

기본서 p.192~210

□□□

13 상 중 **하**

정부의 주택임대정책에 관한 설명으로 틀린 것은? (단, 규제임대료가 시장임대료보다 낮다고 가정함) 제26회 수정

① 주택바우처(housing voucher)는 임대료보조정책의 하나이다.
② 임대료보조금 지급은 저소득층의 주거 여건 개선에 기여할 수 있다.
③ 임대료규제는 장기적으로 민간임대주택공급을 위축시킬 우려가 있다.
④ 임대료규제는 임대부동산을 질적으로 향상시키고 기존세입자의 주거 이동을 촉진시킨다.
⑤ 공공주택 특별법령상 장기전세주택이란 국가, 지방자치단체의 재정이나 주택도시기금의 자금을 지원받아 전세계약방식으로 공급하는 임대주택을 말한다.

톺아보기

④ 임대료규제는 임대사업자의 수익을 악화시켜 장기적으로 임대주택의 공급을 감소시키며 임대주택관리의 부실화를 초래한다. 따라서 임대부동산의 관리 소홀로 질적 수준이 저하되며, 기존세입자가 현재 거주 중인 임대주택을 떠나서 새로운 임대주택을 구하기 어려워지므로 기존세입자의 주거 이동을 저하(감소)시킨다.
① 주택바우처(housing voucher)는 저소득 임차인에게 임대료의 일부를 바우처(쿠폰)형식으로 지급하는 수요자보조정책의 하나이다.
② 임대료보조를 해주면 저소득층의 실질소득이 향상되고, 장기적으로 임대주택공급이 증가한다.
★ ③ 임대료규제는 장기적으로 민간임대주택공급을 위축시킬 우려가 있다. ⇨ 임대료규제는 임대업자의 수익성이 악화되어 장기적으로 임대주택공급이 감소할 수 있다.
⑤ 공공주택 특별법령상 장기전세주택이란 국가, 지방자치단체의 재정이나 주택도시기금의 자금을 지원받아 전세계약방식으로 공급하는 임대주택을 말한다.

□□□

14 상**중**하

분양가규제에 관한 설명으로 틀린 것은? 제30회

① 주택법령상 분양가상한제 적용주택의 분양가격은 택지비와 건축비로 구성된다.
② 주택법령상 분양가상한제 적용주택 및 그 주택의 입주자로 선정된 지위에 대하여 전매를 제한할 수 있다.
③ 분양가상한제의 목적은 주택가격을 안정시키고 무주택자의 신규주택 구입부담을 경감시키기 위해서이다.
④ 주택법령상 국민주택건설사업을 추진하는 공공사업에 의하여 개발·조성되는 공동주택이 건설되는 용지에는 주택의 분양가격을 제한할 수 없다.
⑤ 분양가규제는 신규분양주택의 분양가격을 정부가 통제하는 것이다.

톺아보기

④ 주택법령상 국민주택건설사업을 추진하는 공공사업에 의하여 개발·조성되는 공동주택이 건설되는 용지에는 주택의 분양가격을 제한할 수 있다(「주택법」 제57조 제1항).
🔍 2차 부동산공법에서 학습하는 내용이다. 단, 도시형 생활주택은 분양가상한제를 적용하지 않는다.

①② 「주택법」 제57조(주택의 분양가격 제한 등)에 대한 지문이다.

★ ③⑤ 분양가상한제의 목적은 주택가격을 안정시키고 무주택자의 신규주택 구입부담을 경감시키기 위해서이다. 분양가규제정책은 신규주택의 분양가를 시장가격 이하로 통제하여 주택가격을 안정화시키고, 저소득층의 주택구입을 용이하게 하기 위한 최고가격제의 일환이다. 즉, 저소득층의 내집마련부담을 완화하고자 하는 정부의 가격규제정책이다.

정답 | 13 ④ 14 ④

□□□

15 상 중 하

주거복지정책에 관한 설명으로 틀린 것은? (단, 다른 조건은 동일함) 제29회

① 공공임대주택의 공급은 소득재분배효과를 기대할 수 있다.

② 주거급여는 생활이 어려운 사람에게 주거안정에 필요한 임차료 등을 지급하는 것을 말한다.

③ 정부가 임대료를 균형가격 이하로 규제하면 민간임대주택의 공급량은 감소할 수 있다.

④ 정부가 저소득층에게 임차료를 보조해주면 저소득층주거의 질적 수준이 높아질 수 있다.

⑤ 공공임대주택은 한국토지주택공사가 외부재원의 지원 없이 자체자금으로 건설하여 임대를 목적으로 공급하는 주택을 말한다.

톺아보기

⑤ • 공공임대주택은 국가 · 지방자치단체 · 지방공사 · 한국토지주택공사 등이 국가 및 지방자치단체의 재정이나 주택도시기금의 지원을 받아 건설하여 임대를 목적으로 공급하는 주택을 말한다.

• 공공주택 특별법령상 분양전환공공임대주택은 일정 기간 임대 후 분양전환할 목적으로 공급하는 공공임대주택을 말한다. ⇨ 주로 한국토지주택공사가 외부재원의 지원 없이 자체 자금으로 임대주택을 공급하는 것을 말한다.

★ ① 공공임대주택의 공급은 소득재분배효과를 기대할 수 있다.

더 알아보기

사적 임대시장보다 낮은 임대료의 공공임대주택공급은 공공임대임차인의 실질소득 향상효과를 가져오므로, 상 · 하위계층간의 소득불균형문제가 이전보다 완화되는 효과(소득재분배효과)를 기대할 수 있다.

□□□

16 상 중 하

정부의 부동산시장개입에 관한 설명으로 틀린 것은? 제27회

① 개발부담금부과제도는 정부의 직접적 시장개입수단이다.

② 공공임대주택의 공급은 소득재분배효과를 기대할 수 있다.

③ 정부가 주택가격 안정을 목적으로 신규주택의 분양가를 규제할 경우, 신규주택공급량이 감소하면서 사회적 후생손실이 발생할 수 있다.

④ 시장에서 어떤 원인으로 인하여 자원의 효율적 배분에 실패하는 현상을 시장의 실패라 하는데, 이는 정부가 시장에 개입하는 근거가 된다.

⑤ 토지수용과 같은 시장개입수단에서는 토지매입과 보상과정에서 사업시행자와 피수용자간에 갈등이 발생하기도 한다.

톺아보기

① 개발부담금부과제도는 직접적 시장개입수단이 아니다. 개발부담금은 개발이익의 일부를 환수하려는 목적으로 부과하므로, 규제수단으로 볼 수 있다.

② 공공임대주택은 민간임대주택시장보다 낮은 임대료를 책정하여 공급하기 때문에 하위계층의 임대료부담이 낮아지고, 이에 따라 민간임대시장의 임대인 등과의 소득불균형문제가 이전보다 완화되는 효과(소득재분배효과)를 기대할 수 있다.

③ 정부의 실패에 대한 설명이다.

④ 시장에서 어떤 원인으로 인하여 자원의 효율적 배분에 실패하는 현상을 시장의 실패라 하는데, 이는 정부가 시장에 개입하는 근거가 된다. ⇨ 시장실패가 발생하면 수요량과 공급량이 일치하지 않으므로 균형상태가 아니며, 사회적 후생이 감소할 수 있다.

□□□

17 다음 중 법령을 기준으로 현재 우리나라에서 시행되고 있는 제도를 모두 고른 것은?

제31회

상 중 **하**

㉠ 개발행위허가제	㉡ 택지소유상한제
㉢ 용도지역제	㉣ 토지초과이득세제

① ㉠, ㉢ ② ㉡, ㉣ ③ ㉠, ㉡, ㉢

④ ㉡, ㉢, ㉣ ⑤ ㉠, ㉡, ㉢, ㉣

톺아보기

옳은 것은 ㉠㉢이다.

㉠ 개발행위허가제: 「국토의 계획 및 이용에 관한 법률」에 의해 계획의 적정성, 기반시설의 확보여부, 주변환경과의 조화 등을 고려하여 개발행위에 대한 허가여부를 결정함으로써 난개발을 방지하기 위한 제도이다.

㉢ 용도지역제: 「국토의 계획 및 이용에 관한 법률」에 의해 토지를 경제적이고 효율적으로 이용하고 공공복리의 증진을 도모하기 위하여 주택 · 상업시설 · 공장 · 학교 등 토지의 용도에 따라 토지 이용이나 건축물의 용도 · 건폐율 · 용적률 · 높이 등을 제한하는 제도를 말한다.

㉡㉣ 택지소유상한제와 토지초과이득세제는 1998년 위헌판결로 폐지되어 현재 시행하는 제도가 아니다.

정답 | 15 ⑤ 16 ① 17 ①

□□□

18

상**중**하

현재 우리나라에서 시행되고 있지 않는 부동산정책수단을 모두 고른 것은? 제34회

㉠ 택지소유상한제	㉡ 부동산거래신고제
㉢ 토지초과이득세	㉣ 주택의 전매제한
㉤ 부동산실명제	㉥ 토지거래허가구역
㉦ 종합부동산세	㉧ 공한지세

① ㉠, ㉧
② ㉠, ㉢, ㉧
③ ㉠, ㉣, ㉤, ㉥
④ ㉡, ㉢, ㉣, ㉤, ㉦
⑤ ㉡, ㉣, ㉤, ㉥, ㉦, ㉧

톺아보기

㉠ 택지소유상한제, ㉢ 토지초과이득세, ◎ 공한지세는 현재 우리나라에서 시행되고 있지 않는(폐지된) 정책수단이다. 그 밖에 종합토지세도 이미 폐지된 정책수단이다.

□□□

19

상중**하**

현재 우리나라에서 시행되고 있는 주택정책수단이 아닌 것은? 제32회

① 공공임대주택제도
② 주거급여제도
③ 주택청약종합저축제도
④ 개발권양도제도
⑤ 재건축초과이익환수제도

톺아보기

개발권양도제도(TDR)는 현재 우리나라에서 시행되는 제도가 아니다. 개발권양도제도(TDR)는 미국에서 역사적 유물을 보전하기 위한 목적으로 도입·시행되는 제도이다.

□□□

20 상중하

정부가 시행 중인 부동산정책에 관한 설명으로 <u>틀린</u> 것은? 제30회

① 국토교통부장관은 도시의 무질서한 확산을 방지하고 도시 주변의 자연환경을 보전하여 도시민의 건전한 생활환경을 확보하기 위하여 개발제한구역을 지정할 수 있다.

② 도시계획구역 안의 택지에 한하여 가구별 소유상한을 초과하는 해당 택지에 대하여는 초과소유부담금을 부과한다.

③ 정부는 한국토지주택공사를 통하여 토지비축업무를 수행할 수 있다.

④ 토지를 경제적 · 효율적으로 이용하고 공공복리의 증진을 도모하기 위하여 용도지역제를 실시하고 있다.

⑤ 국토교통부장관은 주택가격의 안정을 위하여 필요한 경우 일정한 지역을 투기과열지구로 지정할 수 있다.

톺아보기

② 초과소유부담금 – 해당 제도는 1998년 폐지된 제도의 일부 내용이다. 폐지된 「택지소유상한에 관한 법률」에 의하면 도시계획구역 안의 택지에 한하여 개인 또는 법인별 소유상한을 초과하는 해당 택지에 대하여는 초과소유부담금을 부과한다고 명시된 바가 있지만, 현재 시행중인 제도가 아니다.

★ ① 국토교통부장관은 도시의 무질서한 확산을 방지하고 도시 주변의 자연환경을 보전하여 도시민의 건전한 생활환경을 확보하기 위하여 개발제한구역을 지정할 수 있다.

★ ③ 정부는 한국토지주택공사를 통하여 토지비축업무를 수행할 수 있다.

★ ④ 토지를 경제적 · 효율적으로 이용하고 공공복리의 증진을 도모하기 위하여 용도지역제를 실시하고 있다.

⑤ 국토교통부장관 또는 시 · 도지사는 주택가격의 안정을 위하여 필요한 경우에는 주거정책심의위원회의 심의를 거쳐 일정한 지역을 투기과열지구로 지정하거나 이를 해제할 수 있다(「주택법」 제63조 제1항).
⇨ 투기과열지구

정답 | 18 ② 19 ④ 20 ②

□□□

21

상중하

다음 부동산 관련 제도 중 법령상 도입이 빠른 순서대로 나열한 것은? 제31회

㉠ 자산유동화제도	㉡ 공인중개사제도
㉢ 부동산실명제	㉣ 부동산거래신고제

① ㉠ ⇨ ㉡ ⇨ ㉢ ⇨ ㉣
② ㉡ ⇨ ㉠ ⇨ ㉢ ⇨ ㉣
③ ㉡ ⇨ ㉢ ⇨ ㉠ ⇨ ㉣
④ ㉢ ⇨ ㉡ ⇨ ㉣ ⇨ ㉠
⑤ ㉣ ⇨ ㉢ ⇨ ㉡ ⇨ ㉠

톺아보기

부동산 관련 제도 도입 순서는 ㉡ ⇨ ㉢ ⇨ ㉠ ⇨ ㉣이다.
㉠ 자산유동화(ABS)제도 ⇨ 1998년
㉡ 공인중개사제도 ⇨ 1985년
㉢ 부동산실명제 ⇨ 1995년
㉣ 부동산거래신고제 ⇨ 2006년

□□□

22

상중하

주택정책에 관한 설명으로 틀린 것은? 제31회

① 금융지원정책은 정부의 주택시장 간접개입방식에 속한다.
② 주택정책은 주거안정을 보장해준다는 측면에서 복지기능도 수행한다.
③ 소득대비 주택가격비율(PIR)과 소득대비 임대료비율(RIR)은 주택시장에서 가구의 지불능력을 측정하는 지표이다.
④ 공공임대주택 공급정책은 입주자가 주거지를 자유롭게 선택할 수 있는 것이 장점이다.
⑤ 주거복지정책상 주거급여제도는 소비자보조방식의 일종이다.

톺아보기

공공임대주택 공급정책 또는 생산자보조방식은 입주자의 주거지 선택이 수요자(임차인)보조에 비해 상대적으로 제한된다. 공공임대주택을 공급하면 임차인은 공공임대주택이 공급된 지역에서만 거주가 가능하므로, 주거지 선택이 제한된다는 단점이 있다. 이와는 달리 임차인에게 주택보조금을 지급하면 상대적으로 임차인이 주거지를 자유롭게 선택할 수 있다.

더 알아보기

소득대비 주택가격비율(PIR)과 소득대비 임대료비율(RIR)이 높을수록 소득대비 주택가격이 높고, 소득대비 임대료부담이 높다는 것을 의미하므로, 가구의 주택(임대료) 지불능력(부담능력)이 떨어진다는 것이다.

□□□

23 상중하

부동산정책과 관련된 설명으로 옳은 것은? 제33회

① 분양가상한제와 택지소유상한제는 현재 시행되고 있다.

② 토지비축제도(토지은행)와 부동산가격공시제도는 정부가 간접적으로 부동산시장에 개입하는 수단이다.

③ 법령상 개발부담금제가 재건축부담금제보다 먼저 도입되었다.

④ 주택시장의 지표로서 PIR(Price to Income Ratio)은 개인의 주택지불능력을 나타내며, 그 값이 클수록 주택구매가 더 쉽다는 의미다.

⑤ 부동산실명제의 근거 법률은 「부동산등기법」이다.

톺아보기

③ 개발부담금제(1990년, 「개발이익 환수에 관한 법률」)가 재건축부담금제(2006년, 「재건축초과이익 환수에 관한 법률」)보다 먼저 도입되었다.

오답해설

① 분양가상한제는 현재 시행되는 제도이지만, 택지소유상한제(폐지된 제도)는 현재 시행되고 있지 않다(폐지된 제도).

② 토지비축제도(토지은행)는 직접적 개입방법이지만, 부동산가격공시제도(토지행정상 지원)는 정부가 간접적으로 부동산시장에 개입하는 수단이다.

④ 주택시장의 지표로서 PIR(Price to Income Ratio)은 개인의 주택지불능력을 나타내며, 그 값이 클수록 주택구입능력이 악화된다. 즉, 연소득대비 주택가격이 높다는 것을 의미하므로 주택구입능력은 악화된다.

$$\text{연소득대비 주택가격의 비율(PIR)} = \frac{\text{주택가격}}{\text{연소득}}$$

⑤ 부동산실명제의 근거 법률은 「부동산 실권리자명의 등기에 관한 법률」(약칭: 부동산실명법)이다. 부동산실명법은 부동산에 관한 소유권과 그 밖의 물권을 실체적 권리관계와 일치하도록 실권리자의 명의(名義)로 등기하게 함으로써 부동산등기제도를 악용한 투기 · 탈세 · 탈법행위 등 반사회적 행위를 방지하고 부동산 거래의 정상화와 부동산가격의 안정을 도모하여 국민경제의 건전한 발전에 이바지함을 목적으로 한다.

정답 | 21 ③ 22 ④ 23 ③

□□□

24 상**중**하

공공주택 특별법령상 공공임대주택의 용어 정의로 틀린 것은? 제31회

① 국민임대주택은 국가나 지방자치단체의 재정이나 주택도시기금의 자금을 지원받아 대학생, 사회초년생, 신혼부부 등 젊은 층의 주거안정을 목적으로 공급하는 공공임대주택을 말한다.

② 영구임대주택은 국가나 지방자치단체의 재정을 지원받아 최저소득 계층의 주거안정을 위하여 50년 이상 또는 영구적인 임대를 목적으로 공급하는 공공임대주택을 말한다.

③ 장기전세주택은 국가나 지방자치단체의 재정이나 주택도시기금의 자금을 지원받아 전세계약의 방식으로 공급하는 공공임대주택을 말한다.

④ 분양전환공공임대주택은 일정 기간 임대 후 분양전환할 목적으로 공급하는 공공임대주택을 말한다.

⑤ 기존주택전세임대주택은 국가나 지방자치단체의 재정이나 주택도시기금의 자금을 지원받아 기존주택을 임차하여 「국민기초생활 보장법」에 따른 수급자 등 저소득층과 청년 및 신혼부부 등에게 전대(轉貸)하는 공공임대주택을 말한다.

톺아보기

①은 「공공주택 특별법 시행령」 제2조의 '행복주택'에 대한 설명이다.

★ • 행복주택은 국가나 지방자치단체의 재정이나 주택도시기금의 자금을 지원받아 대학생, 사회초년생, 신혼부부 등 젊은 층의 주거안정을 목적으로 공급하는 공공임대주택을 말한다.

• 국민임대주택은 국가나 지방자치단체의 재정이나 「주택도시기금법」에 따른 주택도시기금의 자금을 지원받아 저소득 서민의 주거안정을 위하여 30년 이상 장기간 임대를 목적으로 공급하는 공공임대주택을 말한다.

□□□
25 상중하

공공주택 특별법령상 공공임대주택에 관한 내용으로 옳은 것은 모두 몇 개인가? (단, 주택도시기금은 「주택도시기금법」에 따른 주택도시기금을 말함) 제35회

> • 통합공공임대주택: 국가나 지방자치단체의 재정이나 주택도시기금의 자금을 지원받아 최저소득 계층, 저소득 서민, 젊은 층 및 장애인 · 국가유공자 등 사회 취약계층 등의 주거안정을 목적으로 공급하는 공공임대주택
> • 행복주택: 국가나 지방자치단체의 재정이나 주택도시기금의 자금을 지원받아 대학생, 사회초년생, 신혼부부 등 젊은 층의 주거안정을 목적으로 공급하는 공공임대주택
> • 장기전세주택: 국가나 지방자치단체의 재정이나 주택도시기금의 자금을 지원받아 전세계약의 방식으로 공급하는 공공임대주택
> • 분양전환공공임대주택: 일정 기간 임대 후 분양전환할 목적으로 공급하는 공공임대주택

① 0개　② 1개　③ 2개
④ 3개　⑤ 4개

톺아보기

보기에 제시된 4개의 내용이 모두 옳은 설명이다.
• 통합공공임대주택: 국가나 지방자치단체의 재정이나 주택도시기금의 자금을 지원받아 최저소득 계층, 저소득 서민, 젊은층 및 장애인 국가유공자 등 사회 취약계층 등의 주거안정을 목적으로 공급하는 공공임대주택
• 행복주택: 국가나 지방자치단체의 재정이나 주택도시기금의 자금을 지원받아 대학생, 사회초년생, 신혼부부 등 젊은 층의 주거안정을 목적으로 공급하는 공공임대주택
• 장기전세주택: 국가나 지방자치단체의 재정이나 주택도시기금의 자금을 지원받아 전세계약의 방식으로 공급하는 공공임대주택
• 분양전환공공임대주택: 일정 기간 임대 후 분양전환할 목적으로 공급하는 공공임대주택

정답 | 24 ① 25 ⑤

□□□

26 공공주택 특별법령상 공공임대주택에 해당하지 않는 것은? 제33회

상 중 **하**

① 영구임대주택
② 국민임대주택
③ 분양전환공공임대주택
④ 공공지원민간임대주택
⑤ 기존주택등매입임대주택

톺아보기

④ • 공공지원민간임대주택은 공공주택 특별법령상 공공임대주택에 해당하지 않는다.
• 민간임대주택에 관한 특별법령상 공공지원민간임대주택이란 임대사업자가 민간임대주택을 10년 이상 임대할 목적으로 취득하여 임대료 및 임차인의 자격제한 등을 받아 임대하는 민간임대주택을 말한다.
⇨ 공공(주택도시기금)의 자금을 지원받아 민간이 공급하는 민간임대주택의 유형이다.

① 영구임대주택: 국가나 지방자치단체의 재정을 지원받아 최저소득 계층의 주거안정을 위하여 50년 이상 또는 영구적인 임대를 목적으로 공급하는 공공임대주택(영 제2조 제1호)

② 국민임대주택: 국가나 지방자치단체의 재정이나 「주택도시기금법」에 따른 주택도시기금(이하 '주택도시기금'이라 한다)의 자금을 지원받아 저소득 서민의 주거안정을 위하여 30년 이상 장기간 임대를 목적으로 공급하는 공공임대주택(영 제2조 제2호)

③ 분양전환공공임대주택: 일정 기간 임대 후 분양전환할 목적으로 공급하는 공공임대주택(영 제2조 제5호)

⑤ 기존주택등매입임대주택: 국가나 지방자치단체의 재정이나 주택도시기금의 자금을 지원받아 「공공주택 특별법 시행령」 제37조 제1항 각 호의 어느 하나에 해당하는 주택 또는 건축물(이하 '기존주택등'이라 한다)을 매입하여 「국민기초생활 보장법」에 따른 수급자 등 저소득층과 청년 및 신혼부부 등에게 공급하는 공공임대주택(영 제2조 제6호)

□□□

27 다음 (　　)에 들어갈 알맞은 내용은? 제34회

상**중**하

- (㉠)은 「공공주택 특별법」 시행령에 따른 국가나 지방자치단체의 재정이나 주택도시기금의 자금을 지원받아 전세계약의 방식으로 공급하는 공공임대주택이다.
- (㉡)은 「민간임대주택에 관한 특별법」에 따른 임대사업자가 매매 등으로 소유권을 취득하여 임대하는 민간임대주택을 말한다.

	㉠	㉡
①	국민임대주택	장기전세주택
②	장기전세주택	기존주택전세임대주택
③	기존주택전세임대주택	국민임대주택
④	국민임대주택	민간매입임대주택
⑤	장기전세주택	민간매입임대주택

톺아보기

㉠은 장기전세주택, ㉡은 민간매입임대주택이다.

더 알아보기

「공공주택 특별법 시행령」 제2조 【공공임대주택】

4. **장기전세주택**: 국가나 지방자치단체의 재정이나 주택도시기금의 자금을 지원받아 전세계약의 방식으로 공급하는 공공임대주택

「민간임대주택에 관한 특별법」 제2조 【정의】

3. "민간매입임대주택"이란 임대사업자가 매매 등으로 소유권을 취득하여 임대하는 민간임대주택을 말한다.

정답 | 26 ④ 27 ⑤

□□□

28 주거정책에 관한 설명으로 <u>틀린</u> 것을 모두 고른 것은? (단, 다른 조건은 일정함)

제34회 수정

상**중**하

> ㉠ 우리나라는 주거에 대한 권리를 인정하고 있지 않다.
> ㉡ 공공임대주택, 주거급여제도, 주택청약종합저축제도는 현재 우리나라에서 시행되고 있다.
> ㉢ 주택바우처는 저소득임차가구에 주택임대료를 일부 지원해주는 소비자보조방식의 일종으로 임차인의 주거지 선택을 용이하게 할 수 있다.
> ㉣ 임대료 보조정책은 민간임대주택의 공급을 장기적으로 감소시키고 시장임대료를 높인다.
> ㉤ 임대료를 균형가격 이하로 통제하면 민간임대주택의 공급량은 증가하고 질적 수준은 저하된다.

① ㉠, ㉡, ㉤
② ㉠, ㉢, ㉤
③ ㉠, ㉣, ㉤
④ ㉡, ㉢, ㉣
⑤ ㉢, ㉣, ㉤

톺아보기

주거정책에 관한 설명으로 틀린 것은 ㉠㉣㉤이다.

㉠ 우리나라는 「주거기본법」 등에 의해 주거에 대한 권리를 인정하고 있다.

㉢ 주택바우처는 저소득임차가구에 주택임대료를 일부 지원해주는 소비자보조방식의 일종으로 임차인의 주거지 선택을 용이하게 할 수 있다.

㉣ 다른 조건이 일정할 때, 임대료 보조정책은 민간임대주택의 공급을 장기적으로 증가시키므로 시장임대료가 하락한다. 또는 시장임대료가 원래 수준으로 하락한다.

㉤ 다른 조건이 일정할 때, 임대료를 균형가격 이하로 통제(임대료를 규제)하면 민간임대주택의 공급은 감소하고 (관리 소홀로 인해) 질적 수준은 저하된다.

□□□

29

상 중 **하**

주택공급제도에 관한 설명으로 틀린 것은? 제30회

① 후분양제도는 초기 주택건설자금의 대부분을 주택구매자로부터 조달하므로 건설자금에 대한 이자의 일부를 주택구매자가 부담하게 된다.

② 선분양제도는 준공 전 분양대금의 유입으로 사업자의 초기자금부담을 완화할 수 있다.

③ 후분양제도는 주택을 일정 절차에 따라 건설한 후에 분양하는 방식이다.

④ 선분양제도는 분양권 전매를 통하여 가수요를 창출하여 부동산시장의 불안을 야기할 수 있다.

⑤ 소비자측면에서 후분양제도는 선분양제도보다 공급자의 부실시공 및 품질저하에 대처할 수 있다.

톺아보기

선분양제도는 초기 주택건설자금의 대부분을 주택구매자(계약자)로부터 조달하는 방식이다. 이와는 달리 후분양제도는 건설업체가 직접 자금을 조달해야 하는 부담이 있다.

정답 | 28 ③ 29 ①

제4장 / 조세정책

기본서 p.211~217

□□□
30
상 중 하

부동산조세에 관한 설명으로 틀린 것은? 제32회

① 조세의 중립성은 조세가 시장의 자원배분에 영향을 미치지 않아야 한다는 원칙을 의미한다.
② 양도소득세를 중과하면 부동산의 보유기간이 늘어나는 현상이 발생할 수 있다.
③ 조세의 사실상 부담이 최종적으로 어떤 사람에게 귀속되는 것을 조세의 귀착이라 한다.
④ 양도소득세는 양도로 인해 발생하는 소득에 대해 부과되는 것으로 타인에게 전가될 수 있다.
⑤ 재산세와 종합부동산세는 보유세로서 지방세이다.

톺아보기

재산세는 지방세이며, 종합부동산세는 국세이다.

더 알아보기

구분	취득단계	보유단계	처분단계
국세	상속세, 증여세, 인지세	종합부동산세	양도소득세
	부가가치세(취득 - 보유 - 처분)		
지방세	취득세, 등록면허세	재산세	지방소득세

□□□

31 상 중 **하**

부동산 관련 조세에서 (   )에 들어갈 내용으로 옳은 것은? 제30회

구분	보유단계	취득단계	처분단계
국세	(㉠)	상속세	(㉢)
지방세	(㉡)	취득세	–

① ㉠: 종합부동산세, ㉡: 재산세, ㉢: 양도소득세
② ㉠: 종합부동산세, ㉡: 양도소득세, ㉢: 재산세
③ ㉠: 재산세, ㉡: 종합부동산세, ㉢: 양도소득세
④ ㉠: 재산세, ㉡: 양도소득세, ㉢: 종합부동산세
⑤ ㉠: 양도소득세, ㉡: 재산세, ㉢: 종합부동산세

톺아보기

㉠은 종합부동산세, ㉡은 재산세, ㉢은 양도소득세이다.
㉠ 부동산의 보유단계에서 부과되는 국세는 종합부동산세이다.
㉡ 부동산의 보유단계에서 부과되는 지방세는 재산세이다.
㉢ 부동산의 처분단계에서 부과되는 국세는 양도소득세이다.

□□□

32 상 **중** 하

부동산 관련 조세 중 국세, 보유과세, 누진세 유형에 모두 해당되는 것은? 제29회

① 취득세
② 재산세
③ 종합부동산세
④ 상속세
⑤ 양도소득세

톺아보기

③ 종합부동산세는 국세, 보유과세, 누진세 유형에 해당한다.

오답해설

① 취득세는 지방세, 취득과세, 비례세 유형에 해당한다.
② 재산세는 지방세, 보유과세, 누진세 및 비례세 유형에 해당한다.
④ 상속세는 국세, 취득과세, 누진세 유형에 해당한다.
⑤ 양도소득세는 국세, 양도과세, 누진세 및 비례세 유형에 해당한다.

정답 | 30 ⑤ 31 ① 32 ③

□□□
33 부동산조세에 관한 설명으로 옳은 것을 모두 고른 것은? 제33회

상중하

> ㉠ 양도소득세와 부가가치세는 국세에 속한다.
> ㉡ 취득세와 등록면허세는 지방세에 속한다.
> ㉢ 상속세와 재산세는 부동산의 취득단계에 부과한다.
> ㉣ 증여세와 종합부동산세는 부동산의 보유단계에 부과한다.

① ㉠ ② ㉠, ㉡ ③ ㉡, ㉣
④ ㉠, ㉢, ㉣ ⑤ ㉡, ㉢, ㉣

톺아보기

옳은 것은 ㉠㉡이다.
㉠ 부가가치세는 국세이며 부동산의 취득, 보유, 처분단계에 모두 해당하는(부과되는) 세금이다.
㉢ 상속세는 부동산의 취득단계에 부과하며, 재산세는 보유단계에 부과한다.
㉣ 증여세는 취득단계에 부과하며, 종합부동산세는 부동산의 보유단계에 부과한다.

□□□
34 부동산조세에 관한 설명으로 옳은 것을 모두 고른 것은? 제35회

상중하

> ㉠ 양도소득세의 중과는 부동산 보유자로 하여금 매각을 앞당기게 하는 동결효과(lock-in effect)를 발생시킬 수 있다.
> ㉡ 재산세와 종합부동산세의 과세기준일은 매년 6월 1일로 동일하다.
> ㉢ 취득세와 상속세는 취득단계에서 부과하는 지방세이다.
> ㉣ 증여세와 양도소득세는 처분단계에서 부과하는 국세이다

① ㉡ ② ㉠, ㉢ ③ ㉡, ㉣
④ ㉠, ㉢, ㉣ ⑤ ㉠, ㉡, ㉢, ㉣

톺아보기

★ 옳은 것은 ㉡이다. ⇨ 재산세와 종합부동산세의 과세기준일은 매년 6월 1일로 동일하다.
 2차 시험과목 '부동산세법'에서 학습하는 내용이다.
㉠ 양도소득세의 중과는 부동산 보유자로 하여금 매각을 뒤로 미루게 하는(공급이 뒤따라서 감소하는) 동결효과(lock-in effect)를 발생시킬 수 있다.
㉢ 취득세와 상속세는 취득단계에서 부과하는 세금이다. 취득세는 지방세이며, 상속세는 국세이다.
㉣ 증여세는 취득단계에서 부과하는 국세이다. 양도소득세는 처분단계에서 부과하는 국세이다.

□□□

35

상중하

주택구입에 대한 거래세 인상에 따른 경제적 후생의 변화로 틀린 것은? (단, 우상향하는 공급곡선과 우하향하는 수요곡선을 가정하며, 다른 조건은 일정함) 제26회

① 수요곡선이 공급곡선에 비하여 더 탄력적이면, 수요자에 비하여 공급자의 부담이 더 커진다.

② 공급곡선이 수요곡선에 비하여 더 탄력적이면, 공급자에 비하여 수요자의 부담이 더 커진다.

③ 수요자가 실질적으로 지불하는 금액이 상승하므로 소비자잉여는 감소한다.

④ 공급자가 받는 가격이 하락하므로 생산자잉여는 감소한다.

⑤ 거래세 인상에 의한 세수입 증가분은 정부에 귀속되므로 경제적 순손실은 발생하지 않는다.

톺아보기

세금이 부과되면(공급자의 비용 증가) 공급이 감소하여 재화의 가격이 상승하기 때문에, 수요자의 지불가격은 상승하고(재화의 소비량도 감소), 공급자의 실질이윤은 줄어들어 수요자와 생산자의 잉여가 감소한다. 이와 같이 세금이 가격(임대료) 인상 등을 통해 타인에게 전가되면 소비자와 생산자의 잉여가 감소하고, 경제주체의 만족도가 떨어지는 경제적 순(후생)손실이 발생할 수 있다.

더 알아보기

- 가격탄력성이 낮은 쪽이(비탄력적일수록) 더 많은 세금을 부담하게 된다.
- 수요곡선이 공급곡선에 비하여 더 탄력적이면, 공급이 더 비탄력적이므로 수요자에 비하여 공급자의 부담이 더 커진다.
- 공급곡선이 수요곡선에 비하여 더 탄력적이면, 수요가 더 비탄력적이므로 공급자에 비하여 수요자의 부담이 더 커진다.

정답 | 33 ② 34 ① 35 ⑤

□□□

36

상 중 **하**

부동산조세정책에 관한 설명으로 틀린 것은?(단, 다른 조건은 동일함) 제25회

① 토지이용을 특정 방향으로 유도하기 위해 정부가 토지보유세를 부과할 때에는 토지용도에 관계없이 동일한 세금을 부과해야 한다.

② 임대주택에 재산세가 중과되면, 증가된 세금은 장기적으로 임차인에게 전가될 수 있다.

③ 주택의 보유세 감면은 자가소유를 촉진할 수 있다.

④ 주택의 취득세율을 낮추면 주택수요가 증가할 수 있다.

⑤ 공공임대주택의 공급 확대는 임대주택의 재산세가 임차인에게 전가되는 현상을 완화시킬 수 있다.

톺아보기

① 토지이용을 특정 방향으로 (자원배분을) 유도하기 위해 정부가 토지보유세를 부과할 때에는 토지용도에 따라 차등적용하여 세금을 부과할 필요성이 있다. ⇨ 부동산조세의 자원배분기능

⑤ 공공임대주택의 공급 확대는 (임차인에게 대체재가 많아져서 수요의 가격탄력성이 탄력적이 되므로) 임대주택의 재산세가 임차인에게 전가되는 현상을 완화시킬 수 있다.

더 알아보기

임대주택에 재산세가 중과되면, 공급자(임대업자)가 공급을 감소시켜서 임대료(가격) 인상을 통해 세금의 일부는 장기적으로 임차인에게 전가될 수 있다.

□□□

37

상 중 하

부동산조세에 관한 설명으로 옳은 것은? (단, 우하향하는 수요곡선을 가정함) 제28회

① 소유자가 거주하는 주택에 재산세를 부과하면, 주택수요가 증가하고 주택가격은 상승하게 된다.

② 임대주택에 재산세를 부과하면 임대주택의 공급이 증가하고 임대료는 하락할 것이다.

③ 주택의 취득세율을 낮추면, 주택의 수요가 감소한다.

④ 주택공급의 동결효과(lock-in effect)란 가격이 오른 주택의 소유자가 양도소득세를 납부하기 위해 주택의 처분을 적극적으로 추진함으로써 주택의 공급이 증가하는 효과를 말한다.

⑤ 토지공급의 가격탄력성이 '0'인 경우, 부동산조세 부과시 토지소유자가 전부 부담하게 된다.

톺아보기

★ ⑤ 토지공급의 가격탄력성이 '0'으로 완전비탄력적인 경우(토지공급을 전혀 감소시킬 수 없으므로), 세금은 토지수요자에게 전가되지 않고, 부과된 세금은 모두 공급자(토지소유자)가 부담한다.

오답해설

① 소유자가 거주하는 주택에 재산세를 부과하면, (세금으로 인해 수요자의 지불가격이 높아짐에 따라) 주택수요가 감소하여 주택가격이 하락할 수 있다.

② 임대주택에 재산세를 부과하면 임대주택의 공급이 감소하고 임대료가 상승할 것이다.

③ 주택의 취득세율을 낮추면, 주택의 수요가 증가한다.

④ 주택공급의 동결효과(lock-in effect)란 가격이 오른 주택의 소유자가 양도소득세를 납부하지 않기 위해 주택의 처분을 기피함으로써 주택의 공급이 감소하는 효과를 말한다.

□□□

38 상 중 **하**

토지세를 제외한 다른 모든 조세를 없애고 정부의 재정은 토지세만으로 충당하는 토지단일세를 주장한 학자는? 제35회

① 뢰쉬(A. Losch)
② 레일리(W. Reilly)
③ 알론소(W. Alonso)
④ 헨리 조지(H. George)
⑤ 버제스(E. Burgess)

톺아보기

④ 헨리 조지(H. George)의 토지단일(가치)세: 지주의 몫인 지대는 불로소득이므로, '토지에만 세금을 부과하더라도 재정을 모두 충당할 수 있다'라고 주장하였다. ⇨ 지대의 몰수

오답해설

① 뢰쉬(A. Losch) ⇨ 최대수요이론(공업입지)
② 레일리(W. Reilly) ⇨ 소매인력법칙(상업입지)
③ 알론소(W. Alonso) ⇨ 입찰지대이론(도시지대이론)
⑤ 버제스(E. Burgess) ⇨ 동심원이론(도시구조이론)

정답 | 36 ① 37 ⑤ 38 ④

□□□

39

상중하

부동산의 수요 및 공급에 관한 설명으로 틀린 것은? (단, 다른 조건은 동일함)

제28회

① 수요곡선이 변하지 않을 때, 세금부과에 의한 경제적 순손실은 공급이 비탄력적일수록 커진다.

② 부동산수요가 증가하면, 부동산공급이 비탄력적일수록 시장균형가격이 더 크게 상승한다.

③ 용도변경을 제한하는 법규가 강화될수록, 공급은 이전에 비해 비탄력적이 된다.

④ 수요와 공급이 모두 증가하는 경우, 균형가격의 상승 여부는 수요와 공급의 증가폭에 의해 결정되고 균형량은 증가한다.

⑤ 부동산수요곡선상 수요량은 주어진 가격수준에서 부동산구매의사와 구매능력이 있는 수요자가 구매하고자 하는 수량이다.

톺아보기

① 세금부과에 의한 경제적 순손실은 공급이 비탄력적일수록 작아진다(상대적으로 수요가 탄력적일수록 경제적 순손실은 작아진다). 즉, 공급이 비탄력적일수록 공급을 감소시키기 어렵게 되고 가격 인상을 통해 세금을 전가시키기 어려워진다. 세금이 가격 인상을 통해 수요자에게 전가되기 어렵기 때문에 수요자는 더 높은 가격을 지불할 필요가 없고, 그 소비량도 줄어들지 않는다. 따라서 경제적 순(후생)손실이 작아진다.

② 부동산수요가 증가해도 부동산공급이 비탄력적일수록(공급이 적시에 이루어지지 못하므로) 시장균형가격이 더 크게 상승한다. '탄 ⇨ 덜, 비 ⇨ 더'를 활용한다.

③ 용도변경을 제한하는 법규가 강화될수록, 공급을 늘리기 어려워지므로 그 양의 변화가 적어서 공급은 이전에 비해 비탄력적이 된다.

④ 증가나 감소는 균형거래량의 변화를 말한다. 수요 증가가 공급 증가보다 크면 균형가격은 상승하고, 공급 증가가 수요 증가보다 크면 균형가격은 하락한다. 수요와 공급이 동일하게 증가하면 균형가격은 변하지 않는다.

⑤ 부동산수요는 유효수요(구매의사 + 구매능력)의 개념이며, 실제로 구매한 양이 아닌 구매하고자 하는 사전적 개념이다.

정답 | 39 ①

land.Hackers.com

3개년 출제비중분석

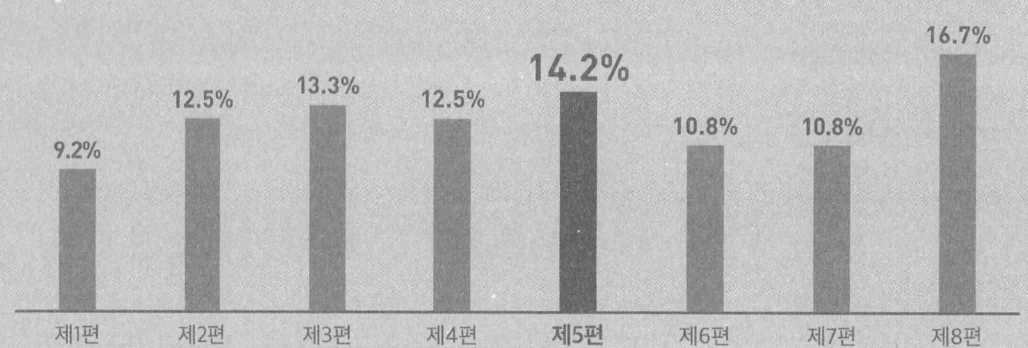
9.2%
12.5%
13.3%
12.5%
14.2%
10.8%
10.8%
16.7%
제1편
제2편
제3편
제4편
제5편
제6편
제7편
제8편

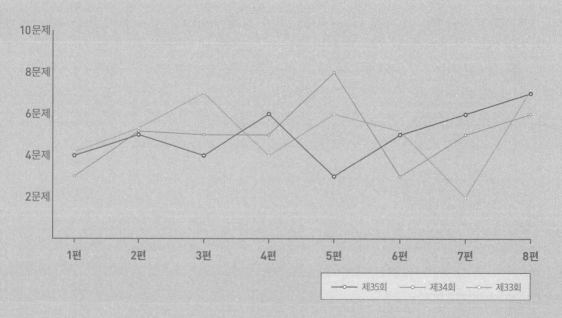

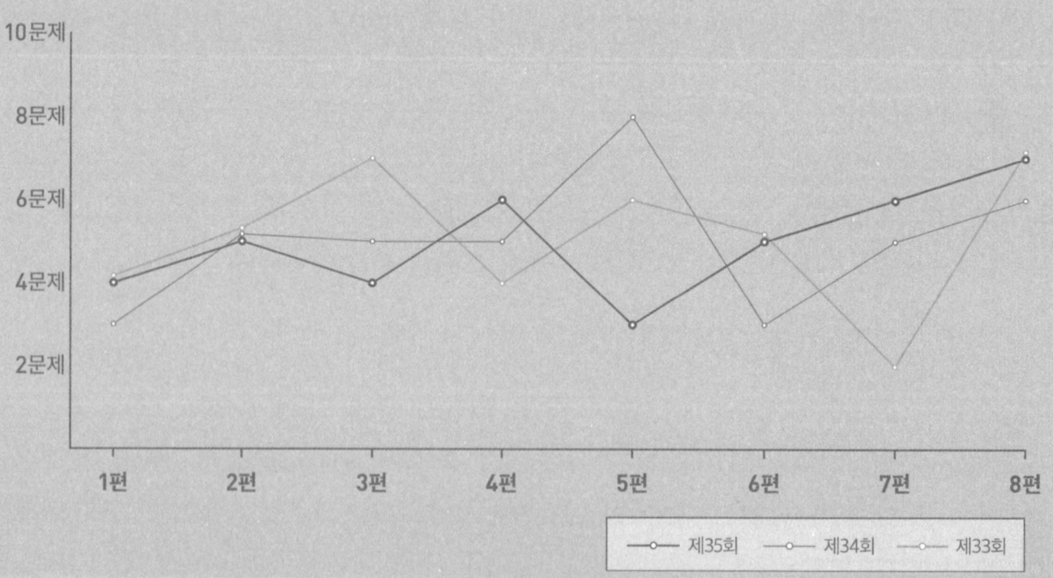
10문제
8문제
6문제
4문제
2문제
1편
2편
3편
4편
5편
6편
7편
8편
제35회
제34회
제33회

제5편

부동산투자론

제1장 / 부동산투자분석 및 기법

기본서 p.229~259

□□□

01 상**중**하

부동산투자에 관한 설명으로 틀린 것은? 제27회

① 부동산은 실물자산의 특성과 토지의 영속성으로 인하여 가치보존력이 양호한 편이다.

② 임대사업을 영위하는 법인은 건물에 대한 감가상각과 이자비용을 세금산정시 비용으로 인정받을 수 있다.

③ 부동산투자자는 저당권과 전세제도 등을 통하여 레버리지를 활용할 수 있다.

④ 부동산가격이 물가상승률과 연동하여 상승하는 기간에는 인플레이션을 방어하는 효과가 있다.

⑤ 부동산은 주식 등 금융상품에 비해서 단기간에 현금화할 수 있는 가능성이 높다.

톺아보기

⑤ 부동산은 개별성에 따라 표준화되지 못하여 주식 등 금융상품에 비해서 단기간에 현금화하기 어렵다.

② 임대사업을 영위하는 법인은 건물에 대한 감가상각과 이자비용을 세금산정시 비용으로 인정받을 수 있다.

③ 저당권(담보대출 ⇨ 타인자본)과 전세제도(전세금 ⇨ 타인자본) 등을 통하여 레버리지(지렛대)를 활용할 수 있다.

★ ④ 부동산가격이 물가상승률과 연동하여 상승하는 기간에는 인플레이션(화폐가치 하락)을 방어하는 효과가 있다.

더 알아보기

부동산은 개별성 때문에 표준화되지 못하여 환금성(유동성)위험이 큰 편이다.

□□□

02 상 중 **하**

부동산투자의 현금흐름 추정에 관한 설명으로 틀린 것은? 제30회

① 순영업소득은 유효총소득에서 영업경비를 차감한 소득을 말한다.

② 영업경비는 부동산운영과 직접 관련 있는 경비로, 광고비, 전기세, 수선비가 이에 해당된다.

③ 세전현금흐름은 지분투자자에게 귀속되는 세전소득을 말하는 것으로, 순영업소득에 부채서비스액(원리금상환액)을 가산한 소득이다.

④ 세전지분복귀액은 자산의 순매각금액에서 미상환 저당잔액을 차감하여 지분투자자의 몫으로 되돌아오는 금액을 말한다.

⑤ 부동산투자에 대한 대가는 보유시 대상부동산의 운영으로부터 나오는 소득이득과 처분시의 자본이득의 형태로 나타난다.

톺아보기

③ 세전현금흐름(세전현금수지)은 지분투자자에게 귀속되는 세전소득을 말하는 것으로, 순영업소득에서 부채서비스액(원리금상환액)을 공제하여 구한 소득이다.

★ ② 영업경비는 부동산운영과 직접 관련 있는 경비로, 광고비, 전기세, 수선비가 이에 해당된다.

★ ⑤ 부동산투자에 대한 대가는 보유시 대상부동산의 운영으로부터 나오는 소득이득과 처분시의 자본이득의 형태로 나타난다.

정답 | 01 ⑤ 02 ③

□□□

03 부동산투자에 관한 설명으로 <u>틀린</u> 것은? (단, 주어진 조건에 한함) 제34회

상 중 **하**

① 시중금리 상승은 부동산투자자의 요구수익률을 하락시키는 요인이다.

② 기대수익률은 투자로 인해 기대되는 예상수입과 예상지출로부터 계산되는 수익률이다.

③ 정(+)의 레버리지효과는 자기자본수익률이 총자본수익률(종합수익률)보다 높을 때 발생한다.

④ 요구수익률은 투자에 대한 위험이 주어졌을 때, 투자자가 대상부동산에 자금을 투자하기 위해 충족되어야 할 최소한의 수익률이다.

⑤ 부동산투자자는 담보대출과 전세를 통해 레버리지를 활용할 수 있다.

톺아보기

① • 시중금리(무위험이자율) 상승은 부동산투자자의 요구수익률을 상승시키는 요인이다.
 • 시중금리(무위험이자율) 하락은 부동산투자자의 요구수익률을 하락시키는 요인이다.
 • 요구수익률(투자의 기회비용) = 무위험(이자)률 ± 위험할증률 + 예상 인플레이션율

③ 정(+)의 레버리지효과: 자기자본수익률 > 총자본수익률(종합수익률) > 차입(저당)이자율

□□□

04 부동산투자분석의 현금흐름 계산에서 유효총소득(Effective Gross Income)을 산정할 경우, 다음 중 필요한 항목은 모두 몇 개인가? 제25회

상 **중** 하

• 임대료수입	• 영업소득세
• 이자상환액	• 영업외수입
• 영업경비	• 감가상각비

① 1개 ② 2개

③ 3개 ④ 4개

⑤ 5개

톺아보기

유효총소득을 산정할 때 필요한 자료는 임대료수입, 영업외수입(기타소득) 2개이다. 영업경비, 이자상환액, 감가상각비, 영업소득세는 유효총소득 산정에 필요하지 않다.

더 알아보기

가능총소득*
+ 기타소득
− 공실 및 대손충당금

유효총소득

* 단위당 예상임대료 × 임대단위 수

부동산의 수익과 수익률에 관한 설명으로 옳은 것은? 제27회

① 요구수익률은 해당 부동산에 투자해서 획득할 수 있는 최대한의 수익률이다.
② 총투자수익률은 세전현금수지를 지분투자액으로 나누어서 산정한다.
③ 기대수익률이 요구수익률보다 작은 경우 투자안이 채택된다.
④ 순영업소득의 산정과정에서 해당 부동산의 재산세는 차감하나, 영업소득세는 차감하지 않는다.
⑤ 회수 불가능한 임대료수입은 영업경비에 포함하여 순영업소득을 산정한다.

제5편 부동산투자론 5편

톺아보기

④ 순영업소득은 유효총소득에서 영업경비를 차감한 소득을 말한다. 재산세는 영업경비에 포함되지만, 영업소득세는 영업경비에 포함하지 않는다.

오답해설

① 요구수익률은 해당 부동산에 투자가 이루어지기 위한 최소한의 필수수익률이다. ⇨ 자본의 기회비용
② 총투자수익률은 순영업소득을 총투자액으로 나누어서 산정한다.
③ 기대수익률이 요구수익률보다 큰 경우 투자안이 채택된다(기대수익률 < 요구수익률 ⇨ 투자 기각).
⑤ 회수 불가능한 임대료수입(공실 및 대손충당금)은 영업경비에 포함하지는 않지만, 순영업소득을 산정할 때 필요한 자료이다.

더 알아보기

순영업소득 = 유효총소득 − 영업경비

정답 | 03 ① 04 ② 05 ④

□□□

06

상**중**하

부동산투자분석의 현금흐름 계산에서 (가) 순영업소득과 (나) 세전지분복귀액을 산정하는 데 각각 필요한 항목을 모두 고른 것은? (단, 투자금의 일부를 타인자본으로 활용하는 경우를 가정함) 제29회

㉠ 기타소득	㉡ 매도비용
㉢ 취득세	㉣ 미상환저당잔금
㉤ 재산세	㉥ 양도소득세

① 가: ㉢, 나: ㉣
② 가: ㉠, ㉤ 나: ㉡, ㉣
③ 가: ㉠, ㉤ 나: ㉡, ㉥
④ 가: ㉠, ㉢, ㉤ 나: ㉡, ㉥
⑤ 가: ㉠, ㉢, ㉤ 나: ㉡, ㉣, ㉥

톺아보기

- (가) 순영업소득을 구할 때 필요한 항목은 ㉠ 기타소득(영업외수입)과 ㉤ 재산세(영업경비의 일부)이다.
- (나) 세전지분복귀액을 구할 때 필요한 항목은 ㉡ 매도비용(매도경비), ㉣ 미상환저당잔금이다.

□□□

07 어느 회사의 1년 동안의 운영수지다. 세후현금수지는? (단, 주어진 조건에 한함)

상 중 하

제25회

- 가능총소득: 4,800만원
- 공실: 가능총소득의 5%
- 영업소득세율: 연 20%
- 원금상환액: 200만원
- 이자비용: 800만원
- 영업경비: 240만원
- 감가상각비: 200만원

① 2,496만원 ② 2,656만원
③ 2,696만원 ④ 2,856만원
⑤ 2,896만원

톺아보기

- 공실 및 대손충당금(불량부채) = 가능총(조)소득 4,800만원 × 공실률 0.05 = 240만원
- 부채서비스(원리금) = 원금상환액(200만원) + 이자비용(800만원) = 1,000만원
- 세후현금수지 계산

가능조소득	4,800만원
− 공실 및 대손충당금	240만원
유효조소득	4,560만원
− 영업경비	240만원
순영업소득	4,320만원
− 부채서비스	1,000만원
세전현금수지	3,320만원
− 영업소득세	664만원
세후현금수지	2,656만원

- 영업소득세 계산

순영업소득	4,320만원
+ 대체충당금	0원
− 이자지급분	800만원
− 감가상각비	200만원
과세대상소득	3,320만원
×세율	0.2(20%)
영업소득세	664만원

더 알아보기

영업소득세 = 과세대상소득 × 영업소득세율
= (순영업소득 + 대체충당금 − 이자지급분 − 감가상각비) × 영업소득세율
= (4,320만원 + 0원 − 800만원 − 200만원) × 20%
= 664만원

정답 | 06 ② 07 ②

□□□

08

상**중**하

화폐의 시간가치에 관한 설명으로 틀린 것은? 제26회

① 연금의 미래가치계수를 계산하는 공식에서는 이자 계산방법으로 복리방식을 채택한다.

② 원리금균등상환방식으로 주택저당대출을 받은 경우, 저당대출의 매기 원리금상환액을 계산하려면 저당상수를 활용할 수 있다.

③ 5년 후 주택구입에 필요한 자금 3억원을 모으기 위하여 매월 말 불입하여야 하는 적금액을 계산하려면 3억원에 연금의 현재가치계수(월 기준)를 곱하여 구한다.

④ 매월 말 50만원씩 5년간 들어올 것으로 예상되는 임대료수입의 현재가치를 계산하려면 저당상수(월 기준)의 역수를 활용할 수 있다.

⑤ 상환비율과 잔금비율을 합하면 '1'이 된다.

톺아보기

③ 5년 후 필요한 자금 3억원을 모으기 위하여 매월 말 불입(적립)하여야 하는 금액은 3억원에 감채기금계수(5년)를 곱하여 구한다.

② 원리금균등상환방식으로 주택저당대출을 받은 경우, 저당대출의 매기 원리금상환액을 계산하려면 저당상수를 활용할 수 있다.

④ 매월 말 50만원씩 5년간 들어올 것으로 예상되는 임대료수입의 현재가치를 계산하려면 저당상수의 역수(= 연금의 현가계수)를 활용할 수 있다.

⑤ 상환비율과 잔금비율을 합하면 '1'이 된다[예 상환비율이 0.4라면 잔금비율은 0.6(= 1 − 0.4)이다].

더 알아보기

원리금균등상환방식에 의한 매기 원리금 = 융자금 × 저당상수

□□□

09 화폐의 시간가치와 관련한 설명으로 옳은 것은? (단, 다른 조건은 동일함) 제29회

상**중**하

① 잔금비율과 상환비율의 합은 '0'이 된다.

② 연금의 현재가치계수와 감채기금계수는 역수관계에 있다.

③ 원금균등상환방식으로 주택저당대출을 받은 경우 저당대출의 매기간 원리금상환액은 저당상수를 이용하여 계산한다.

④ 원금에 대한 이자뿐만 아니라 이자에 대한 이자도 함께 계산하는 것은 단리방식이다.

⑤ 현재 5억원인 주택가격이 매년 전년대비 5%씩 상승한다고 가정할 때, 5년 후의 주택가격은 일시불의 미래가치계수를 사용하여 계산할 수 있다.

톺아보기

⑤ 현재 5억원인 주택가격이 매년 전년대비 5%씩 상승한다고 가정할 때, 5년 후의 주택가격은 일시불의 미래가치계수(내가계수)를 사용하여 계산할 수 있다.

⇨ 5억원 × 일시불의 내가계수 $(1 + 0.05)^5$ = 5년 후의 주택가격

오답해설

① 잔금비율과 상환비율의 합은 '1'이 된다(예 잔금비율 0.6 + 상환비율 0.4 = 1).

② 연금의 현재가치계수와 저당상수가 역수관계에 있다. 연금의 미래가치계수는 감채기금계수와 역수관계에 있다.

③ 원리금균등상환방식으로 주택저당대출을 받은 경우 저당대출의 매 기간 원리금상환액은 저당상수를 이용하여 계산한다.

④ 원금에 대한 이자뿐만 아니라 이자에 대한 이자도 함께 계산하는 것은 복리방식이다. 단리는 최초의 투자원금에만 이자가 발생하는 경우를 말한다.

정답 | 08 ③ 09 ⑤

□□□

10

상**중**하

화폐의 시간가치에 관한 설명으로 옳은 것을 모두 고른 것은? (단, 다른 조건은 동일함) 제30회

㉠ 은행으로부터 주택구입자금을 대출한 가구가 매월 상환할 금액을 산정하는 경우 감채기금계수를 사용한다. ㉡ 연금의 현재가치계수와 저당상수는 역수관계이다. ㉢ 연금의 미래가치란 매 기간마다 일정 금액을 불입해 나갈 때, 미래의 일정시점에서의 원금과 이자의 총액을 말한다. ㉣ 일시불의 현재가치계수는 할인율이 상승할수록 작아진다.

① ㉠
② ㉡, ㉢
③ ㉠, ㉡, ㉣
④ ㉡, ㉢, ㉣
⑤ ㉠, ㉡, ㉢, ㉣

톺아보기

옳은 것은 ㉡㉢㉣이다.

㉠ 은행으로부터 원리금균등상환방식으로 주택구입자금을 대출한(대출받은) 가구가 매월 상환할 금액(원리금 · 부채서비스액 · 저당지불액)을 산정하는 경우 저당상수를 사용한다. ⇨ 원리금 = 융자금 × 저당상수

★ ㉡ 연금의 현재가치계수와 저당상수는 역수관계이다.

㉢ 연금의 미래가치란 매 기간마다 일정 금액을 불입해 나갈 때, 미래의 일정시점에서의 원금과 이자의 총액을 말한다.

★ ㉣ 일시불의 현재가치계수는 할인율이 상승할수록 작아진다.

□□□

11

상 중 하

화폐의 시간가치 계산에 관한 설명으로 옳은 것은? 제32회

① 현재 10억원인 아파트가 매년 2%씩 가격이 상승한다고 가정할 때, 5년 후의 아파트가격을 산정하는 경우 연금의 미래가치계수를 사용한다.

② 원리금균등상환방식으로 담보대출받은 가구가 매월 상환할 금액을 산정하는 경우, 일시불의 현재가치계수를 사용한다.

③ 연금의 현재가치계수에 감채기금계수를 곱하면 일시불의 현재가치계수이다.

④ 임대기간 동안 월 임대료를 모두 적립할 경우, 이 금액의 현재시점 가치를 산정한다면 감채기금계수를 사용한다.

⑤ 나대지에 투자하여 5년 후 8억원에 매각하고 싶은 투자자는 현재 이 나대지의 구입금액을 산정하는 경우, 저당상수를 사용한다.

톺아보기

③ 연금의 현재가치계수(≒ 0.9)에 감채기금계수(1)를 곱하면 일시불의 현재가치계수(≒ 0.9)이다.

〈이자율 10%, 기간(n) 1년일 경우〉

현가계수(1년)	내가계수(1년)
일시불의 현가 ≒ 0.9	일시불의 내가 = 1.1
연금의 현가 ≒ 0.9	연금의 내가 = 1
저당상수 = 1.1	감채기금계수 = 1

오답해설

① 현재 10억원인 아파트가 매년 2%씩(복리로) 가격이 상승한다고 가정할 때, 5년 후의 아파트가격을 산정하는 경우 일시불의 미래가치계수를 사용한다.
⇨ 10억원 × 일시불의 내가계수(5년) = 5년 후 10억원의 미래가치

② 원리금균등상환방식으로 담보대출받은 가구가 매월 상환할 금액을 산정하는 경우, 저당상수를 사용한다.
⇨ 매기 원리금 = 융자금 × 저당상수

④ 임대기간 동안 월 임대료를 모두 적립할 경우, 이 금액의 현재시점 가치를 산정한다면
㉠ 연금의 내가계수를 사용하여 n년 후의 금액을 구하고, 이를 다시 일시불의 현가계수로 할인하여 현재가치를 구할 수 있다.
㉡ 연금의 현가계수를 사용하여 계산할 수도 있다.

⑤ 나대지에 투자하여 5년 후 8억원에 매각하고 싶은 투자자는 현재 이 나대지의 구입금액을 산정하는 경우, 일시불의 현가계수를 사용한다. ⇨ 5년 후 8억원 × 일시불의 현가계수(5년) = 현재가치

정답 | 10 ④ 11 ③

□□□

12

상중하

임대인 A와 임차인 B는 임대차계약을 체결하려고 한다. 향후 3년간 순영업소득의 현재가치 합계는? (단, 주어진 조건에 한하며, 모든 현금유출입은 매 기간 말에 발생함) 제30회

> • 연간 임대료는 1년차 5,000만원에서 매년 200만원씩 증가
> • 연간 영업경비는 1년차 2,000만원에서 매년 100만원씩 증가
> • 1년 후 일시불의 현가계수 0.95
> • 2년 후 일시불의 현가계수 0.90
> • 3년 후 일시불의 현가계수 0.85

① 8,100만원
② 8,360만원
③ 8,620만원
④ 9,000만원
⑤ 9,300만원

톺아보기

구분	1년차	2년차	3년차
임대료수입	5,000만원	5,200만원	5,400만원
- 영업경비	2,000만원	2,100만원	2,200만원
= 순영업소득	3,000만원	3,100만원	3,200만원

순영업소득의 현재가치 합계

= (1년차 순영업소득 × 일시불의 현가계수) + (2년차 순영업소득 × 일시불의 현가계수) + (3년차 순영업소득 × 일시불의 현가계수)

= (3,000만원 × 0.95) + (3,100만원 × 0.90) + (3,200만원 × 0.85)

= 8,360만원

∴ 3년간 순영업소득의 현재가치 합계는 8,360만원이다.

□□□

13 상**중**하

투자자 甲은 부동산 구입자금을 마련하기 위하여 3년 동안 매년 연말 3,000만원씩을 불입하는 정기적금에 가입하였다. 이 적금의 이자율이 복리로 연 10%라면, 3년 후 이 적금의 미래가치는? 제24회

① 9,600만원
② 9,650만원
③ 9,690만원
④ 9,930만원
⑤ 9,950만원

톺아보기

연금의 내가(미래가치)계수의 개념과 공식을 활용한다.

∴ 3년 후 적금의 미래가치 $= 3{,}000\text{만원} \times \frac{(1 + 0.1)^3 - 1}{0.1}$

$= 3{,}000\text{만원} \times \left(\frac{1.331 - 1}{0.1} = 3.31\right)$

$= 9{,}930\text{만원}$

더 알아보기

$$\text{연금의 내가계수} = \frac{(1 + r)^n - 1}{r}$$

정답 | 12 ② 13 ④

□□□

14

상중하

A는 매월 말에 50만원씩 5년 동안 적립하는 적금에 가입하였다. 이 적금의 명목금리는 연 3%이며, 월 복리조건이다. 이 적금의 미래가치를 계산하기 위한 식으로 옳은 것은? (단, 주어진 조건에 한함) 제31회

① $500{,}000 \times \left\{\dfrac{(1+0.03)^5-1}{0.03}\right\}$

② $500{,}000 \times \left\{\dfrac{\left(1+\dfrac{0.03}{12}\right)^{5\times 12}-1}{\dfrac{0.03}{12}}\right\}$

③ $500{,}000 \times \left(1+\dfrac{0.03}{12}\right)^{5\times 12}$

④ $500{,}000 \times \left\{\dfrac{0.03}{1-(1+0.03)^{-5}}\right\}$

⑤ $500{,}000 \times \left\{\dfrac{\dfrac{0.03}{12}}{1-\left(1+\dfrac{0.03}{12}\right)^{-5\times 12}}\right\}$

톺아보기

연금의 미래가치(내가)계수 개념과 공식인 $\dfrac{(1+r)^n-1}{r}$ 을 활용한다.

월(月) 복리조건이므로 공식의 연(年) 이자율 0.03(= 3%)은 12개월로 나누고, 분자 값의 기간(n) 5년에 12개월을 곱하여(= 5년× 12개월), 총 60개월 후(5년 후)의 적금의 미래가치를 구할 수 있다.

□□□

15 5년 후 1억원의 현재가치는? (단, 주어진 조건에 한함)

제28회

상중하

- 할인율: 연 7%(복리 계산)
- 최종 현재가치금액은 십만원 자리 반올림함

① 6,100만원
② 6,600만원
③ 7,100만원
④ 7,600만원
⑤ 8,100만원

톺아보기

일시불의 현가계수(현재가치계수)의 개념과 공식을 활용한다.

∴ 5년 후 1억원의 현재가치 = 1억원 × $\frac{1}{(1 + 0.07)^5}$

= 1억원 × $\frac{1}{\text{약 } 1.40255}$ = 1억원 ÷ 약 1.40255

≒ 7,100만원

더 알아보기

$$\text{일시불의 현가계수} = \frac{1}{(1 + r)^n}$$

정답 | 14 ② 15 ③

□□□

16

상**중**하

A씨는 원리금균등분할상환조건으로 1억원을 대출받았다. 은행의 대출조건이 다음과 같을 때, 대출 후 5년이 지난 시점에 남아있는 대출잔액은? (단, 만원 단위 미만은 절사하며, 주어진 조건에 한함) 제33회

- 대출금리: 고정금리, 연 5%
- 총대출기간과 상환주기: 30년, 월말 분할상환
- 월별 원리금지급액: 54만원
- 기간이 30년인 저당상수: 0.0054
- 기간이 25년인 연금의 현가계수: 171.06

① 8,333만원
② 8,500만원
③ 8,750만원
④ 9,237만원
⑤ 9,310만원

톺아보기

원리금균등상환방식에 따른 t시점에서 미상환대출잔액을 구할 때에는 원리금에 연금의 현가계수(남은 기간)를 곱하여 구할 수 있다. 제시된 저당상수와 연금의 현가계수 값은 월(月) 단위 기준값이다.

1. 매월 원리금 54만원 × 월 연금의 현가계수(남은 기간 25년, 300月) 171.06 = 9,237만원(만원 단위까지)
2. 융자금에 잔금비율을 곱하여 계산할 수도 있다.

$\therefore$ 9,237만원 = 융자금 1억원 × 잔금비율 0.9237$\left[=\dfrac{\text{연금의 현가계수 25년(300月) 171.06}}{\text{연금의 현가계수 30년(360月)* 185.18}}\right]$

* 연금의 현가계수(30년, 360月) 값은 저당상수(30년, 360月) 0.0054의 역수로 계산할 수 있다.

$\dfrac{1}{0.0054} \fallingdotseq 185.18$, 따라서 잔금비율은 $0.9237 \fallingdotseq \dfrac{171.06}{185.18}$이다.

□□□

17

상 중 하

다음은 투자부동산의 매입, 운영 및 매각에 따른 현금흐름이다. 이에 기초한 순현재가치는? (단, 0년차 현금흐름은 초기투자액, 1년차부터 7년차까지 현금흐름은 현금유입과 유출을 감안한 순현금흐름이며, 기간이 7년인 연금의 현가계수는 3.50, 7년 일시불의 현가계수는 0.60이고, 주어진 조건에 한함) 제32회

(단위: 만원)

기간(년)	0	1	2	3	4	5	6	7
현금흐름	−1,100	120	120	120	120	120	120	1,420

① 100만원
② 120만원
③ 140만원
④ 160만원
⑤ 180만원

톺아보기

- 문제의 조건에서 연금의 현가계수(7년)를 제시하였으므로, 이를 활용하기 위해서 7년 말까지 매년 동일(일정)한 임대료수입(120만원)으로 판단하고, 7년차 현금흐름(1,420만원)은 120만원(임대료수입)과 1,300만원(매각대금)으로 분리한다.
- 현금유입의 현가 1,200만원
  = [120만원 × 연금의 현가계수(7년) 3.50] + [1,300만원 × 일시불의 현가계수(7년) 0.60]

∴ 순현가 100만원(= 1,200만원 − 1,100만원)

정답 | 16 ④ 17 ①

□□□

18 향후 2년간 현금흐름을 이용한 다음 사업의 수익성지수(PI)는? (단, 연간 기준이며, 주어진 조건에 한함)

제31회

상중 하

- 모든 현금의 유입과 유출은 매년 말에만 발생
- 현금유입은 1년차 1,000만원, 2년차 1,200만원
- 현금유출은 현금유입의 80%
- 1년 후 일시불의 현가계수 0.95
- 2년 후 일시불의 현가계수 0.90

① 1.15 ② 1.20 ③ 1.25
④ 1.30 ⑤ 1.35

톺아보기

초기투자액이 제시되지 않는 등 조건에 하자가 있어 보이지만, 문제조건에 하자가 없다는 것을 전제로 하면 다음과 같이 수익성지수(PI)를 구할 수 있다.

1. 각 년도의 현금유입과 현금유출

구분	0년차	1년차	2년차
현금유입	0	1,000만원	1,200만원
현금유출	0	800만원(= 1,000만원 × 0.8)	960만원(= 1,200만원 × 0.8)

2. 각 년도의 현금유입의 현재가치와 현금유출의 현재가치

구분	1년차	2년차
현금유입의 현재가치	950만원 (= 1,000만원 × 일시불의 현가 0.95)	1,080만원 (= 1,200만원 × 일시불의 현가계수 0.90)
현금유출의 현재가치	760만원 (= 800만원 × 일시불의 현가 0.95)	864만원 (= 960만원 × 일시불의 현가계수 0.90)

3. 따라서 수익성지수(PI) 1.25 = $\frac{\text{현금유입의 현재가치 합}}{\text{현금유출의 현재가치 합}} = \frac{\text{2,030만원(= 950만원 + 1,080만원)}}{\text{1,624만원(= 760만원 + 864만원)}}$

㉠ 현금유입의 현재가치 합은 다음과 같이 계산한다.

- 1년 후 현금유입 1,000만원의 현재가치: 950만원 = 1,000만원 × 일시불의 현가계수 0.95
- 2년 후 현금유입 1,200만원의 현재가치: 1,080만원 = 1,200만원 × 일시불의 현가계수 0.90
  ⇨ 현금유입의 현재가치 합 2,030만원 = 950만원 + 1,080만원

㉡ 문제의 조건에서 현금유출은 현금유입의 80%이므로, 현금유출의 현재가치 합은 다음과 같이 계산한다.

- 1년 후 현금유입 1,000만원 × 0.8(80%) = 1년 후 현금유출 800만원
  ⇨ 1년 후 현금유출 800만원의 현재가치: 800만원 × 일시불의 현가계수 0.95 = 760만원
- 2년 후 현금유입 1,200만원 × 0.8(80%) = 1년 후 현금유출 960만원
  ⇨ 2년 후 현금유출의 960만원의 현재가치: 960만원 × 일시불의 현가계수 0.90 = 864만원

□□□

19 상**중**하

다음 표와 같은 투자사업(A~C)이 있다. 모두 사업기간이 1년이며, 사업 초기(1월 1일)에 현금지출만 발생하고 사업말기(12월 31일)에는 현금유입만 발생한다고 한다. 할인율이 연 5%라고 할 때 다음 중 옳은 것은? 제32회

투자사업	초기 현금지출	말기 현금유입
A	3,800만원	6,825만원
B	1,250만원	2,940만원
C	1,800만원	4,725만원

① 수익성지수(PI)가 가장 큰 사업은 A이다.
② 순현재가치(NPV)가 가장 큰 사업은 B이다.
③ 수익성지수가 가장 작은 사업은 C이다.
④ A의 순현재가치는 B의 순현재가치의 2.5배이다.
⑤ A와 C의 순현재가치는 같다.

톺아보기

⑤ 각 사업의 순현재가치와 수익성지수를 구하면 다음과 같다. 투자안 A와 C의 순현재가치는 같다.

(단위: 만원)

사업	현금유입의 현가	초기 현금지출	순현재가치(NPV)	수익성지수(PI)
A	$\frac{6,825}{(1+0.05)^1} = 6,500$	3,800	6,500 − 3,800 = 2,700	$\frac{6,500}{3,800} \fallingdotseq 1.71$
B	$\frac{2,940}{(1+0.05)^1} = 2,800$	1,250	2,800 − 1,250 = 1,550	$\frac{2,800}{1,250} = 2.24$
C	$\frac{4,725}{(1+0.05)^1} = 4,500$	1,800	4,500 − 1,800 = 2,700	$\frac{4,500}{1,800} = 2.50$

오답해설

① 수익성지수(PI)가 가장 큰 사업은 C이다.
② 순현재가치(NPV)가 가장 큰 사업은 A와 C로 동일하다.
③ 수익성지수가 가장 작은 사업은 A이다.
④ A의 순현재가치는 B의 순현재가치의 약 1.74배이다.

정답 | 18 ③ 19 ⑤

□□□

20

상**중**하

부동산투자에 관한 설명으로 틀린 것은? (단, 다른 조건은 동일함) 제33회

① 투자자는 부동산의 자산가치와 운영수익의 극대화를 위해 효과적인 자산관리 운영전략을 수립할 필요가 있다.

② 금리 상승은 투자자의 요구수익률을 상승시키는 요인이다.

③ 동일 투자자산이라도 개별투자자가 위험을 기피할수록 요구수익률이 높아진다.

④ 민감도분석을 통해 미래의 투자환경 변화에 따른 투자가치의 영향을 검토할 수 있다.

⑤ 순현재가치는 투자자의 내부수익률로 할인한 현금유입의 현가에서 현금유출의 현가를 뺀 값이다.

톺아보기

⑤ 순현재가치는 투자자의 요구수익률로 할인한 현금유입의 현가에서 현금유출의 현가를 뺀 값이다. 순현재가치법의 할인율은 요구수익률(k)이다.

② 요구수익률 = 무위험률 ± 위험할증률 + 예상 인플레이션율

□□□

21 부동산투자의 할인현금흐름기법(DCF)과 관련된 설명으로 틀린 것은? 제30회

상 중 **하**

① 내부수익률(IRR)은 투자로부터 발생하는 현재와 미래현금흐름의 순현재가치를 1로 만드는 할인율을 말한다.

② 순현재가치(NPV)는 투자자의 요구수익률로 할인한 현금유입의 현가에서 현금유출의 현가를 뺀 값이다.

③ 할인현금흐름기법이란 부동산투자로부터 발생하는 현금흐름을 일정한 할인율로 할인하는 투자의사결정 기법이다.

④ 수익성지수(PI)는 투자로 인해 발생하는 현금유입의 현가를 현금유출의 현가로 나눈 비율이다.

⑤ 민감도분석은 모형의 투입요소가 변화함에 따라, 그 결과치인 순현재가치와 내부수익률이 어떻게 변화하는지를 분석하는 것이다.

톺아보기

① 내부수익률(IRR)은 현금유입의 현재가치와 현금유출의 현재가치를 같게 만드는(일치시키는) 할인율을 의미하므로, 내부수익률은 투자안의 순현재가치를 0으로, 수익성지수를 1로 만드는 할인율을 말한다.
⇨ 현재의 투자액(현금유출의 현재가치)과 장래 수익(현금유입)의 현재가치가 같다는 화폐의 시간가치에 대한 개념이다.

★ ⑤ 민감도분석은 모형의 투입요소가 변화함에 따라, 그 결과치인 순현재가치와 내부수익률이 어떻게 변화하는지를 분석하는 것이다.

정답 | 20 ⑤ 21 ①

□□□

22 부동산투자분석기법에 관한 설명으로 옳은 것을 모두 고른 것은? (단, 다른 조건은 동일함)

상중하

제29회

> ㉠ 내부수익률법, 순현재가치법, 수익성지수법은 할인현금흐름기법에 해당한다.
> ㉡ 순현재가치가 '0'이 되는 단일 투자안의 경우 수익성지수는 '1'이 된다.
> ㉢ 재투자율로 내부수익률법에서는 요구수익률을 사용하지만, 순현재가치법에서는 시장이자율을 사용한다.
> ㉣ 회계적 이익률법에서는 투자안의 이익률이 목표이익률보다 높은 투자안 중에서 이익률이 가장 높은 투자안을 선택하는 것이 합리적이다.
> ㉤ 내부수익률법에서는 내부수익률과 실현수익률을 비교하여 투자 여부를 결정한다.

① ㉠, ㉡
② ㉠, ㉡, ㉣
③ ㉠, ㉢, ㉤
④ ㉡, ㉣, ㉤
⑤ ㉠, ㉡, ㉣, ㉤

톺아보기

옳은 것은 ㉠㉡㉣이다.

㉡ 순현재가치가 '0'이 되는 단일 투자안의 경우 수익성지수는 '1'이 된다.

★ ㉢ 재투자율(할인율)로 내부수익률법에서는 내부수익률을 사용하지만, 순현재가치법에서는 요구수익률을 사용한다.

㉤ 내부수익률법에서는 내부수익률과 요구수익률을 비교하여 투자 여부를 결정한다. 내부수익률이 요구수익률보다 클 경우, 투자를 채택한다. 실현수익률은 투자성과를 판단하는 실제 · 사후적 · 역사적 수익률이므로 투자채택 여부를 판단할 때 필요하지 않다.

□□□

23 부동산투자분석기법에 관한 설명으로 틀린 것은? (단, 다른 조건은 동일함) 제27회

상**중**하

① 동일한 현금흐름의 투자안이라도 투자자의 요구수익률에 따라 순현재가치(NPV)가 달라질 수 있다.

② 투자규모에 차이가 있는 상호 배타적인 투자안의 경우 순현재가치법과 수익성지수법을 통한 의사결정이 달라질 수 있다.

③ 순현재가치법은 가치가산원리가 적용되나, 내부수익률법은 적용되지 않는다.

④ 재투자율의 가정에 있어 순현재가치법보다 내부수익률법이 더 합리적이다.

⑤ 회수기간법은 회수기간 이후의 현금흐름을 고려하지 않는다는 단점이 있다.

톺아보기

④ 재투자율(할인율)의 가정에 있어 순현재가치법이 내부수익률법보다 더 합리적이다. ⇨ 순현재가치법의 할인율은 요구수익률로서 위험보상을 반영하지만, 내부수익률법의 할인율은 내부수익률로서 위험보상을 반영하지 못한다.

① 투자자의 요구수익률(할인율)에 따라 순현재가치(NPV)가 달라질 수 있다. ⇨ 할인율이 커지면 순현재가치는 작아진다.

★ ② 투자규모에 차이가 있는 상호 배타적인 투자안의 경우 순현재가치법과 수익성지수법을 통한 의사결정이 달라질 수 있다. ⇨ 순현재가치가 가장 큰 것이 수익성지수도 항상 가장 큰 것은 아니다.

③ 순현재가치법은 가치가산(합산)원리가 적용되나, 내부수익률법은 적용되지 않는다. ⇨ 두 투자안을 더하여 부(富)의 극대화 여부를 판단하는 것은 순현재가치법이다.

⑤ 회수기간법은 회수기간 이후의 현금흐름을 고려하지 않는다는 단점이 있다. ⇨ 회수기간법은 목표회수기간보다 짧은 회수기간만 충족하면 타당성이 있다고 본다.

더 알아보기

순현재가치법의 재투자율(할인율)은 요구수익률로서 위험에 대한 보상이 반영되지만, 내부수익률법의 재투자율(할인율)은 내부수익률로서 위험에 대한 보상이 반영되지 못한다. 따라서 투자결정의 준거로는 순현재가치법이 선호되고 더 우수하다.

정답 | 22 ② 23 ④

□□□

24

상**중**하

부동산투자의 분석기법에 관한 설명으로 <u>틀린</u> 것은? (단, 다른 조건은 동일함)

제33회

① 수익률법과 승수법은 투자현금흐름의 시간가치를 반영하여 투자타당성을 분석하는 방법이다.

② 투자자산의 현금흐름에 따라 복수의 내부수익률이 존재할 수 있다.

③ 세후지분투자수익률은 지분투자액에 대한 세후현금흐름의 비율이다.

④ 투자의 타당성은 총투자액 또는 지분투자액을 기준으로 분석할 수 있으며, 총소득승수는 총투자액을 기준으로 분석하는 지표다.

⑤ 총부채상환비율(DTI)이 높을수록 채무불이행 위험이 높아진다.

톺아보기

① 어림셈법(수익률법, 승수법)은 투자현금흐름의 시간가치를 반영하지 않는 방법이다. 즉, 미래현금흐름을 현재가치로 할인하지 않고(비할인기법), 주로 1기간의 현금흐름만을 가지고 투자분석하는 방법이다.

★ ② 투자자산의 현금흐름에 따라 복수의 내부수익률이 존재할 수 있다.

⑤ 총부채상환비율(DTI)이 높을수록 소득대비 매기의 원리금상환액이 많아지므로 차입자의 채무불이행 가능성이 커지고, 이에 따라 대출기관의 채무불이행 위험이 높아진다.

□□□

25

상중하

다음 자료는 A부동산의 1년간 운영수지이다. A부동산의 총투자액은 6억원이며, 투자자는 총투자액의 40%를 은행에서 대출받았다. 이 경우 순소득승수(㉠)와 세전현금흐름승수(㉡)는? (단, 연간 기준이며, 주어진 조건에 한함) 제35회

- 가능총소득(PGI): 7,000만원
- 기타소득: 100만원
- 영업소득세: 500만원
- 용역비: 100만원
- 직원인건비: 200만원
- 공실손실상당액 및 대손충당금: 500만원
- 부채서비스액: 1,500만원
- 수선유지비: 200만원
- 재산세: 100만원

① ㉠: 9.0, ㉡: 8.0
② ㉠: 9.0, ㉡: 9.0
③ ㉠: 9.0, ㉡: 10.0
④ ㉠: 10.0, ㉡: 8.0
⑤ ㉠: 10.0, ㉡: 9.0

톺아보기

- 총투자액 6억원 중에서 40%는 융자금(2.4억원)이며, 60%인 3.6억원은 지분투자액이다.
- 해당 문제의 계산과정에서 영업소득세 자료는 필요하지 않다.

㉠ 순소득승수 $10.0 = \frac{\text{총투자액 6억원}}{\text{순영업소득 6,000만원}}$

㉡ 세전현금수지승수 $8.0 = \frac{\text{지분투자액 3억 6천만원}}{\text{세전현금수지 4,500만원}}$

1. 유효총소득 6,600만원 = 가능총소득 7,000만원 − 공실 및 대손충당금 500만원 + 기타소득 100만원
2. 순영업소득 6,000만원 = 유효총소득 6,600만원 − 영업경비 600만원(수선유지비 + 용역비 + 재산세 + 인건비)
3. 세전현금수지 4,500만원 = 순영업소득 6,000만원 − 부채서비스액 1,500만원

정답 | 24 ① 25 ④

□□□
26
상중하

다음 자료는 A부동산의 1년간 운영수지이다. A부동산의 세후현금흐름승수는? (단, 주어진 조건에 한함) 제34회

- 총투자액: 50,000만원
- 지분투자액: 36,000만원
- 가능총소득(PGI): 6,000만원
- 공실률: 15%
- 재산세: 500만원
- 원리금상환액: 600만원
- 영업소득세: 400만원

① 8 ② 10 ③ 12 ④ 15 ⑤ 20

톺아보기

세후현금수지를 구하는 과정은 다음과 같다.

1. 공실손실상당액 및 대손충당금 900만원 = 가능총소득 6,000만원 × 0.15(15%)
2. 유효총소득 5,100만원 = 가능총소득 6,000만원 – 공실 및 대손충당금 900만원
3. 순영업소득 4,600만원 = 유효총소득 5,100만원 – 영업경비(재산세) 500만원
4. 세전현금수지 4,000만원 = 순영업소득 4,600만원 – 원리금상환액(부채서비스액) 600만원
5. 세후현금수지 3,600만원 = 세전현금수지 4,000만원 – 영업소득세 400만원

$$\therefore \text{세후현금수지승수 } 10 = \frac{\text{지분투자액 3억 6천만원}}{\text{세후현금수지 3,600만원}}$$

□□□
27
상중하

승수법과 수익률법에 관한 설명으로 옳은 것은? 제24회

① 총소득승수(GIM)는 총투자액을 세후현금흐름(ATCF)으로 나눈 값이다.
② 세전현금흐름승수(BTM)는 지분투자액을 세전현금흐름(BTCF)으로 나눈 값이다.
③ 순소득승수(NIM)는 지분투자액을 순영업소득(NOI)으로 나눈 값이다.
④ 세후현금흐름승수(ATM)는 총투자액을 세후현금흐름으로 나눈 값이다.
⑤ 지분투자수익률(ROE)은 순영업소득을 지분투자액으로 나눈 비율이다.

톺아보기

② 세전현금흐름승수(수지) = 지분투자액 ÷ 세전현금흐름(수지)

오답해설

① 총(조)소득승수는 총투자액을 총소득으로 나눈 값이다[총(조)소득승수 = 총투자액 ÷ 총(조)소득].
③ 순소득승수는 총투자액을 순영업소득으로 나눈 값이다(순소득승수 = 총투자액 ÷ 순영업소득).
④ 세후현금흐름승수는 지분투자액을 세후현금흐름으로 나눈 값이다[세후현금흐름승수 = 지분투자액 ÷ 세후현금흐름(수지)].
⑤ 지분투자수익률은 세전현금수지를 지분투자액으로 나눈 비율이다(지분투자수익률 = 세전현금수지 ÷ 지분투자액).

□□□

28 상중하

부동산투자와 관련한 재무비율과 승수를 설명한 것으로 <u>틀린</u> 것은? 제26회

① 동일한 투자안의 경우, 일반적으로 순소득승수가 총소득승수보다 크다.

② 동일한 투자안의 경우, 일반적으로 세전현금수지승수가 세후현금수지승수보다 크다.

③ 부채감당률(DCR)이 '1'보다 작으면, 투자로부터 발생하는 순영업소득이 부채서비스액을 감당할 수 없다고 판단된다.

④ 담보인정비율(LTV)을 통해서 투자자가 재무레버리지를 얼마나 활용하고 있는지를 평가할 수 있다.

⑤ 총부채상환비율(DTI)은 차입자의 상환능력을 평가할 때 사용할 수 있다.

톺아보기

② 총소득승수보다 순소득승수가 더 큰 것처럼 세전현금수지승수보다 세후현금수지승수가 더 큰 편이다. ⇨ 두 가지 수식의 분자 값은 동일하고, 세후현금수지승수의 분모 값이 세전현금수지승수의 분모 값보다 작기 때문에 세전현금수지승수보다 세후현금수지승수(전체)값이 더 크다.

수익률법		역수 관계	승수법	
–			조소득승수	$\frac{\text{총투자액}}{\text{조소득}}$
종합자본환원율 (총투자수익률)	$\frac{\text{순영업소득}}{\text{총투자액}}$	⇔	순소득승수 (자본회수기간)	$\frac{\text{총투자액}}{\text{순영업소득}}$
지분배당률 (지분투자수익률)	$\frac{\text{세전현금수지}}{\text{지분투자액}}$	⇔	세전현금수지승수	$\frac{\text{지분투자액}}{\text{세전현금수지}}$
세후수익률	$\frac{\text{세후현금수지}}{\text{지분투자액}}$	⇔	세후현금수지승수	$\frac{\text{지분투자액}}{\text{세후현금수지}}$

★ ③ 부채감당률(DCR)이 '1'보다 작으면, 투자로부터 발생하는 순영업소득이 부채서비스액(원리금상환액)을 감당하기에 부족하다는 것을 의미한다. ⇨ 원리금 지불능력이 충분하지 못하다.

④ 담보인정비율(LTV) = 대부(대출)비율 = 융자비율 = 저당비율

정답 | 26 ② 27 ② 28 ②

□□□

29

상중하

부동산투자시 (㉠)타인자본을 활용하지 않는 경우와 (㉡)타인자본을 50% 활용하는 경우, 각각의 1년간 자기자본수익률은? (단, 주어진 조건에 한함) 제29회

- 기간 초 부동산가격: 10억원
- 1년간 순영업소득(NOI): 연 3천만원(기간 말 발생)
- 1년간 부동산가격 상승률: 연 2%
- 1년 후 부동산을 처분함
- 대출조건: 이자율 연 4%, 대출기간 1년, 원리금은 만기시 일시상환함

① ㉠: 3%, ㉡: 6%
② ㉠: 3%, ㉡: 8%
③ ㉠: 5%, ㉡: 6%
④ ㉠: 5%, ㉡: 8%
⑤ ㉠: 7%, ㉡: 8%

톺아보기

㉠은 5%이고, ㉡은 6%이다.

취득가격은 10억원이고, 1년간 가격상승률은 2%이므로 10억원 × 0.02(2%) = 2천만원의 부동산평가이익이 증가한다.

㉠ 타인자본을 활용하지 않는 경우

자기자본수익률 5% = $\frac{\text{세전현금수지 5천만원*}}{\text{지분투자액 10억원}}$

* 세전현금수지(5천만원) = 순영업소득(3천만원) + 가치상승분(2천만원)

㉡ 타인자본을 50% 활용하는 경우

- 총투자액 10억원 중 타인자본이 50%이면 지분투자액은 5억원이다.
- 자기자본수익률 6%

$= \frac{\text{순영업소득} - \text{부채서비스액**} + \text{가치상승분}}{\text{지분투자액}}$

$= \frac{\text{3천만원} - \text{2천만원} + \text{2천만원}}{\text{5억원}}$

** 부채서비스액(2천만원) = 5억원 × 0.04

□□□

30 부동산투자에서 (㉠) 타인자본을 40% 활용하는 경우와 (㉡) 타인자본을 활용하지 않는 경우, 각각의 1년간 자기자본수익률(%)은? (단, 주어진 조건에 한함)

상 중 하

제33회

- 부동산매입가격: 20,000만원
- 1년 후 부동산 처분
- 순영업소득(NOI): 연 700만원(기간 말 발생)
- 보유기간 동안 부동산가격 상승률: 연 3%
- 대출조건: 이자율 연 5%, 대출기간 1년, 원리금은 만기일시상환

① ㉠: 7.0, ㉡: 6.0
② ㉠: 7.0, ㉡: 6.5
③ ㉠: 7.5, ㉡: 6.0
④ ㉠: 7.5, ㉡: 6.5
⑤ ㉠: 7.5, ㉡: 7.0

톺아보기

부동산가격 상승분까지 반영하여 자기자본수익률을 구하는 문제이다.

$$\text{자기자본수익률} = \frac{[\text{세전현금수지}(= \text{순영업소득} - \text{부채서비스액})] + \text{가격상승분}}{\text{지분투자액(자기자본)}}$$

1. 부동산매입가격 = 총투자액 = 2억원
2. 부동산가격 상승분 600만원 = 부동산(매입)가격 2억원 × 부동산가격 상승률 연 3%(0.03)
3. 위 1.~2.를 적용하여 풀면 다음과 같다.
   ㉠ 타인자본을 40% 활용하는 경우, 자기자본은 60%이다.
   - 매입가격(총투자액) 2억원 중에서 타인자본 8천만원(= 2억원 × 0.4), 자기자본 1.2억원(= 2억원 × 0.6)이다.
   - 해당 문제에서 융자조건이 대출원금은 대출만기에 일시상환하므로, 부채서비스액은 이자만 반영하여 계산한다.
   - 부채서비스액 400만원 = 타인자본(융자금) 8천만원 × 이자율 연 5%(0.05)

   $$\Rightarrow 7.5\% = \frac{900\text{만원}(= 700\text{만원} - 400\text{만원} + 600\text{만원})}{\text{지분투자액(자기자본 1.2억원)}}$$

   ㉡ 타인자본을 활용하지 않는 경우 = 전액 자기자본으로 투자하는 경우

   $$\Rightarrow 6.5\% = \frac{1{,}300\text{만원}(= 700\text{만원} + 600\text{만원})}{\text{지분투자액(자기자본) 2억원}}$$

∴ ㉠은 7.5, ㉡은 6.5이다.

정답 | 29 ③ 30 ④

□□□

31

상중하

수익형 부동산의 간접투자에서 자기자본수익률을 상승시키는 전략으로 틀린 것은? (단, 세후기준이며, 다른 조건은 동일함) 제31회

① 임대관리를 통한 공실률 최소화

② 자본이득(capital gain) 증대를 위한 자산가치 극대화

③ 세금이 감면되는 도관체(conduit)를 활용한 절세효과 도모

④ 효율적 시설관리를 통한 운영경비 절감

⑤ 저당수익률이 총자본수익률보다 클 때, 부채비율을 높이는 자본구조 조정

톺아보기

⑤ 저당수익률(차입이자율)이 총자본수익률(총투자수익률)보다 클 때는 부(－)의 지렛대효과를 말하는 것이므로, 부채비율을 높이게 되면 자기자본수익률이 더욱 하락하는 결과가 된다. 반면, 부채비율을 낮추게 되면 자기자본수익률이 이전보다 상승할 수 있다. 즉, 부채비율을 낮추는 자본의 구조조정은 자기자본수익률을 상승시키는 전략이 될 수 있다. 다만, 부(－)의 지렛대효과가 정(＋)의 지렛대효과로 전환되지는 않는다.

③ 세금이 감면되는 도관체(conduit)를 활용한 절세효과 도모 ⇨ 위탁관리 부동산투자회사 등 명목회사(paper company)가 발행하는 주식에 투자하면 (간접)투자자는 부동산의 취득세, 보유세, 양도세 등을 절감하는 효과가 있다. 부동산투자에 수반되는 세금은 위탁관리 부동산투자회사 등 명목회사가 부담하게 된다. 여기서 명목회사가 주식투자자(주주)의 세금부담을 덜어주는 도관체 역할을 하는 개념이다.

□□□

32

상 중 하

甲은 시장가치 5억원의 부동산을 인수하고자 한다. 해당 부동산의 부채감당률(DCR)은? (단, 모든 현금 유출입은 연말에만 발생하며, 주어진 조건에 한함)

제34회

- 담보인정비율(LTV): 시장가치의 50%
- 연간 저당상수: 0.12
- 가능총소득(PGI): 5,000만원
- 공실손실상당액 및 대손충당금: 가능총소득의 10%
- 영업경비비율: 유효총소득의 28%

① 1.08 ② 1.20
③ 1.50 ④ 1.67
⑤ 1.80

톺아보기

$$\text{부채감당률} = \frac{\text{순영업소득}}{\text{부채서비스액(원리금)(= 융자금} \times \text{저당상수)}}$$

1. 순영업소득을 구하는 과정
   - 공실손실상당액 및 대손충당금 500만원 = 가능총소득 5,000만원 × 0.1(10%)
   - 유효총소득 4,500만원 = 가능총소득 5,000만원 − 공실손실상당액 및 대손충당금 500만원
   - 영업경비 1,260만원 = 유효총소득 4,500만원 × 0.28(28%)
   - 순영업소득 3,240만원 = 유효총소득 4,500만원 − 영업경비 1,260만원
2. 부채서비스액(원리금)을 구하는 과정
   - 융자금 2.5억원 = 시장가치 5억원 × 담보인정비율 50%(0.5)
   - 부채서비스액(원리금) 3,000만원 = 융자금 2.5억원 × 저당상수 0.12

$$\therefore \text{부채감당률 } 1.08 = \frac{\text{순영업소득 } 3{,}240\text{만원}}{\text{부채서비스액(원리금) } 3{,}000\text{만원}}$$

정답 | 31 ⑤ 32 ①

□□□

33 상중하

시장가격이 5억원이고 순영업소득이 연 1억원인 상가를 보유하고 있는 A가 추가적으로 받을 수 있는 최대대출가능금액은? (단, 주어진 조건에 한함) 제27회

> • 연간 저당상수: 0.2
> • 대출승인조건(모두 충족하여야 함)
>   – 담보인정비율(LTV): 시장가격기준 60% 이하
>   – 부채감당률(DCR): 2 이상
> • 상가의 기존저당대출금: 1억원

① 1억원
② 1억 5천만원
③ 2억원
④ 2억 5천만원
⑤ 3억원

톺아보기

• LTV 60% = $\frac{\text{융자금(a)}}{\text{부동산가격 5억원}}$

⇨ 융자금(a) = 부동산가격 5억원 × LTV 60%(0.6) = 3억원
담보인정비율(LTV)을 적용한 융자금은 3억원을 넘을 수 없다.

• 부채감당률 2 = $\frac{\text{순영업소득 1억원}}{\text{부채서비스액(원리금)[= 융자금(b) × 저당상수 0.2]}}$

⇨ 1. 부채감당률(2) 수식에서 부채서비스액(원리금)을 계산하면,
부채서비스액(원리금)은 $\left(\frac{\text{순영업소득 1억원}}{\text{부채감당률 2}}\right)$ = 5천만원이다.

2. 부채감당률 수식에서 분모 값인 매기의 부채서비스액(원리금) 5천만원은 융자금(b)에 저당상수를 곱하여[= 융자금(b) × 저당상수(0.2)] 계산한다.

따라서 융자금(b)은 2억 5천만원$\left[= \frac{\text{부채서비스액(원리금) 5천만원}}{\text{저당상수 0.2}}\right]$이다.

∴ 담보인정비율(LTV)과 부채감당률(DCR) 두 가지 조건을 모두 충족하는(적은 한도 기준인) 최대대출가능금액은 2억 5천만원이지만, 여기에서 상가의 기존저당대출금 1억원을 공제하면 추가로 최대대출가능금액은 1억 5천만원이다(융자가능액 1억 5천만원 = 최대대출가능금액 2억 5천만원 − 기존저당대출금 1억원).

□□□

34

상 중 하

다음의 자료를 통하여 산정한 값으로 틀린 것은? (단, 주어진 조건에 한함) 제26회

> • 총투자액: 10억원
> • 지분투자액: 6억원
> • 세전현금수지: 6,000만원/년
> • 부채서비스액: 4,000만원/년
> • (유효)총소득승수: 5

① (유효)총소득: 2억원/년
② 순소득승수: 10
③ 세전현금수지승수: 10
④ (종합)자본환원율: 8%
⑤ 부채감당률: 2.5

톺아보기

④ 종합자본환원율과 순소득승수가 역수관계라는 사실만 인지하여도 해결이 가능하다.

⇨ 종합자본환원율 10% = $\frac{\text{순영업소득 1억원}}{\text{총투자액 10억원*}}$

* 총투자액(10억원) = 지분투자액 6억원 + 융자금(부채) 4억원

① 총소득승수 5 = $\frac{\text{총투자액 10억원}}{\text{유효총소득(a)}}$, 따라서 유효총소득(a) = $\frac{\text{총투자액 10억원}}{\text{총소득승수 5}}$ = 2억원이다.

② 순소득승수 10 = $\frac{\text{총투자액 10억원}}{\text{순영업소득 1억원**}}$

** 순영업소득(x) − 부채서비스액 4,000만원 = 세전현금수지 6,000만원
따라서 순영업소득(x)은 1억원이다.

③ 세전현금수지승수 10 = $\frac{\text{지분투자액 6억원}}{\text{세전현금수지 6,000만원}}$

⑤ 부채감당률 2.5 = $\frac{\text{순영업소득 1억원}}{\text{부채서비스액 4,000만원}}$

정답 | 33 ② 34 ④

□□□

35 상**중**하

다음의 임대주택의 1년간 운영실적자료이다. 가능총소득에 대한 영업경비비율은? (단, 주어진 조건에 한함) 제27회

- 호당 임대료: 연 5백만원
- 임대가능호수: 60호
- 공실률: 10%
- 순영업소득: 연 2억 1천만원

① 2.38%

② 10%

③ 20%

④ 22.22%

⑤ 30%

톺아보기

- 가능총소득 = 단위당 예상임대료(5백만원) × 임대단위 수(60호) = 3억원
- 공실률이 10%이므로 이에 해당하는 금액은 3천만원[= 가능총소득(3억원) × 10%]이다.
- 유효총소득 = 가능총소득(3억원) - 공실 및 대손충당금(3천만원) = 2억 7천만원
- 순영업소득(2억 1천만원) = 유효총소득(2억 7천만원) - 영업경비 ⇨ 영업경비 = 6천만원(x)

가능조소득	3억원
- 공실 및 대손충당금	3천만원
유효조소득	2억 7천만원
- 영업경비	6천만원(x)
순영업소득	2억 1천만원

∴ 영업경비비율 20% = $\frac{\text{영업경비 6천만원}}{\text{가능총소득 3억원}}$

□□□

36 상중하

甲은 아래 조건으로 부동산에 10억원을 투자하였다. 이에 관한 투자분석의 산출 값으로 틀린 것은?(단, 주어진 조건에 한함) 제34회

- 순영업소득(NOI): 2억원/년
- 원리금상환액: 2,000만원/년
- 유효총소득승수: 4
- 지분투자액: 8억원

① 유효총소득은 2억 5천만원

② 부채비율은 25%

③ 지분환원율은 25%

④ 순소득승수는 5

⑤ 종합환원율은 20%

톺아보기

③ • 총투자액 10억원 = 지분투자액 8억원 + 융자금(저당투자액 · 부채) 2억원

• 지분환원(배당)율 = 지분투자수익률 = 자기자본(세전)수익률

• 지분환원율 22.5% = $\frac{\text{세전현금수지 1.8억원(= 순영업소득 2억원 − 부채서비스액 2,000만원)}}{\text{지분투자액 8억원}}$

① 유효총소득승수 4 = $\frac{\text{총투자액 10억원}}{\text{유효총소득(a)}}$ ⇨ 유효총소득(a) = 총투자액 10억원 ÷ 4 = 2.5억원

② 부채비율 25% = $\frac{\text{타인자본(부채) 2억원}}{\text{자기자본(지분) 8억원}}$

④ 순소득승수 5 = $\frac{\text{총투자액 10억원}}{\text{순영업소득 2억원}}$

⑤ 종합환원율 20% = $\frac{\text{순영업소득 2억원}}{\text{총투자액 10억원}}$

정답 | 35 ③ 36 ③

□□□

37 상중하

비율분석법을 이용하여 산출한 것으로 틀린 것은? (단, 주어진 조건에 한하며 연간 기준임) 제30회

- 주택담보대출액: 1억원
- 주택담보대출의 연간 원리금상환액: 500만원
- 부동산가치: 2억원
- 차입자의 연소득: 1,250만원
- 가능총소득: 2,000만원
- 공실손실상당액 및 대손충당금: 가능총소득의 25%
- 영업경비: 가능총소득의 50%

① 담보인정비율(LTV) = 0.5
② 부채감당률(DCR) = 1.0
③ 총부채상환비율(DTI) = 0.4
④ 채무불이행률(DR) = 1.0
⑤ 영업경비비율(OER, 유효총소득기준) = 0.8

톺아보기

⑤ 영업경비비율(OER, 유효총소득기준) = $\frac{\text{영업경비 1,000만원}}{\text{유효총소득 1,500만원*}}$ ≒ 0.66

* 유효총소득(1,500만원) = 가능총소득(2,000만원) − 공실 및 대손충당금(2,000만원 × 0.25)

① 담보인정비율(LTV) 0.5 = $\frac{\text{융자금 1억원}}{\text{부동산가치 2억원}}$

② 부채감당률(DCR) = $\frac{\text{순영업소득 500만원**}}{\text{부채서비스액(원리금) 500만원}}$ = 1.0

** 순영업소득(500만원) = 유효총소득(1,500만원) − 영업경비(2,000만원 × 0.5)

③ 총부채상환비율(DTI) = $\frac{\text{원리금 500만원}}{\text{연소득 1,250만원}}$ = 0.4

④ 채무불이행률(DR) = $\frac{\text{영업경비 1,000만원 + 부채서비스액(원리금) 500만원}}{\text{유효총소득 1,500만원}}$ = 1.0

□□□

38 상 중 하

다음 자료를 활용하여 산정한 순소득승수, 채무불이행률, 세후현금흐름승수를 순서대로 나열한 것은? (단, 주어진 조건에 한함) 제29회

- 총투자액: 15억원
- 지분투자액: 4억원
- 유효총소득승수: 6
- 영업경비비율(유효총소득 기준): 40%
- 부채서비스액: 6천만원/년
- 영업소득세: 1천만원/년

① 10, 64%, 5
② 10, 64%, 5.5
③ 10, 65%, 5.5
④ 11, 65%, 6
⑤ 11, 66%, 6

톺아보기

	유효총소득(a)	2억 5천만원*
−	영업경비	1억원**
	순영업소득	1억 5천만원
−	부채서비스액	6천만원
	세전현금수지	9천만원
−	영업소득세	1천만원
	세후현금수지	8천만원

* 유효총소득승수 $6 = \frac{\text{총투자액 15억원}}{\text{유효총소득(a)}}$ $\left[\Rightarrow \text{유효총소득(a)} = \frac{\text{총투자액 15억원}}{\text{유효총소득승수 6}} = \text{2억 5천만원} \right]$

따라서 유효총소득(a)은 2억 5천만원이다.

** 영업경비 = 유효총소득(a) × 영업경비비율 = 2억 5천만원 × 0.4 = 1억원

- 순소득승수 $= \frac{\text{총투자액(15억원)}}{\text{순영업소득(1억 5천만원)}} = 10$
- 채무불이행률 $= \frac{\text{영업경비(1억원) + 부채서비스액(6천만원)}}{\text{유효총소득(2억 5천만원)}} = 64\%$
- 세후현금흐름승수 $= \frac{\text{지분투자액(4억원)}}{\text{세후현금수지(8천만원)}} = 5$

정답 | 37 ⑤ 38 ①

제2장 / 부동산투자이론

기본서 p.260~279

□□□

39

상**중**하

부동산투자의 기대수익률과 위험에 관한 설명으로 옳은 것은? (단, 위험회피형 투자자라고 가정함) 제26회

① 부동산투자안이 채택되기 위해서는 요구수익률이 기대수익률보다 커야 한다.

② 평균-분산 지배원리에 따르면, A투자안과 B투자안의 기대수익률이 같은 경우 A투자안보다 B투자안의 기대수익률의 표준편차가 더 크다면 A투자안이 선호된다.

③ 투자자가 위험을 회피할수록 위험(표준편차, X축)과 기대수익률(Y축)의 관계를 나타낸 투자자의 무차별곡선의 기울기는 완만해진다.

④ 투자의 위험(표준편차)과 기대수익률은 부(-)의 상관관계를 가진다.

⑤ 무위험(수익)률의 상승은 투자자의 요구수익률을 하락시키는 요인이다.

톺아보기

② 합리적인 위험회피형 투자자는 두 투자안의 기대수익률(평균값)이 동일할 경우 표준편차(위험)가 작은 투자안을 선택한다.

오답해설

① 투자안이 채택되기 위해서는 기대수익률이 요구수익률보다 커야 한다.

③ 위험회피형 투자자라도 보수적 투자자일수록(위험을 회피하려 할수록 더 많은 보상을 요구하기 때문에) 무차별곡선의 기울기는 급해지고, 공격적 투자자일수록 무차별곡선의 기울기는 완만해진다.

④ 위험과 기대수익률은 비례(상쇄)관계를 가진다. 투자안의 위험이 클수록 기대수익률 또한 커진다. 즉, 높은 수익을 얻기 위해서는 그만큼 더 많은 위험을 감수하여야 한다는 것이다.

⑤ 무위험(수익)률의 상승은 투자자의 요구수익률을 상승시키는 요인이다.

더 알아보기

요구수익률 = 무위험률 ± 위험할증률 + 예상 인플레이션율

□□□

40

상중하

다음은 시장전망에 따른 자산의 투자수익률을 합리적으로 예상한 결과이다. 이에 관한 설명으로 <u>틀린</u> 것은? (단, 주어진 조건에 한함) 제35회

시장전망	발생확률	예상수익률			
		자산 A	자산 B	자산 C	자산 D
낙관적	25%	6%	10%	9%	14%
정상적	50%	4%	4%	8%	8%
비관적	25%	2%	-2%	7%	2%
평균(기댓값)		4.0%	4.0%	8.0%	8.0%
표준편차		1.41%	4.24%	0.71%	4.24%

① 자산 A와 자산 B는 동일한 기대수익률을 가진다.
② 낙관적 시장전망에서는 자산 D의 수익률이 가장 높다.
③ 자산 C와 자산 D는 동일한 투자위험을 가진다.
④ 평균-분산 지배원리에 따르면 자산 C는 자산 A보다 선호된다.
⑤ 자산 A, B, C, D로 구성한 포트폴리오의 수익과 위험은 각 자산의 투자비중에 따라 달라진다.

톺아보기

③ 자산 C와 자산 D는 다른 투자위험을 가진다.
자산 C의 위험(표준편차): 0.71%, 자산 D의 위험(표준편차): 4.24%
① 자산 A와 자산 B는 동일한 기대수익률을 가진다. ⇨ 평균(기댓값) 각각 4.0%
② 낙관적 시장전망에서는 자산 D의 수익률이 가장 높다. ⇨ 기대(예상)수익률 14%
④ 평균-분산 지배원리에 따르면 자산 C는 자산 A보다 선호된다. ⇨ 자산 C는 자산 A보다 기대수익률(평균)은 높고, 위험(표준편차)은 더 작기 때문에 합리적 투자자는 A와 C중에서 C를 선택(선호)한다.
⑤ 포트폴리오의 수익(기대수익률)은 각 자산의 기대수익률과 투자비중(투자금액의 가중치)에 따라 달라진다. 단, 포트폴리오의 위험(표준편차)은 단순하게 각 투자안의 분산(위험)을 가중평균하여 구해지지 않는다. 포트폴리오의 위험(표준편차)은 각 자산의 위험을 가중평균한 것과 같거나 작다. ⇨ 포트폴리오를 구성할 때 분산투자효과가 더 커지므로, 포트폴리오 위험(표준편차)은 단순하게 각 자산의 투자비중에만 달라지는 것은 아니다. 포트폴리오를 구성하는 자산간 상관계수에 따라서도 포트폴리오 위험(표준편차)는 달라진다.

정답 | 39 ② 40 ③

□□□

41 부동산투자의 수익과 위험에 관한 설명으로 <u>틀린</u> 것은? (단, 다른 조건은 동일함)

제29회

상중하

① 기대수익률이 요구수익률보다 클 경우 투자안이 채택된다.

② 개별부동산의 특성으로 인한 비체계적 위험은 포트폴리오의 구성을 통해 감소될 수 있다.

③ 무위험률의 하락은 투자자의 요구수익률을 상승시키는 요인이다.

④ 투자자가 대상부동산을 원하는 시기에 현금화하지 못할 가능성은 유동성위험에 해당한다.

⑤ 평균-분산 지배원리로 투자 선택을 할 수 없을 때 변동계수(변이계수)를 활용하여 투자안의 우위를 판단할 수 있다.

톺아보기

③ 무위험률(이자율)의 하락은 투자자의 요구수익률을 하락시키는 요인이고, 무위험률(이자율)의 상승은 투자자의 요구수익률을 상승시키는 요인이다.

② 개별부동산의 특성으로 인한 비체계적 위험은 포트폴리오의 구성을(분산투자를) 통해 감소될 수 있다.

★ ④ 투자자가 대상부동산을 원하는 시기에 현금화하지 못할 가능성은 유동성위험에 해당한다.

⑤ 효율적 포트폴리오(투자대안)는 상호 지배관계에 있지 않으므로(어떤 투자안이 좋다거나 나쁘다고 할 수 없으므로), 기대수익률과 위험이 서로 다른 투자대안의 상대적 위험은 변동(변이)계수를 통해 판단할 수 있다.

$$\text{변동(변이)계수} = \frac{\text{표준편차(위험)}}{\text{평균(기대수익률)}}$$

□□□

42 부동산 투자수익률에 관한 설명으로 옳은 것은? (단, 위험회피형 투자자를 가정함)

상중하

제32회

① 기대수익률이 요구수익률보다 높을 경우 투자자는 투자가치가 있는 것으로 판단한다.

② 기대수익률은 투자에 대한 위험이 주어졌을 때, 투자자가 투자부동산에 대하여 자금을 투자하기 위해 충족되어야 할 최소한의 수익률을 말한다.

③ 요구수익률은 투자가 이루어진 후 현실적으로 달성된 수익률을 말한다.

④ 요구수익률은 투자에 수반되는 위험이 클수록 작아진다.

⑤ 실현수익률은 다른 투자의 기회를 포기한다는 점에서 기회비용이라고도 한다.

톺아보기

오답해설

★ ② 요구수익률은 투자에 대한 위험이 주어졌을 때, 투자자가 투자부동산에 대하여 자금을 투자하기 위해 충족되어야 할 최소한의 수익률을 말한다.

③ 실현수익률은 투자가 이루어진 후 현실적으로 달성된 수익률을 말한다.

④ 요구수익률은 투자에 수반되는 위험이 클수록 커진다.

⑤ 요구수익률은 다른 투자의 기회를 포기한다는 점에서 기회비용이라고도 한다.

정답 | 41 ③ 42 ①

□□□

43

상**중**하

부동산투자의 위험분석에 관한 설명으로 틀린 것은? (단, 위험회피형 투자자라고 가정함)

제28회

① 부동산투자에서 일반적으로 위험과 수익은 비례관계에 있다.

② 평균분산결정법은 기대수익률의 평균과 분산을 이용하여 투자대안을 선택하는 방법이다.

③ 보수적 예측방법은 투자수익의 추계치를 하향조정함으로써, 미래에 발생할 수 있는 위험을 상당수 제거할 수 있다는 가정에 근거를 두고 있다.

④ 위험조정할인율을 적용하는 방법으로 장래 기대되는 소득을 현재가치로 환산하는 경우, 위험한 투자일수록 낮은 할인율을 적용한다.

⑤ 민감도분석은 투자효과를 분석하는 모형의 투입요소가 변화함에 따라, 그 결과치에 어떠한 영향을 주는가를 분석하는 기법이다.

톺아보기

④ 위험조정할인율(= 요구수익률)을 적용하는 방법으로 장래 기대되는 소득을 현재가치로 환산하는 경우, 위험한 투자일수록(위험이 큰 투자안일수록) 높은 할인율을 적용한다. 즉, 위험이 큰 투자안일수록 할인율을 상향조정하여 위험을 관리한다.

⑤ 민감도(감응도)분석은 투자효과를 분석하는 모형의 투입요소가 변화함에 따라, 그 결과치에 어떠한 영향을 주는가를 분석하는 기법이다.

□□□

44

상**중**하

다음과 같은 투자안에서 부동산의 투자가치는? (단, 연간 기준이며, 주어진 조건에 한함)

제34회

- 무위험률: 3%
- 위험할증률: 4%
- 예상인플레이션율: 2%
- 예상순수익: 4,500만원

① 4억원 ② 4억 5천만원 ③ 5억원

④ 5억 5천만원 ⑤ 6억원

톺아보기

- 부동산에서 매년 일정한 순수익이 영구적으로 발생한다는 조건하에서 투자가치를 구하는 문제이다. 현재가치(PV)를 구하는 방법처럼(요령으로) 계산하면 된다.
- 요구수익률은 대상부동산의 투자가치를 계산할 때 할인율로 사용된다.
- 요구수익률(할인율) 9% = 무위험률 3% + 위험할증률 4% + 예상인플레이션율 2%

$$\therefore \text{ 부동산의 투자가치 5억원} = \frac{\text{장래 순수익(순영업소득) 4,500만원}}{\text{요구수익률 0.09(9\%)}}$$

□□□

45 부동산투자의 위험과 수익에 관한 설명으로 <u>틀린</u> 것은? 제25회

상 중 **하**

① 부동산은 인플레이션 상황에서 화폐가치 하락에 대한 방어수단으로 이용될 수 있다.

② 체계적 위험은 지역별 또는 용도별로 다양하게 포트폴리오를 구성하면 피할 수 있다.

③ 위험조정할인율은 장래 기대되는 수익을 현재가치로 환원할 때 위험에 따라 조정된 할인율이다.

④ 투자자의 요구수익률은 체계적 위험이 증대됨에 따라 상승한다.

⑤ 효율적 프론티어(Efficient Frontier)는 동일한 위험에서 최고의 수익률을 나타내는 투자대안을 연결한 선이다.

톺아보기

② 비체계적 위험은 지역별 또는 용도별로 다양하게 포트폴리오를 구성하면 피할 수 있다.
① 토지의 영속성이라는 특성과 부동산은 실물자산이므로 인플레이션 방어(hedge)수단으로 이용될 수 있다.
④ 투자자의 요구수익률은 체계적 위험이 증대됨에 따라 상승한다.
⑤ 효율적 프론티어(Efficient Frontier)는 동일한 위험에서 최고의 수익률을 나타내는 투자대안을 연결한 선이다. ⇨ 효율적 프론티어(Efficient Frontier)[= 효율적 전선(투자선)]는 효율적 투자대안의 묶음(효율적 포트폴리오 집합)을 연결한 선으로, 우상향 형태로 나타난다.

더 알아보기

- 체계적 위험은 시장의 구조적이고 거시적인 위험이므로 분산투자로 회피할 수 없는 위험이다.
- 위험조정할인율 = 요구수익률

정답 | 43 ④ 44 ③ 45 ②

□□□

46

상 **중** 하

부동산투자의 위험에 관한 설명으로 옳은 것을 모두 고른 것은? (단, 위험회피형 투자자라고 가정함) 제27회

> ㉠ 경기침체로 인하여 부동산의 수익성이 악화되면서 야기되는 위험은 사업위험에 해당한다.
> ㉡ 차입자에게 고정금리대출을 실행하면 대출자의 인플레이션위험은 낮아진다.
> ㉢ 효율적 프론티어(efficient frontier)에서는 추가적인 위험을 감수하지 않으면 수익률을 증가시킬 수 없다.
> ㉣ 개별부동산의 특성으로 인한 체계적인 위험은 포트폴리오를 통하여 제거할 수 있다.

① ㉠, ㉢　　② ㉡, ㉢　　③ ㉡, ㉣
④ ㉠, ㉡, ㉣　　⑤ ㉡, ㉢, ㉣

톺아보기

옳은 것은 ㉠㉢이다.

㉠ 사업위험은 시장위험, 운영위험, 위치적 위험이며 해당 지문은 시장위험에 대한 정의로, 사업위험에 해당한다.
㉡ 차입자에게 고정금리대출을 실행하면 실제인플레이션만큼을 추가로 대출이자율에 반영하지 못하기 때문에 대출자(대출기관)의 인플레이션위험은 높아진다.
㉢ 효율적 프론티어(efficient frontier)는 우상향 형태로 나타난다. ⇨ 위험-수익의 상쇄관계를 의미한다.
㉣ 개별부동산의 특성으로 인한 비체계적인 위험은 포트폴리오를 통하여 제거할 수 있다. 반면, 체계적 위험은 모든 투자대안에 공통적으로 영향을 미치는 위험이므로, 포트폴리오를 통하여 제거할 수 없다.

□□□

47

상 중 **하**

부동산투자의 위험과 관련하여 (　　)에 들어갈 용어로 옳은 것은? 제29회

> 투자재원의 일부인 부채가 증가함에 따라 원금과 이자에 대한 채무불이행의 가능성이 높아지며, 금리 상승기에 추가적인 비용부담이 발생하는 경우는 (　　)에 해당한다.

① 기술위험　　② 입지위험　　③ 시장위험
④ 법적 위험　　⑤ 금융위험

톺아보기

⑤ 금융(재무)위험: 타인자본을 조달하여 투자자의 채무불이행가능성이 높아지는 위험을 말한다.

오답해설

② 입지(위치적) 위험: 입지선정의 실패, 상대적 위치의 변화로 발생하는 가치손실 가능성을 말한다.
③ 시장위험: 시장의 불확실성으로 인해 발생하는 포괄적 개념으로, 투자부동산이 매매 · 임대되지 않을 가능성, 공실이 발생할 위험 등을 말한다.
④ 법적 위험: 정부의 규제, 제도, 정책에 따른 위험, 소유권 등의 하자 위험 등을 말한다.

□□□
48
상 중 **하**

포트폴리오이론에 관한 설명으로 틀린 것은? 제30회

① 분산투자효과는 포트폴리오를 구성하는 투자자산 종목의 수를 늘릴수록 체계적 위험이 감소되어 포트폴리오 전체의 위험이 감소되는 것이다.
② 포트폴리오전략에서 구성자산간에 수익률이 반대방향으로 움직일 경우 위험 감소의 효과가 크다.
③ 효율적 프론티어(효율적 전선)이란 평균-분산 지배원리에 의해 모든 위험수준에서 최대의 기대수익률을 얻을 수 있는 포트폴리오의 집합을 말한다.
④ 효율적 프론티어(효율적 전선)의 우상향에 대한 의미는 투자자가 높은 수익률을 얻기 위해 많은 위험을 감수하는 것이다.
⑤ 포트폴리오이론은 투자시 여러 종목에 분산투자함으로써 위험을 분산시켜 안정된 수익을 얻으려는 자산투자이론이다.

제5편 부동산투자론

5편

톺아보기

① 분산투자효과는 포트폴리오를 구성하는 투자자산 종목의 수를 늘릴수록 비체계적 위험이 감소되어 포트폴리오위험이 감소되는 것이다.
② 포트폴리오전략에서 구성자산간에 수익률이 반대방향으로 움직일 경우 위험 감소의 효과가 크다. 두 자산간 상관계수가 양(+)의 값을 형성할 때보다 음(-)의 값을 형성할 때 비체계적 위험의 감소효과가 크다.
★ ③ 효율적 프론티어(효율적 전선)이란 평균-분산 지배원리에 의해 모든 위험수준에서 최대의 기대수익률을 얻을 수 있는 포트폴리오의 집합을 말한다.
④ 효율적 프론티어(효율적 전선)의 우상향에 대한 의미는 투자자가 높은 수익률을 얻기 위해 많은 위험을 감수하는 것이다. 곧, 위험-수익의 상쇄관계를 의미한다.

더 알아보기

체계적 위험은 분산투자로 감소되지 않는다.

정답 | 46 ① 47 ⑤ 48 ①

□□□

49 상중하

상가 경제상황별 예측된 확률이 다음과 같을 때, 상가의 기대수익률이 8%라고 한다. 정상적 경제상황의 경우 (　　)에 들어갈 예상수익률은? (단, 주어진 조건에 한함)

제30회

상가의 경제상황		경제상황별 예상수익률(%)	상가의 기대수익률(%)
상황별	확률(%)		
비관적	20	4	8
정상적	40	(　　)	
낙관적	40	10	

① 4　② 6　③ 8　④ 10　⑤ 12

톺아보기

• 상가의 기대수익률 8% = (0.2 × 4%) + (0.4 × x%) + (0.4 × 10%)
= 0.8% + a% + 4%
⇨ a% = 3.2%

• a는 0.4 × x%이므로, x로 정리하여 구한다.

∴ 정상적인 상황의 예상수익률(x%) = 3.2%(= 0.032) ÷ 0.4 = 8%(= 0.08)

더 알아보기

투자안의 기대수익률은 각 경제상황이 발생할 확률에 경제상황별 예상(추정)수익률을 곱한 다음, 이의 합을 구하여(가중평균하여) 계산한다.

□□□

50 상중하

자산비중 및 경제상황별 예상수익률이 다음과 같을 때, 전체 구성자산의 기대수익률은? (단, 확률은 호황 40%, 불황 60%임)

제25회

구분	자산비중	경제상황별 예상 수익률	
		호황	불황
상가	20%	20%	10%
오피스텔	30%	25%	10%
아파트	50%	10%	8%

① 11.5%　② 12.0%　③ 12.5%　④ 13.0%　⑤ 13.5%

톺아보기

포트폴리오의 기대수익률은 개별자산(투자안)의 기대수익률을 먼저 구하고, 투자금액의 가중치를 부여하여 전체 포트폴리오의 기대수익률을 구한다.

- 상가 = (0.4 × 20%) + (0.6 × 10%) = 14%
- 오피스텔 = (0.4 × 25%) + (0.6 × 10%) = 16%
- 아파트 = (0.4 × 10%) + (0.6 × 8%) = 8.8%

∴ 포트폴리오의 기대수익률 = (0.2 × 14%) + (0.3 × 16%) + (0.5 × 8.8%) = 12%

□□□

51

상**중**하

포트폴리오이론에 관한 설명으로 틀린 것은? (단, 다른 조건은 동일함) 제33회

① 개별자산의 기대수익률간 상관계수가 "0"인 두 개의 자산으로 포트폴리오를 구성할 때 포트폴리오의 위험감소효과가 최대로 나타난다.

② 포트폴리오의 기대수익률은 개별자산의 기대수익률을 가중평균하여 구한다.

③ 동일한 자산들로 포트폴리오를 구성하여도 개별자산의 투자비중에 따라 포트폴리오의 기대수익률과 분산은 다를 수 있다.

④ 무차별곡선은 투자자에게 동일한 효용을 주는 수익과 위험의 조합을 나타낸 곡선이다.

⑤ 최적 포트폴리오의 선정은 투자자의 위험에 대한 태도에 따라 달라질 수 있다.

톺아보기

① • 개별자산의 기대수익률간 상관계수가 "0"(두 자산간 수익률의 움직임이 아무런 관련이 없는 경우)인 두 개의 자산으로 포트폴리오를 구성할 때에도 포트폴리오의 위험감소효과가 발생한다.
 • 개별자산의 기대수익률간 상관계수가 "−1"인 경우[완전 負(−)의 상관관계]에 분산투자효과가 극대화된다.

④ 무차별(효용)곡선은 특정 투자자에게 동일한 효용을 (제공해)주는 (기대)수익과 위험(분산)의 조합을 나타낸 곡선이다. ⇨ 위험회피형 투자자의 위험에 대한 태도를 나타낸 것으로, 우상향 형태이다.

★ ⑤ 최적 포트폴리오의 선정은 투자자의 위험에 대한 태도에 따라 달라질 수 있다.

정답 | 49 ③ 50 ② 51 ①

3개년 출제비중분석

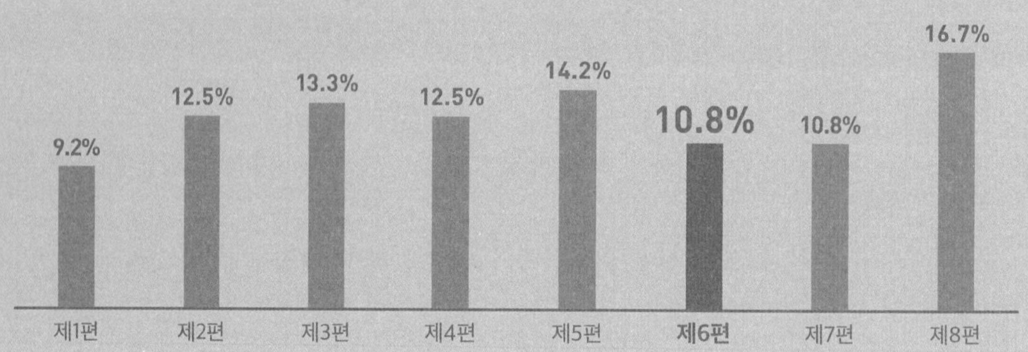
9.2%
12.5%
13.3%
12.5%
14.2%
10.8%
10.8%
16.7%
제1편
제2편
제3편
제4편
제5편
제6편
제7편
제8편

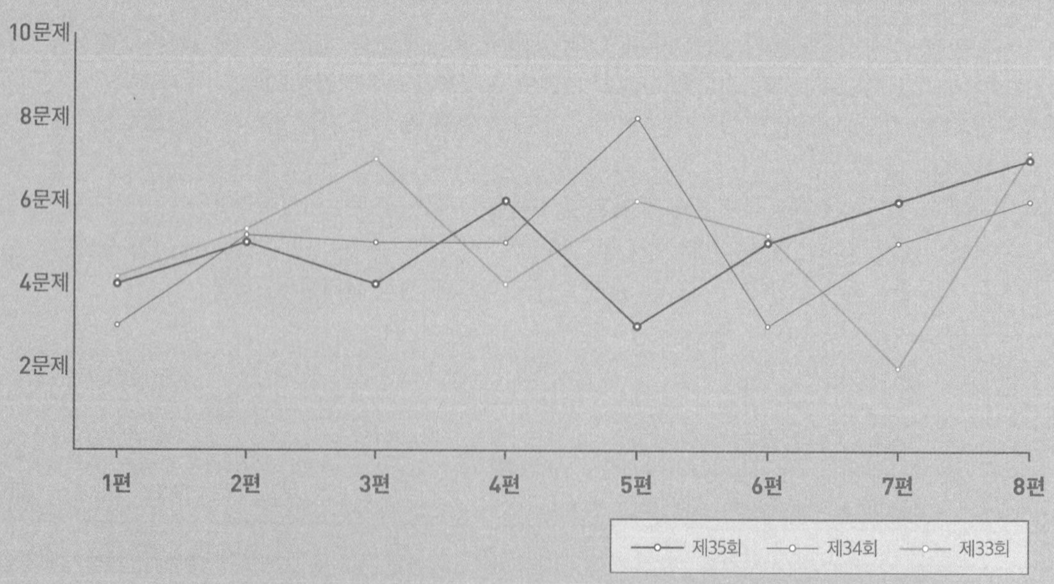
10문제
8문제
6문제
4문제
2문제
1편
2편
3편
4편
5편
6편
7편
8편
제35회
제34회
제33회

제6편

부동산금융론

제1장 / 부동산금융

기본서 p.283~304

□□□

01 A씨는 이미 은행에서 부동산을 담보로 7,000만원을 대출받은 상태이다. A씨가 은행으로부터 추가로 받을 수 있는 최대담보대출금액은? (단, 주어진 조건에 한함)

상**중**하

제28회

- 담보부동산의 시장가치: 5억원
- 연 소득: 6,000만원
- 연간 저당상수: 0.1
- 대출승인기준
  - 담보인정비율(LTV): 시장가치기준 50%
  - 총부채상환비율(DTI): 40%

※ 두 가지 대출승인기준을 모두 충족시켜야 함

① 1억 5,000만원
② 1억 7,000만원
③ 1억 8,000만원
④ 2억 4,000만원
⑤ 2억 5,000만원

톺아보기

- LTV 50%(0.5) = $\frac{\text{융자금(a)}}{\text{부동산가격(5억원)}}$

  ⇨ 담보인정비율(LTV)규제에 따른 융자금(a)은 2억 5,000만원(= 5억원 × 0.5)이다.
- DTI 40%(0.4) = $\frac{\text{원리금(b)}}{\text{연간 소득(6,000만원)}}$ ⇨ 원리금(b)은 2,400만원(= 6,000만원 × 0.4)이다.

  여기서 분자 값인 원리금은 2,400만원 = 융자금(c) × 저당상수(0.1)이다.

  따라서 융자금(c)은 2억 4,000만원 = $\frac{\text{원리금(2,400만원)}}{\text{저당상수(0.1)}}$이다.

∴ 담보인정비율(LTV)을 적용한 융자액은 2억 5,000만원이고, 총부채상환비율(DTI)을 적용한 융자액은 2억 4,000만원이다. 두 가지 조건을 모두 충족시키려면 적은 금액인 2억 4,000만원이 최대대출가능금액이지만, 이미 기존 담보대출금액 7,000만원이 있으므로 이를 반영(공제)한 최대로 담보대출이 가능한 금액은 1억 7,000만원(= 2억 4,000만원 − 7,000만원)이다.

□□□

02

상중하

현재 5천만원의 기존 주택담보대출이 있는 A씨가 동일한 은행에서 동일한 주택을 담보로 추가대출을 받으려고 한다. 이 은행의 대출승인기준이 다음과 같을 때, A씨가 추가로 대출받을 수 있는 최대금액은 얼마인가? (단, 제시된 두 가지 대출승인기준을 모두 충족시켜야 하며, 주어진 조건에 한함) 제35회

- A씨 담보주택의 담보가치평가액: 5억원
- A씨의 연간 소득: 6천만원
- 연간 저당상수: 0.1
- 대출승인기준
  - 담보인정비율(LTV): 시장가치기준 70% 이하
  - 총부채상환비율(DTI): 60% 이하

① 2억원
② 2억 5천만원
③ 3억원
④ 3억 2천만원
⑤ 3억 5천만원

톺아보기

기존 주택담보대출을 받은 금액 5천만원을 반영하여 융자가능액을 계산한다.

- LTV 70% = $\frac{\text{융자금(a)}}{\text{부동산가격(5억원)}}$

⇨ 담보인정비율(LTV)을 적용한 융자금(a)는 3.5억원(= 5억원 × 0.7)이다.

- DTI 60% = $\frac{\text{원리금(b)}}{\text{연간 소득(6,000만원)}}$ ⇨ 원리금(b)는 3,600만원(= 6,000만원 × 0.6)이다.

여기서 분자값인 원리금(b)은 3,600만원 = 융자금(c) × 저당상수(0.1)이다.

따라서, 융자금(c)는 3.6억원 = $\frac{\text{원리금(3,600만원)}}{\text{저당상수(0.1)}}$이다.

∴ 담보인정비율(LTV)을 적용한 융자가능액은 3억 5,000만원이고, 총부채상환비율(DTI)을 적용한 융자액은 3억 6,000만원이지만, 두 가지 조건을 모두 충족시키려면 둘 중 적은 한도금액인 3억 5,000만원이 최대대출가능금액이다. 그러나, 기존 주택담보대출금액 5천만원이 있으므로 이를 차감하여 계산한 최대 융자가능액은 3억원이다.

⇨ LTV와 DTI 기준을 적용한 융자가능액 3억 5,000만원 − 기존 주택담보대출금액 5천만원 = 3억원

정답 | 01 ② 02 ③

□□□

03

상중하

담보인정비율(LTV)과 차주상환능력(DTI)이 상향조정되었다. 이 경우 A가 기존 주택담보대출금액을 고려한 상태에서 추가로 대출가능한 최대금액은? (단, 금융기관의 대출승인기준은 다음과 같고, 다른 조건은 동일함) 제25회

- 담보인정비율(LTV): 60% ⇨ 70%로 상향
- 차주상환능력(DTI): 50% ⇨ 60%로 상향
- A소유주택의 담보평가가격: 3억원
- A소유주택의 기존 주택담보대출금액: 1.5억원
- A의 연간 소득: 3천만원
- 연간 저당상수: 0.1

※ 담보인정비율(LTV)과 차주상환능력(DTI)은 모두 충족시켜야 함

① 2천만원
② 3천만원
③ 4천만원
④ 5천만원
⑤ 6천만원

톺아보기

- LTV 70%(0.7) = $\frac{\text{융자금(a)}}{\text{부동산가격}} = \frac{\text{2억 1천만원}}{\text{3억원}}$

⇨ 담보인정비율(LTV)규제에 따른 융자금(a)은 2억 1,000만원(= 3억원 × 0.7)이다.

- DTI 60%(0.6) = $\frac{\text{원리금(b)}}{\text{연소득(3천만원)}}$ ⇨ 원리금(b)은 1,800만원(= 3천만원 × 0.6)이다.

여기서 분자 값인 원리금은 1,800만원 = 융자금(c) × 저당상수(0.1)이다.

따라서 융자금(c)은 1억 8,000만원 = $\frac{\text{원리금(1,800만원)}}{\text{저당상수(0.1)}}$이다.

∴ 두 가지 조건을 모두 충족시키는 최대융자가능금액이 1억 8천만원이지만, 이미 기존주택담보대출이 1억 5천만원이 있으므로, 이를 반영(공제)하여 추가로 대출가능한 금액은 3천만원(= 1억 8천만원 − 1억 5천만원)이 된다.

□□□

04 주택담보대출에 관한 설명으로 틀린 것은? 제32회

상 **중** 하

① 담보인정비율(LTV)은 주택담보대출 취급시 담보가치에 대한 대출취급가능금액의 비율을 말한다.

② 총부채상환비율(DTI)은 차주의 소득을 중심으로 대출 규모를 결정하는 기준이다.

③ 담보인정비율이나 총부채상환비율에 대한 구체적인 기준은 한국은행장이 정하는 기준에 의한다.

④ 총부채원리금상환비율(DSR)은 차주의 총 금융부채 상환부담을 판단하기 위하여 산정하는 차주의 연간 소득대비 연간 금융부채 원리금상환액 비율을 말한다.

⑤ 변동금리주택담보대출은 이자율 변동으로 인한 위험을 차주에게 전가하는 방식으로 금융기관의 이자율 변동위험을 줄일 수 있다.

톺아보기

③ 담보인정비율이나 총부채상환비율에 대한 기준은 정부기관인 금융위원회의 기준이나 금융위원회에서 정하는 지침에 따라 금융기관에 의해 정해진다.

★ ④ 총부채원리금상환비율(DSR)은 차주의 총 금융부채 상환부담을 판단하기 위하여 산정하는 차주의 연간 소득대비 연간 금융부채 원리금상환액 비율을 말한다.

★ ⑤ 변동금리주택담보대출은 이자율 변동으로 인한 위험을 차주에게 전가하는 방식으로 금융기관의 이자율 변동위험을 줄일 수 있다.

더 알아보기

중앙은행인 한국은행은 물가수준관리 및 통화안정(예 통화량 조절 등)의 역할을 수행한다. ⇨ 정부와 독립된 기관이다.

정답 | 03 ② 04 ③

□□□

05

상 중 **하**

부동산금융에 관한 설명으로 틀린 것은? 제26회

① 한국주택금융공사는 주택저당채권을 기초로 하여 주택저당증권을 발행하고 있다.

② 시장이자율이 대출약정이자율보다 높아지면 차입자는 기존대출금을 조기상환하는 것이 유리하다.

③ 자금조달방법 중 부동산 신디케이트(syndicate)는 지분금융(equity financing)에 해당한다.

④ 부동산금융은 부동산을 운용대상으로 하여 필요한 자금을 조달하는 일련의 과정이라 할 수 있다.

⑤ 프로젝트금융은 비소구 또는 제한적 소구금융의 특징을 가지고 있다.

톺아보기

② 시장이자율이 대출약정이자율보다 낮아지면 차입자는 기존대출금을 조기상환하는 것이 유리하다. ⇨ 고정금리대출에서 시장이자율이 대출약정이자율보다 하락하면 차입자는 낮은 대출금리로 신규로 차입하여 기존대출금을 조기상환할 유인이 생긴다. 즉, 시장금리 하락기에 차입자의 조기상환이 발생할 수 있다.

① 한국주택금융공사는 주택저당채권을 기초로 하여 주택저당증권을 발행하고 있다. ⇨ 한국주택금융공사는 2차 저당시장에서 주택저당채권 집합물을 기초로 하여 주택저당증권(MBS)을 발행하고 있으며, 이렇게 조달한 자금을 1차 저당시장에 공급하고 있다.

③ 부동산 신디케이트(syndicate)는 소규모 지분형 투자조합으로서, 출자증권 발행을 통해 조달한 자금은 조합의 자기자본이 되므로 지분금융(equity financing)에 해당한다.

⑤ 프로젝트금융은 비소구 또는 제한적 소구금융의 특징을 가지고 있다. ⇨ 프로젝트금융은 이론적으로는 개별사업주에게 상환청구할 수 없다는 측면에서 비소구금융이지만, 실무적으로는 금융기관이 직·간접보증 등을 요구하기 때문에 제한적 소구금융의 특징을 가지고 있다.

□□□

06

상중하

A씨는 주택을 구입하기 위해 은행으로부터 5억원을 대출받았다. 은행의 대출조건이 다음과 같을 때, 9회차에 상환할 원리금상환액과 13회차에 납부하는 이자납부액을 순서대로 나열한 것은? (단, 주어진 조건에 한함) 제28회

- 대출금리: 고정금리, 연 5%
- 대출기간: 20년
- 원리금상환조건: 원금균등상환이고, 연 단위 매 기말 상환

① 4,000만원, 1,000만원
② 4,000만원, 1,100만원
③ 4,500만원, 1,000만원
④ 4,500만원, 1,100만원
⑤ 5,000만원, 1,100만원

톺아보기

전년도 말의 잔금에 이자율을 곱하면 해당 년도의 이자지급액을 구할 수 있다.

1. 균등한 원금 = $\frac{\text{융자금 5억원}}{\text{융자기간 20년}}$ = 2,500만원
2. 9회차의 원리금을 묻고 있으므로, 8회차 말의 잔금을 구한다.
   - 8회차까지의 원금상환액 = 원금(2,500만원) × 상환기간(8년) = 2억원
   - 8회차 말 잔금 = 융자원금(5억원) − 상환원금(2억원) = 3억원
   - 9회차의 이자 = 8회차 말 잔금(3억원) × 이자율(0.05) = 1,500만원

   ∴ 9회차의 원리금 = 균등한 원금(2,500만원) + 이자지급분(1,500만원) = 4,000만원
3. 13회차의 이자지급분을 묻고 있으므로, 12회차 말의 잔금을 구한다.
   - 12회차까지의 원금상환액 = 원금(2,500만원) × 상환기간(12년) = 3억원
   - 12회차 말 잔금 = 융자원금(5억원) − 상환원금(3억원) = 2억원

   ∴ 13회차의 이자 = 12회차 말 잔금(2억원) × 이자율(0.05) = 1,000만원

기간	원금상환분	이자지급분	원리금	잔금
8	2,500만원			3억원
9	2,500만원	1,500만원(= 3억원 × 0.05)	4,000만원	
…	…	…	…	…
12	2,500만원			2억원
13	2,500만원	1,000만원(= 2억원 × 0.05)		

정답 | 05 ② 06 ①

□□□

07

상중하

A씨는 8억원의 아파트를 구입하기 위해 은행으로부터 4억원을 대출받았다. 은행의 대출조건이 다음과 같을 때, A씨가 2회차에 상환할 원금과 3회차에 납부할 이자액을 순서대로 나열한 것은? (단, 주어진 조건에 한함) 제29회

- 대출금리: 고정금리, 연 6%
- 대출기간: 20년
- 저당상수: 0.087
- 원리금상환조건: 원리금균등상환방식, 연 단위 매 기간 말 상환

① 10,800,000원, 23,352,000원
② 11,448,000원, 22,665,120원
③ 11,448,000원, 23,352,000원
④ 12,134,880원, 22,665,120원
⑤ 12,134,880원, 23,352,000원

톺아보기

1. 원리금 = 융자금(400,000,000원) × 저당상수(0.087) = 34,800,000원
2. 1차년도
   - 1차년도 이자지급분 = 잔금(400,000,000원) × 이자율(0.06) = 24,000,000원
   - 1차년도 원금상환분 = 원리금(34,800,000원) − 이자(24,000,000원) = 10,800,000원
   - 1차년도 잔금 = 융자금(400,000,000원) − 1차년도 원금상환분(10,800,000원) = 389,200,000원
3. 2차년도
   - 2차년도 이자지급분 = 1차년도 잔금(389,200,000원) × 이자율(0.06) = 23,352,000원
   - 2차년도 원금상환분 = 원리금(34,800,000원) − 이자(23,352,000원) = 11,448,000원
   - 2차년도 잔금 = 1차년도 잔금(389,200,000원) − 2차년도 원금상환분(11,448,000원) = 377,752,000원
4. 3차년도 이자지급분 = 2차년도 잔금(377,752,000원) × 이자율(0.06) = 22,665,120원

∴ 2회차에 상환할 원금은 11,448,000원이고, 3회차에 납부할 이자액은 22,665,120원이다.

기간	원리금	이자지급분	원금상환분	잔금(미상환)
1	34,800,000원	24,000,000원	10,800,000원	389,200,000원
2	34,800,000원	23,352,000원	11,448,000원	377,752,000원
3	34,800,000원	22,665,120원		

□□□

08 상 중 하

A는 주택 구입을 위해 연초에 6억원을 대출받았다. A가 받은 대출조건이 다음과 같을 때, (㉠)대출금리와 3회차에 상환할 (㉡)원리금은? (단, 주어진 조건에 한함)

제32회

- 대출금리: 고정금리
- 대출기간: 30년
- 원리금상환조건: 원금균등상환방식, 매년 말 연 단위로 상환
- 1회차 원리금상환액: 4,400만원

① ㉠: 연 4%, ㉡: 4,240만원
② ㉠: 연 4%, ㉡: 4,320만원
③ ㉠: 연 5%, ㉡: 4,240만원
④ ㉠: 연 5%, ㉡: 4,320만원
⑤ ㉠: 연 6%, ㉡: 4,160만원

톺아보기

- 매년 균등한 원금 2,000만원 = $\frac{\text{융자원금 6억원}}{\text{융자기간 30년}}$

기간	원금상환분	이자지급분	원리금	잔금
1	2,000만원	2,400만원	4,400만원	5억 8,000만원
2	2,000만원	2,320만원	4,320만원	5억 6,000만원
3	2,000만원	2,240만원	(㉡): 4,240만원	

- 1차년도 이자지급분 2,400만원 = 원리금 4,400만원 − 1차년도 원금상환분 2,000만원

  ∴ 대출금리(㉠): 0.04(4%) = $\frac{\text{이자지급분 2,400만원}}{\text{융자원금 6억원}}$
- 3차년도 이자지급분 2,240만원 = 2차년도말 잔금 5억 6,000만원 × 이자율 0.04

  ∴ 3차년도 원리금상환액(㉡): 4,240만원 = 원금상환분 2,000만원 + 3차년도 이자지급분 2,240만원

정답 | 07 ② 08 ①

상중하

A는 아파트를 구입하기 위해 은행으로부터 연초에 4억원을 대출받았다. A가 받은 대출의 조건이 다음과 같을 때, 대출금리(㉠)와 2회차에 상환할 원금(㉡)은? (단, 주어진 조건에 한함) 제31회

- 대출금리: 고정금리
- 대출기간: 20년
- 연간 저당상수: 0.09
- 1회차 원금상환액: 1,000만원
- 원리금상환조건: 원리금균등상환방식, 매년 말 연 단위 상환

① ㉠: 연간 5.5%, ㉡: 1,455만원
② ㉠: 연간 6.0%, ㉡: 1,260만원
③ ㉠: 연간 6.0%, ㉡: 1,455만원
④ ㉠: 연간 6.5%, ㉡: 1,065만원
⑤ ㉠: 연간 6.5%, ㉡: 1,260만원

톺아보기

- 원리금 3,600만원 = 융자금 4억원 × 저당상수 0.09

기간	원리금	이자지급분	원금상환분	잔금(미상환)
1	3,600만원	2,600만원	1,000만원	3억 9,000만원
2	3,600만원	2,535만원	㉡ 1,065만원	

- 1차년도 이자지급분 2,600만원 = 원리금 3,600만원 − 1차년도 원금상환분 1,000만원

∴ 대출금리(㉠)는 0.065(6.5%) = $\frac{\text{이자지급분 2,600만원}}{\text{융자원금 4억원}}$이다.

- 2차년도 이자지급분 2,535만원 = 1차년도 잔금 3억 9,000만원 × 이자율 0.065

∴ 2차년도 원금상환분(㉡)은 1,065만원(= 원리금 3,600만원 − 2차년도 이자지급분 2,535만원)이다.

□□□

10

상중하

저당상환방법에 관한 설명 중 옳은 것을 모두 고른 것은? (단, 대출금액과 기타 대출 조건은 동일함) 제29회

ㄱ 원금균등상환방식의 경우, 매기간에 상환하는 원리금상환액과 대출잔액이 점차적으로 감소한다.
ㄴ 원리금균등상환방식의 경우, 매기간에 상환하는 원금상환액이 점차적으로 감소한다.
ㄷ 점증(체증)상환방식의 경우, 미래 소득이 증가될 것으로 예상되는 차입자에게 적합하다.
ㄹ 대출기간 만기까지 대출기관의 총 이자수입 크기는 '원금균등상환방식 > 점증(체증)상환방식 > 원리금균등상환방식'순이다.

① ㄱ, ㄴ
② ㄱ, ㄷ
③ ㄱ, ㄹ
④ ㄴ, ㄹ
⑤ ㄷ, ㄹ

톺아보기

옳은 것은 ㄱㄷ이다.

ㄴ 원리금균등상환방식의 경우, 매기간에 상환하는 원금상환액이 점차적으로 증가한다(이자지급분은 점차 감소한다). ⇨ 상환기간이 자남에 따라 원리금상환액 중에서 원금상환분은 점차 증가하고, 이자지급분은 점차 감소한다.

ㄹ 대출기간 만기까지 대출기관의 총 이자수입 크기는 '점증(체증)상환방식 > 원리금균등상환방식 > 원금균등상환방식방식' 순이다.

더 알아보기

대출상환방식의 비교

차입자의 초기상환부담 정도 (대출기관의 대출원금회수속도)	원금균등 > 원리금균등 > 체증식
초기 대출기관의 원금회수위험 크기	체증식 > 원리금균등 > 원금균등
중도상환시 미상환대출잔액 크기	체증식 > 원리금균등 > 원금균등
대출기간 전체를 고려한 이자상환부담 정도	체증식 > 원리금균등 > 원금균등

정답 | 09 ④ 10 ②

□□□

11

상**중**하

대출조건이 동일할 경우 대출상환방식별 대출채권의 가중평균상환기간(duration)이 짧은 기간에서 긴 기간의 순서로 옳은 것은? 제33회

> ㉠ 원금균등분할상환
> ㉡ 원리금균등분할상환
> ㉢ 만기일시상환

① ㉠ ⇨ ㉡ ⇨ ㉢
② ㉠ ⇨ ㉢ ⇨ ㉡
③ ㉡ ⇨ ㉠ ⇨ ㉢
④ ㉡ ⇨ ㉢ ⇨ ㉠
⑤ ㉢ ⇨ ㉡ ⇨ ㉠

톺아보기

'대출채권의 가중평균상환기간(duration)이 짧은 것 = 대출기관의 원금회수속도가 빠른 것'이다. 대출원금의 회수가 가장 빠른 것은 원금균등상환방식이며, 그 다음으로 원리금균등상환방식이며, 만기일시상환방식은 대출의 만기에 원금을 전액 회수하므로 만기일시상환방식이 원금회수속도가 가장 늦다.

더 알아보기

듀레이션(duration)

1. 투자금액의 평균회수기간을 말한다. 대출채권의 만기가 길수록 채권투자자(금융기관)의 투자금(대출원금)의 회수는 길어진다.
2. 채권(bond)의 듀레이션(duration)이란 채권에서 발생하는 현금흐름의 가중평균만기로서, 채권가격의 이자율 변화에 대한 민감도를 측정하기 위한 척도로 사용된다.

□□□

12

상**중**하

대출상환방식에 관한 설명으로 옳은 것을 모두 고른 것은? (단, 대출금액과 기타 대출조건은 동일함) 제26회

> ㉠ 상환 첫 회의 원리금상환액은 원리금균등상환방식이 원금균등상환방식보다 크다.
> ㉡ 체증(점증)상환방식의 경우, 미래 소득이 감소될 것으로 예상되는 은퇴예정자에게 적합하다.
> ㉢ 원금균등상환방식의 경우, 매기에 상환하는 원리금이 점차적으로 감소한다.
> ㉣ 원리금균등상환방식의 경우, 매기에 상환하는 원금액이 점차적으로 늘어난다.

① ㉠, ㉡
② ㉠, ㉢
③ ㉠, ㉣
④ ㉡, ㉣
⑤ ㉢, ㉣

톺아보기

옳은 것은 ㉢㉣이다.

㉠ 첫 회의 원리금상환액은 원리금균등상환방식이 원금균등상환방식보다 더 적다.

㉡ 체증(점증)식 상환방식의 경우, 미래에 소득 증가가 예상되는 젊은 계층이나 주택의 보유예정기간이 상대적으로 짧은 사람에게 적합하다.

□□□

13

상중하

고정금리대출의 상환방식에 관한 설명으로 옳은 것을 모두 고른 것은? (단, 주어진 조건에 한하며, 다른 조건은 동일함) 제35회

㉠ 만기일시상환대출은 대출기간 동안 차입자가 원금만 상환하기 때문에 원리금상환 구조가 간단하다.

㉡ 체증식 분할상환대출은 대출기간 초기에는 원리금상환액을 적게 하고 시간의 경과에 따라 늘려가는 방식이다.

㉢ 원리금균등분할상환대출이나 원금균등분할상환대출에서 거치기간이 있을 경우, 이자지급 총액이 증가하므로 원리금지급총액도 증가하게 된다.

㉣ 대출채권의 가중평균상환기간(duration)은 원금균등분할상환대출에 비해 원리금균등분할상환대출이 더 길다.

① ㉠, ㉡
② ㉠, ㉢
③ ㉡, ㉢
④ ㉡, ㉢, ㉣
⑤ ㉠, ㉡, ㉢, ㉣

톺아보기

옳은 것은 ㉡㉢㉣이다.

㉠ 만기일시상환대출은 대출기간(거치기간)동안 차입자가 이자만 상환하고, 대출원금은 만기 때 일시에 상환한다. ⇨ 다른 원리금분할상환방식보다 상환구조가 간단하다.

★ ㉡ 체증식 분할상환대출은 대출기간 초기에는 원리금상환액을 적게 하고 시간의 경과에 따라 늘려가는 방식이다.

★ ㉣ 대출채권의 가중평균상환기간(duration)은 원금균등분할상환대출에 비해 원리금균등분할상환대출이 더 길다.

정답 | 11 ① 12 ⑤ 13 ④

□□□

14 주택금융에 관한 설명으로 틀린 것은? (단, 다른 조건은 동일함) 제33회

상 중 **하**

① 정부는 주택소비금융의 확대와 금리인하, 대출규제의 완화로 주택가격의 급격한 상승에 대처한다.

② 주택소비금융은 주택구입능력을 제고시켜 자가주택 소유를 촉진시킬 수 있다.

③ 주택자금대출의 확대는 주택거래를 활성화시킬 수 있다.

④ 주택금융은 주택과 같은 거주용 부동산을 매입 또는 임대하는 데 필요한 자금조달을 위한 금융상품을 포괄한다.

⑤ 주택도시기금은 국민주택의 건설이나 국민주택규모 이하의 주택구입에 출자 또는 융자할 수 있다.

톺아보기

① 정부는 주택소비금융의 축소와 금리인상, 대출규제의 강화로 주택가격의 급격한 상승에 대처한다. 즉, 주택가격의 급격한 상승에 대처하기 위해 정부는 주택소비금융의 축소와 금리인상, 대출규제의 강화의 방법으로 주택시장에 개입한다.

⑤ 주택도시기금은 국민주택의 건설이나 국민주택규모 이하의 주택구입에 출자 또는 융자할 수 있다.

□□□

15 한국주택금융공사의 주택담보노후연금(주택연금)에 관한 설명으로 틀린 것은? 제31회

상 **중** 하

① 주택연금은 주택소유자가 주택에 저당권을 설정하고 연금방식으로 노후생활자금을 대출받는 제도이다.

② 주택연금은 수령기간이 경과할수록 대출잔액이 누적된다.

③ 주택소유자(또는 배우자)가 생존하는 동안 노후생활자금을 매월 지급받는 방식으로 연금을 받을 수 있다.

④ 담보주택의 대상으로 업무시설인 오피스텔도 포함된다.

⑤ 한국주택금융공사는 주택연금 담보주택의 가격하락에 대한 위험을 부담할 수 있다.

톺아보기

④ 2024년 한국주택금융공사의 주택연금규정에 따르면 업무시설인 오피스텔(업무용 오피스텔)은 주택연금 대상이 아니다. 주택연금 대상은 (일반적인 시장성 있는) 주택, 지방자치단체에 신고된 노인복지주택, 주거목적 오피스텔이다.

② 주택연금은 수령기간이 경과할수록 대출잔액(지급받은 연금액)이 누적된다.

③ 주택소유자(또는 배우자)가 생존하는 동안 노후생활자금을 매월 지급받는 방식 ⇨ 종신방식

⑤ 연금이용자(주택소유자)는 주택연금 담보주택의 가격하락에 대한 위험을 부담하지 않는다.

□□□

16 주택연금(주택담보노후연금) 관련 법령상 주택연금의 보증기관은? 제33회

상 중 **하**

① 한국부동산원 ② 신용보증기금
③ 주택도시보증공사 ④ 한국토지주택공사
⑤ 한국주택금융공사

톺아보기

법령상 주택연금의 보증기관은 한국주택금융공사이다.

더 알아보기

한국주택금융공사의 주요 업무(「한국주택금융공사법」 제22조)

1. 채권유동화
2. 채권보유
3. 다음의 증권에 대한 지급보증
   - 주택저당증권
   - 학자금대출증권
   - 「자산유동화에 관한 법률」에 따른 유동화전문회사 등이 주택저당채권을 유동화자산으로 하여 발행한 유동화증권
4. 금융기관에 대한 신용공여(信用供與)
5. 주택저당채권 또는 학자금대출채권에 대한 평가 및 실사(實査)
6. 기금·계정의 관리 및 운용
7. 신용보증
8. 위 7.과 관련된 신용보증채무의 이행 및 구상권(求償權)의 행사
9. 주택담보노후연금보증

정답 | 14 ① 15 ④ 16 ⑤

□□□

17 한국주택금융공사의 주택담보노후연금(주택연금)에 관한 설명으로 옳은 것은?

제35회

상 중 하

① 주택소유자와 그 배우자의 연령이 보증을 위한 등기시점 현재 55세 이상인 자로서 소유하는 주택의 기준가격이 15억원 이하인 경우 가입할 수 있다.

② 주택소유자가 담보를 제공하는 방식에는 저당권 설정등기 방식과 신탁 등기 방식이 있다.

③ 주택소유자가 생존해 있는 동안에만 노후생활자금을 매월 연금 방식으로 받을 수 있고, 배우자에게는 승계되지 않는다.

④ 「주택법」에 따른 준주택 중 주거목적으로 사용되는 오피스텔의 소유자는 가입할 수 없다.

⑤ 주택담보노후연금(주택연금)을 받을 권리는 양도·압류할 수 있다.

톺아보기

★ ② 한국주택금융공사의 주택연금에서 주택소유자가 담보를 제공하는 방식은 (전통적인) 저당권 설정등기 방식과 신탁등기방식(신탁방식 주택연금)이 있다.

오답해설

① 주택소유자와 그 배우자의 연령이 보증을 위한 등기시점 현재 55세 이상인 자로서 소유하는 주택의 기준가격이 12억원 이하인 경우 가입할 수 있다.

③ 주택소유자가 생존해 있는 동안에만 노후생활자금을 매월 연금 방식으로 받을 수 있고, 배우자에게는 승계될 수 있다(단, 소유권 이전등기와 저당권 변경 등기가 요구됨). ⇨ 부부 1명이라도 55세 이상이면 부부 모두 연금을 받을 수 있다.

④ 주거목적으로 사용되는 오피스텔의 소유자는 가입할 수 있다.

⑤ 주택담보노후연금(주택연금)을 받을 권리는 타인에게 양도 · 압류할 수 없다.

정답 | 17 ②

제2장 / 부동산증권론 및 개발금융

기본서 p.305~341

□□□

18 상 중 **하**

주택금융에 관한 설명으로 <u>틀린</u> 것은? (단, 다른 조건은 동일함) 제25회

① 주택금융은 주택자금조성, 자가주택공급확대, 주거안정 등의 기능이 있다.

② 주택소비금융은 주택을 구입하려는 사람이 주택을 담보로 제공하고 자금을 제공받는 형태의 금융을 의미한다.

③ 담보인정비율(LTV)은 주택의 담보가치를 중심으로 대출규모를 결정하는 기준이고, 차주상환능력(DTI)은 차입자의 소득을 중심으로 대출규모를 결정하는 기준이다.

④ 제2차 저당대출시장은 저당대출을 원하는 수요자와 저당대출을 제공하는 금융기관으로 형성되는 시장을 말하며, 주택담보대출시장이 여기에 해당한다.

⑤ 원리금균등분할상환방식은 원금균등분할상환방식에 비해 대출 직후에는 원리금의 상환액이 적다.

톺아보기

④ • 제1차 저당대출시장(제1차 저당시장)은 저당대출을 원하는 수요자와 저당대출을 제공하는 금융기관으로 형성되는 시장을 말하며, 주택담보대출시장이 여기에 해당한다.
• 제2차 저당대출시장(제2차 저당시장)은 제1차 저당시장에 자금을 공급해주는 시장으로, 유동화시장이라 하며, '금융기관 – 유동화전문회사(한국주택금융공사) – 기관투자자'간에 주택저당채권 집합물의 매각이 이루어진다.

① 주택금융은 정부주도하의 정책적인 특수금융으로 주택자금조성, 자가주택공급확대, 주거안정 등의 기능이 있다.

⑤ 원리금균등분할상환방식은 원금균등분할상환방식에 비해 대출 직후에는 원리금의 상환액이 적다.

정답 | 18 ④

□□□

19

상**중**하

부동산시장 및 부동산금융에 관한 설명으로 틀린 것은? (단, 다른 조건은 동일함)

제25회

① 부동산시장은 부동산권리의 교환, 가격결정, 경쟁적 이용에 따른 공간배분 등의 역할을 수행한다.

② 주택시장이 침체하여 주택거래가 부진하면 수요자 금융을 확대하여 주택수요를 증가시킴으로써 주택경기를 활성화시킬 수 있다.

③ 다른 대출조건이 동일한 경우, 통상적으로 고정금리 주택저당대출의 금리는 변동금리 주택저당대출의 금리보다 높다.

④ 주택저당대출의 기준인 담보인정비율(LTV)과 차주상환능력(DTI)이 변경되면 주택수요가 변화할 수 있다.

⑤ 주택금융시장은 금융기관이 수취한 예금 등으로 주택담보대출을 제공하는 주택자금공급시장, 투자자로부터 자금을 조달하여 주택자금대출기관에 공급해 주는 주택자금대출시장, 신용보강이 일어나는 신용보증시장 및 기타의 간접투자시장으로 구분할 수 있다.

톺아보기

⑤ 주택금융시장은 금융기관이 수취한 예금 등으로 주택담보대출을 제공하는 주택자금대출시장(제1차 저당시장), 투자자로부터 자금을 조달하여 주택자금대출기관에 공급해 주는 주택자금공급시장(제2차 저당시장, 유동화시장), 신용보강이 일어나는 신용보증시장(예 주택신용보증기금 등) 및 기타의 간접투자시장(기관투자자간에 MBS를 매매하는 채권의 유통시장)으로 구분할 수 있다.

③ 다른 대출조건이 동일한 경우, 통상적으로 고정금리 주택저당대출의 금리는 변동금리 주택저당대출의 금리보다 높다. 고정금리저당대출은 최초 대출실행 이후 위험요인을 추가적으로 대출금리에 반영하지 못하므로, 대출초기에 이자율을 변동금리보다 더 높게 적용한다.

□□□

20

상**중**하

저당담보부 증권(MBS) 도입에 따른 부동산시장의 효과에 관한 설명으로 틀린 것은? (단, 다른 조건은 동일함) 제30회

① 주택금융이 확대됨에 따라 대출기관의 자금이 풍부해져 궁극적으로 주택자금대출이 확대될 수 있다.

② 주택금융의 대출이자율 하락과 다양한 상품설계에 따라 주택 구입시 융자받을 수 있는 금액이 증가될 수 있다.

③ 주택금융의 활성화로 주택건설이 촉진되어 주거안정에 기여할 수 있다.

④ 주택금융의 확대로 자가소유가구 비중이 감소한다.

⑤ 대출기관의 유동성이 증대되어 소비자의 담보대출 접근성이 개선될 수 있다.

톺아보기

④ 주택금융의 확대(보금자리론 등 주택자금공급이 늘어남에 따라)로 주택수요가 증가하고, 이에 따라 자가소유가구 비중이 증가할 수 있다.

③ 주택금융의 활성화로 장기적으로 주택건설이 촉진되어 주거안정에 기여할 수 있다. ⇨ 주택저당유동화제도는 주택경기 조절수단으로 활용될 수 있다.

정답 | 19 ⑤ 20 ④

□□□

21

상**중**하

저당담보부 증권(MBS)에 관련된 설명으로 틀린 것은? 제24회

① MPTS(Mortgage Pass-Through Securities)는 지분형 증권이기 때문에 증권의 수익은 기초자산인 주택저당채권 집합물(mortgage pool)의 현금흐름(저당지불액)에 의존한다.

② MBB(Mortgage Backed Bond)의 투자자는 최초의 주택저당채권 집합물에 대한 소유권을 갖는다.

③ CMO(Collateralized Mortgage Obligation)의 발행자는 주택저당채권 집합물을 가지고 일정한 가공을 통해 위험-수익 구조가 다양한 트랜치의 증권을 발행한다.

④ MPTB(Mortgage Pay-Through Bond)는 MPTS와 MBB를 혼합한 특성을 지닌다.

⑤ CMBS(Commercial Mortgage Backed Securities)란 금융기관이 보유한 상업용 부동산 모기지(mortgage)를 기초자산으로 하여 발행하는 증권이다.

톺아보기

② MBB(Mortgage Backed Bond)에서 최초의 주택저당채권 집합물에 대한 소유권은 발행기관이 갖는다.

③ CMO(Collateralized Mortgage Obligation)의 발행자는 주택저당채권 집합물을 가지고 일정한 가공(이미 발행된 MBB를 재가공)을 통해 위험-수익 구조가 다양한 트랜치의 증권을 발행한다.

⑤ CMBS(Commercial Mortgage Backed Securities)란 금융기관이 보유한 상업용 부동산 모기지(mortgage)를 기초자산으로 하여 유동화전문회사(SPC)가 발행하는 (자산유동화)증권이다.

□□□

22 모기지(mortgage) 유동화에 관한 설명으로 틀린 것은? 제32회

상**중**하

① MPTS(mortgage pass-through securities)는 지분형 증권이다.

② MPTB(mortgage pay-through bond)의 경우, 조기상환위험은 증권발행자가 부담하고, 채무불이행위험은 투자자가 부담한다.

③ MBB(mortgage backed bond)의 경우, 신용보강을 위한 초과담보가 필요하다.

④ CMO(collateralized mortgage obligation)는 상환우선순위와 만기가 다른 다수의 층(tranche)으로 구성된 증권이다.

⑤ 우리나라의 모기지 유동화중개기관으로는 한국주택금융공사가 있다.

톺아보기

② MPTB(mortgage pay-through bond)의 경우, 조기상환위험은 증권투자자(증권소유자)가 부담하고, 채무불이행위험은 증권발행자(발행기관)가 부담한다.

③ MBB(mortgage backed bond)의 경우, 신용보강을 위한 초과담보가 필요하다.

더 알아보기

구분	원리금수취권 (조기상환위험)	집합물소유권 = 저당권 (채무불이행위험)	콜방어형태
MPTS(지분형) 저당대출지분이전증권	투자자	투자자	불가
MBB(채권형) 저당대출담보부 채권	발행기관	발행기관	가능
MPTB(혼합형) 저당대출원리금이체채권	투자자	발행기관	불가
CMO(혼합형) 다계층채권	투자자	발행기관	가능(부분)

제6편 부동산금융론

6편

정답 | 21 ② 22 ②

□□□

23

상**중**하

부동산금융에 관한 설명으로 틀린 것은? 제27회

① CMO(Collateralized Mortgage Obligations)는 트랜치별로 적용되는 이자율과 만기가 다른 것이 일반적이다.

② MBB(Mortgage Backed Bond)는 채권형 증권으로 발행자는 초과담보를 제공하는 것이 일반적이다.

③ MPTS(Mortgage Pass-Through Securities)의 조기상환위험은 투자자가 부담한다.

④ 고정금리대출을 실행한 대출기관은 금리 상승시 차입자의 조기상환으로 인한 위험이 커진다.

⑤ 2차 저당시장은 1차 저당시장에 자금을 공급하는 역할을 한다.

톺아보기

④ 고정금리대출을 실행한 대출기관은 대출 이후 시장금리 하락시 차입자의 조기상환으로 인한 위험이 커진다. 조기상환위험은 금리 상승기에 발생하는 것이 아니다.

② MBB(Mortgage Backed Bond)는 채권형 증권으로 발행자는 초과담보를 제공하는 것이 일반적이다. ⇨ MBB는 조기상환위험, 채무불이행위험을 모두 발행기관이 부담하므로 안전성을 담보하기 위해 주택저당채권 집합물(기초자산)보다 MBB를 더 적게 발행한다.

③ MPTS(Mortgage Pass-Through Securities)의 조기상환위험은 투자자가 부담한다.

★ ⑤ 2차 저당시장은 1차 저당시장에 자금을 공급하는 역할을 한다.

□□□

24 상**중**하

부동산금융에 관한 설명으로 틀린 것은? 제28회

① 부동산투자회사(REITs)와 조인트벤처(joint venture)는 자금조달방법 중 지분금융에 해당한다.

② 원리금균등상환방식에서는 상환 초기보다 후기로 갈수록 매기 상환액 중 원금상환액이 커진다.

③ 주택담보노후연금은 연금개시시점에 주택소유권이 연금지급기관으로 이전된다.

④ 주택저당담보부 채권(MBB)은 주택저당대출차입자의 채무불이행이 발생하더라도 MBB에 대한 원리금을 발행자가 투자자에게 지급하여야 한다.

⑤ 다층저당증권(CMO)의 발행자는 동일한 저당풀(mortgage pool)에서 상환우선순위와 만기가 다른 다양한 저당담보부증권(MBS)을 발행할 수 있다.

톺아보기

③ 주택담보노후연금은 연금개시시점에 주택소유권이 연금지급기관으로 이전되지 않는다. 주택담보노후연금은 주택을 담보로 제공할 뿐이며, 주택소유권을 유지하면서 평생 동안 거주하면서 주택연금을 받을 수 있다.

① 부동산투자회사(REITs)는 주식발행을 통하여 자금을 조달하므로 조달한 자금이 자기자본화되어 지분금융기법이라 한다. 조인트벤처(joint venture)도 주식회사(명목회사)를 설립하여 개발사업을 진행하므로 지분금융기법이라 한다.

★ ④ 주택저당담보부 채권(MBB)은 주택저당대출차입자의 채무불이행이 발생하더라도 MBB의 만기까지 MBB에 대한 원리금(= 채권이자 + 투자원금)을 발행자가 투자자에게 지급하여야 한다.

정답 | 23 ④ 24 ③

□□□

25

상 **중** 하

주택저당담보부 채권(MBB)에 관한 설명으로 옳은 것은? 제35회

① 유동화기관이 모기지 풀(mortgage pool)을 담보로 발행하는 지분성격의 증권이다.

② 차입자가 상환한 원리금은 유동화기관이 아닌 MBB 투자자에게 직접 전달된다.

③ MBB 발행자는 초과담보를 제공하지 않는 것이 일반적이다.

④ MBB 투자자 입장에서 MPTS(mortgage pass-through securities)에 비해 현금흐름이 안정적이지 못해 불확실성이 크다는 단점이 있다.

⑤ MBB 투자자는 주택저당대출의 채무불이행위험과 조기상환위험을 부담하지 않는다.

톺아보기

★ ⑤ MBB에서 주택저당대출의 채무불이행위험과 조기상환위험은 발행기관이 부담한다.

오답해설

① 유동화기관이 모기지 풀(mortgage pool)을 담보로 발행하는 지분성격의 증권이다. ⇨ 지분형 주택저당증권(MBS) 중 MPTS(저당대출지분이전증권)에 대한 설명이다. MBB는 채권형 주택저당증권(MBS)이다.

② 차입자(1차 저당시장의 채무자)가 상환한 원리금은 유동화기관(발행기관)에게 이전되고, 발행기관이 별도로 발행한 MBB(채권)의 채권이자를 지급하고, 투자원금은 채권의 만기때 투자자에게 지급한다.

③ MBB 발행자는 초과담보를 제공하는 것이 일반적이다.

④ • MBB는 차입자가 대출금을 조기상환하거나 채무불이행이 발생하여도 MBB투자자에게 채권에 대한 이자를 지급해야 하고, 투자원금은 만기 때 일시에 상환하게 된다. ⇨ MBB 투자자는 매기 채권의 이자를 받기 때문에 현금흐름이 안정적이다.

• 투자자 입장에서 MPTS(mortgage pass-through securities)는 MBB에 비해 현금흐름이 안정적이지 못해 불확실성이 크다는 단점이 있다. MPTS는 차입자가 대출금을 조기상환하면, 발행자도 MPTS를 투자자에게 조기상환할 수 있다. ⇨ MPTS투자자에게는 차입자의 조기상환 이후로 현금흐름(원리금)이 지급되지 않는다.

□□□

26 저당담보부증권(MBS)의 가격변동에 관한 설명으로 옳은 것은? (단, 주어진 조건에 한함)

제34회

상 중 하

① 투자자들이 가까운 시일에 채권시장 수익률의 하락을 예상한다면, 가중평균상환기간(duration)이 긴 저당담보부 증권일수록 그 가격이 더 크게 하락한다.

② 채무불이행위험이 없는 저당담보부 증권의 가격은 채권시장 수익률의 변동에 영향을 받지 않는다.

③ 자본시장 내 다른 투자수단들과 경쟁하므로, 동일위험 수준의 다른 투자수단들의 수익률이 상승하면 저당담보부 증권의 가격은 상승한다.

④ 채권시장 수익률이 상승할 때 가중평균상환기간이 긴 저당담보부 증권일수록 그 가격의 변동 정도가 작다.

⑤ 고정이자를 지급하는 저당담보부 증권은 채권시장 수익률이 상승하면 그 가격이 하락한다.

톺아보기

⑤ 가중평균상환기간(duration) = 투자원금회수기간 ≒ 채권(bond)의 만기
- 다른 조건이 일정할 때, 채권수익률(이자율 · 할인율)이 상승하면 채권(bond)가격은 하락한다.
- 다른 조건이 일정할 때, 채권수익률(이자율 · 할인율)이 하락하면 채권(bond)가격은 상승한다.

오답해설

① 투자자들이 가까운 시일에 채권시장 수익률의 하락(채권가격 상승)을 예상한다면, (채권의 투자수요가 증가하여) 가중평균상환기간(duration)이 긴 저당담보부 증권일수록 그 가격이 더 크게 상승한다.

② (채권발행자의) 채무불이행위험이 없는(= 국가기관 등이 지급보증하는) 저당담보부 증권의 가격도 채권시장 수익률의 변동에 영향을 받는다. ⇨ 채권시장의 수익률(시장금리) 변동에 따라 채권가격이 변할 수 있다.

③ 자본시장 내 다른 투자수단들과 경쟁하므로, 동일위험 수준의 다른 투자수단들의 수익률이 상승하면(예 국채 등 채권수익률이 상승하면) 저당담보부 증권의 가격은 하락한다.

④ 채권시장 수익률이 상승할 때 가중평균상환기간이 긴 저당담보부 증권일수록(만기가 긴 채권일수록) 그 가격의 변동 정도가 크다(더 크게 하락한다).

정답 | 25 ⑤ 26 ⑤

□□□

27 상중**하**

프로젝트금융에 관한 설명으로 틀린 것은? 제27회

① 특정프로젝트로부터 향후 일정한 현금흐름이 예상되는 경우, 사전 계약에 따라 미래에 발생할 현금흐름과 사업자체자산을 담보로 자금을 조달하는 금융기법이다.

② 일반적으로 기업대출보다 금리 등이 높아 사업이 성공할 경우 해당 금융기관은 높은 수익을 올릴 수 있다.

③ 프로젝트금융의 자금은 건설회사 또는 시공회사가 자체계좌를 통하여 직접 관리한다.

④ 프로젝트금융이 부실화될 경우 해당 금융기관의 부실로 이어질 수 있다.

⑤ 비소구 또는 제한적 소구금융의 특징을 가지고 있다.

톺아보기

③ 프로젝트금융의 자금은 건설회사나 시공회사가 직접 관리하지 않는다. 금융기관이 별도로 설정한 위탁관리계좌, 즉 부동산신탁회사에 위탁하여 에스크로우계정(위탁계좌)을 통하여 관리한다.

① 특정프로젝트로부터 향후 일정한 현금흐름이 예상되는 경우, 사전 계약에 따라 미래에 발생할 현금흐름과 사업자체자산을 담보로 자금을 조달하는 금융기법이다.

□□□

28 상**중**하

사업주(sponsor)가 특수목적회사인 프로젝트회사를 설립하여 프로젝트금융을 활용하는 경우에 관한 설명으로 옳은 것은? (단, 프로젝트회사를 위한 별도의 보증이나 담보 제공은 없음) 제29회

① 프로젝트금융의 상환재원은 사업주의 모든 자산을 기반으로 한다.

② 사업주의 재무상태표에 해당 부채가 표시된다.

③ 해당 프로젝트가 부실화되더라도 대출기관의 채권회수에는 영향이 없다.

④ 일정한 요건을 갖춘 프로젝트회사는 법인세 감면을 받을 수 있다.

⑤ 프로젝트사업의 자금은 차주가 임의로 관리한다.

톺아보기

④ 일정한 요건을 갖춘 프로젝트회사(SPC)는 명목회사(주식회사)이므로 법인세 감면을 받을 수 있다.

오답해설

① 프로젝트금융의 상환재원은 프로젝트회사가 개발사업을 수행하여 획득하는 분양수입금 등 개발사업의 현금흐름을 기초로 하여 이루어진다.
② (개별)사업주의 재무상태표에 해당 부채가 표시되지 않는다. ⇨ 부외금융효과
③ 해당 프로젝트가 부실화되면 대출기관의 채권회수에 영향을 준다. 금융기관의 부실위험을 초래할 수 있다.
⑤ 프로젝트사업의 자금은 부동산신탁회사의 에스크로우계정(위탁계좌)을 통해 관리된다.

□□□

29 상**중**하

PF(Project Financing)방식에 의한 부동산개발사업시 금융기관이 위험을 줄이기 위해 취할 수 있는 조치가 <u>아닌</u> 것은? (단, 다른 조건은 동일함) 제25회

① 위탁관리계좌(Escrow Account)의 운영
② 시공사에 책임준공 의무부담
③ 대출금 보증에 대한 시공사의 신용보강 요구
④ 시행사 · 시공사에 추가출자 요구
⑤ 시행사 개발이익의 선지급

톺아보기

금융기관이 실무적으로 직 · 간접보증을 요구하는 제한소구금융의 개념을 묻고 있다. 금융기관이 위험을 줄이기 위한 방안이므로 대출금부터 회수하고, 공사비 등을 정산한 다음 시행사 개발이익은 가장 나중에 후(後)지급하게 된다.

정답 | 27 ③ 28 ④ 29 ⑤

□□□

30 상중하

자본환원율에 관한 설명으로 옳은 것을 모두 고른 것은? (단, 다른 조건은 동일함)

제31회

> ㉠ 자본의 기회비용을 반영하므로, 자본시장에서 시장금리가 상승하면 함께 상승한다.
> ㉡ 부동산자산이 창출하는 순영업소득에 해당 자산의 가격을 곱한 값이다.
> ㉢ 자산가격 상승에 대한 투자자들의 기대를 반영한다.
> ㉣ 자본환원율이 상승하면 자산가격이 상승한다.
> ㉤ 프로젝트의 위험이 높아지면 자본환원율도 상승한다.

① ㉠, ㉡
② ㉠, ㉢, ㉤
③ ㉡, ㉢, ㉣
④ ㉡, ㉣, ㉤
⑤ ㉠, ㉢, ㉣, ㉤

톺아보기

옳은 것은 ㉠㉢㉤이다.

㉡ 자본환원율(환원이율)은 부동산가격(총투자액)에 대한 순영업소득의 비율을 말한다. 즉, 순영업소득을 부동산가격(총투자액)으로 나눈 값을 말한다. ⇨ 수익률 개념이다.

㉣ 자본환원율(환원이율 · 할인율)이 상승하면 자산가격(부동산가격)은 하락한다. ⇨ 할인율 개념이다.

직접환원법(제8편 제2장 감정평가의 방식)

- 수익가액(부동산가격) $= \dfrac{\text{장래 순영업소득}}{\text{환원이율(자본환원율)}}$
- 환원이율 $= \dfrac{\text{장래 순영업소득}}{\text{부동산가격(가치)}}$

더 알아보기

자본환원율

- 자본환원율 = 종합자본환원율 = 환원이율 = 환원이율 = 환원율
- 자본환원율(환원이율)은 수익률 개념으로 사용될 수 있고, 할인율 개념으로 사용되기도 한다.
- 일종의 요구수익률(기회비용)을 말한다. ⇨ 자본환원율(요구수익률) = 무위험률 ± 위험할증률

□□□

31 상중하

부동산금융 및 투자에 관한 설명으로 틀린 것은? (단, 다른 조건은 동일함) 제30회

① 프로젝트의 채무불이행위험이 높아질수록 대출기관이 요구하는 금리가 높아진다.

② 자본환원율은 자본의 기회비용과 프로젝트의 투자위험을 반영한다.

③ 분양형 개발사업의 핵심 상환재원은 준공 이후 발생하는 임대료·관리비 등의 영업현금흐름이다.

④ 프로젝트는 자본시장 내 다른 투자수단들과 경쟁하므로 동일 위험수준의 투자수익률에 수렴하는 경향이 있다.

⑤ 자본환원율이 상승하면 부동산자산의 가격이 하락 압력을 받으므로 신규개발사업 추진이 어려워진다.

톺아보기

③ 분양형 개발사업의 핵심 상환재원은 분양수입금 등의 현금흐름이다. 이와는 달리 임대형 개발사업의 핵심 상환재원은 준공 이후 발생하는 임대료·관리비 등의 영업현금흐름이다.

② 자본환원율(환원이율)은 자본의 기회비용으로, 일종의 요구수익률을 말한다.

④ 프로젝트 사업의 경쟁이 과도할 경우, 투자수익률은 상대적으로 하락하여 균형수준으로 회귀하는 경향이 있다.

정답 | 30 ② 31 ③

□□□

32

상 중 하

자산유동화에 관한 법령상 부동산 프로젝트 파이낸싱(PF) 유동화에 관한 설명으로 옳은 것은? 제30회 수정

① 프로젝트 파이낸싱의 유동화는 자산유동화에 관한 법령에 의해서만 가능하다.
② 유동화자산의 양도방식은 매매 또는 교환에 의한다.
③ 유동화전문회사는 유한회사로만 설립할 수 있다.
④ 자산담보부 기업어음(ABCP)은 금융위원회에 등록한 유동화계획의 기재내용대로 유사자산을 반복적으로 유동화한다.
⑤ 자산보유자(양도인)는 유동화자산에 대한 양수인의 반환청구권을 보장해야 한다.

톺아보기

★ ② 유동화자산의 양도방식은 매매 또는 교환에 의한다.

오답해설

① 프로젝트 파이낸싱의 유동화는 「자산유동화에 관한 법률」, 「상법」, 「자본시장과 금융투자업에 관한 법률」 등에 의해서도 가능하다.
③ 유동화전문회사는 주식회사 또는 유한회사로 한다(2024년 법령 개정).
④ 자산담보부 기업어음(ABCP)은 자산유동화증권(ABS)과 달리 「상법」의 적용을 받으며, 금융위원회(금융감독기관 등)에 등록하지 않고, 「상법」상 도관체(conduit)를 활용하여 임의대로 유사자산을 반복적으로 유동화할 수 있다. 이와는 달리 자산유동화증권(ABS)은 금융위원회에 자산유동화계획을 등록해야 하며, 발행 회차마다 등록하여야 한다. ⇨ 자산담보부 기업어음(ABCP)보다 자산유동화증권(ABS)의 발행절차가 더 복잡하다(까다롭다).
⑤ 자산보유자(양도인)는 유동화자산에 대한 양수인의 반환청구권을 가지지 아니한다.

□□□

33 상중하

자산유동화에 관한 법령에 규정된 내용으로 틀린 것은? 제33회 수정

① 유동화자산이란 자산유동화의 대상이 되는 채권, 부동산, 지식재산권 및 그 밖의 재산권을 말한다.

② 양도인은 유동화자산에 대한 반환청구권을 가지지 아니한다.

③ 유동화자산의 양도는 매매 또는 교환에 의한다.

④ 유동화전문회사는 주식회사 또는 유한회사로 한다.

⑤ PF 자산담보부 기업어음(ABCP)의 반복적인 유동화는 금융감독원에 등록한 자산유동화계획의 기재내용대로 수행하여야 한다.

톺아보기

⑤ 자산담보부 기업어음(ABCP)은 자산유동화증권(ABS)과 달리 「상법」의 적용을 받으며, 금융위원회(금융감독기관 등)에 등록하지 않고, 「상법」상 도관체(conduit)를 활용하여 임의대로 유사자산을 반복적으로 유동화할 수 있다. ⇨ 자산유동화증권(ABS)과 달리 발행절차가 까다롭지 않다.

④ 유동화전문회사는 주식회사 또는 유한회사로 한다(2024년 법령 개정).

더 알아보기

「자산유동화에 관한 법률」 제13조 【양도의 방식】 유동화자산의 양도는 자산유동화계획에 따라 다음 각 호의 방식에 의하여야 한다. 이 경우 해당 유동화자산의 양도는 이를 담보권의 설정으로 보지 아니한다.

1. 매매 또는 교환으로 할 것
2. 유동화자산에 대한 수익권 및 처분권은 양수인이 가질 것. 이 경우 양수인이 해당 자산을 처분할 때에 양도인이 이를 우선적으로 매수할 수 있는 권리를 가지는 경우에도 수익권 및 처분권은 양수인이 가진 것으로 본다.
3. 양도인은 유동화자산에 대한 반환청구권을 가지지 아니하고, 양수인은 유동화자산에 대한 대가의 반환청구권을 가지지 아니할 것
4. 양수인이 양도된 자산에 관한 위험을 인수할 것. 다만, 해당 유동화자산에 대하여 양도인이 일정 기간 그 위험을 부담하거나 하자담보책임(채권의 양도인이 채무자의 지급능력을 담보하는 경우를 포함한다)을 지는 경우는 제외한다.

정답 | 32 ② 33 ⑤

□□□

34 상**중**하

부동산금융에 관한 설명으로 틀린 것은? 제25회 수정

① 자기관리 부동산투자회사란 다수투자자의 자금을 받아 기업이 구조조정을 위해 매각하는 부동산을 매입하고, 개발 · 관리 · 운영하여 수익을 분배하는 뮤추얼펀드(Mutual Fund)로서 서류상으로 존재하는 명목회사(Paper Company)다.

② 주택연금이란 주택을 금융기관에 담보로 맡기고, 금융기관으로부터 연금과 같이 매월 노후생활자금을 받는 제도이다.

③ 코픽스(Cost of Funds Index)기준금리는 은행자금조달비용을 반영한 기준금리로 이전의 CD금리가 은행의 자금조달 비용을 제대로 반영하지 못한다는 지적에 따라 도입되었다.

④ 고정금리 주택담보대출은 차입자가 대출기간 동안 지불해야 하는 이자율이 동일한 형태로 시장금리의 변동에 관계없이 대출시 확정된 이자율이 만기까지 계속 적용된다.

⑤ 변동금리 주택담보대출은 이자율 변동으로 인한 위험을 차입자에게 전가하는 방식으로 금융기관의 이자율 변동위험을 줄일 수 있는 장점이 있다.

톺아보기

① 기업구조조정 부동산투자회사란 기업의 구조조정을 위해 매각하는 부동산을 매입하고, 개발 · 관리 · 운영하여 수익을 분배하는 서류상으로 존재하는 명목회사(Paper Company)다.

★ ⑤ 변동금리 주택담보대출은 이자율 변동으로 인한 위험을 차입자에게 전가하는 방식으로 금융기관의 이자율 변동위험을 줄일 수 있는 장점이 있다.

더 알아보기

- 자기관리 부동산투자회사 ⇨ 실체회사
- 위탁관리 부동산투자회사, 기업구조조정 부동산투자회사 ⇨ 명목회사(Paper Company)
- 뮤추얼펀드(Mutual Fund) ⇨ 증권시장에 상장된 명목회사(Paper Company)

□□□

35

상**중**하

부동산투자회사에 관한 설명으로 옳은 것은? 제25회

① 위탁관리 부동산투자회사는 본점 외의 지점을 설치할 수 있으며, 직원을 고용하거나 상근 임원을 고용할 수 있다.

② 기업구조조정 부동산투자회사는 「상법」상의 실체회사인 주식회사로 자산운용 전문인력을 두고 자산의 투자 · 운용을 직접 수행하여 그 수익금을 주식으로 배분하는 회사를 말한다.

③ 자기관리 부동산투자회사는 자산운용 전문인력을 포함한 임직원을 상근으로 두고 자산의 투자 · 운용을 직접 수행하는 회사를 말한다.

④ 기업구조조정 부동산투자회사의 설립 자본금은 10억원 이상으로, 자기관리 부동산투자회사의 설립 자본금은 5억원 이상으로 한다.

⑤ 위탁관리 부동산투자회사의 경우 주주 1인과 그 특별관계자는 발행주식 총수의 20%를 초과하여 소유하지 못한다.

톺아보기

★ ③ 자기관리 부동산투자회사는 실체회사인 주식회사로, 자산운용 전문인력(예 공인중개사, 감정평가사 등)을 두고 자산의 투자 · 운용을 직접 수행하는 회사를 말한다.

오답해설

① 위탁관리 부동산투자회사는 명목회사(서류상 회사)로서 본점 외의 지점을 설치할 수 없으며, 직원을 고용하거나 상근 임원을 둘 수 없다.

② 기업구조조정 부동산투자회사는 명목회사(서류상 회사)로서, 자산의 투자 · 운용을 자산관리회사에게 위탁한다. 아직까지 부동산투자회사는 주식배당은 허용하지 않으며, 현금배당과 현물배당으로 한정하고 있다.

④ 기업구조조정 부동산투자회사의 설립 자본금은 3억원 이상으로 하며, 자기관리 부동산투자회사의 설립 자본금은 5억원 이상으로 한다.

⑤ 자기관리 부동산투자회사 및 위탁관리 부동산투자회사의 경우, 주주 1인과 그 특별관계자는 최저자본금준비기간이 끝난 후에는 부동산투자회사가 발행한 주식 총수의 100분의 50을 초과하여 주식을 소유하지 못한다. 단, 기업구조조정 부동산투자회사는 해당 내용인 1인당 주식소유한도(주식분산기준)가 적용되지 않는다.

정답 | 34 ① 35 ③

□□□

36

상 중 **하**

우리나라의 부동산투자회사(REITs)에 관한 설명으로 옳은 것은? 제26회 수정

① 자기관리 부동산투자회사의 설립 자본금은 5억원 이상으로 한다.

② 위탁관리 부동산투자회사의 설립 자본금은 3억원 이상이며, 영업인가를 받거나 등록을 한 후 6개월 이내에 30억원을 모집하여야 한다.

③ 자기관리 부동산투자회사와 기업구조조정 부동산투자회사는 모두 실체형 회사의 형태로 운영된다.

④ 위탁관리 부동산투자회사는 본점 외의 지점을 설치할 수 있으며, 직원을 고용하거나 상근 임원을 둘 수 있다.

⑤ 부동산투자회사는 금융기관으로부터 자금을 차입할 수 없다.

톺아보기

오답해설

② 위탁관리 부동산투자회사의 설립 자본금은 3억원 이상이며, 영업인가를 받거나 등록을 한 후 6개월 이내에 최저(영업)자본금은 50억원 이상이어야 한다.

③ 자기관리 부동산투자회사는 실체회사이며, 기업구조조정 부동산투자회사는 명목회사이다.

④ 위탁관리 부동산투자회사는 본점 외에 지점을 설치할 수 없으며, 직원을 고용하거나 상근 임원을 둘 수 없다.

⑤ 부동산투자회사는 금융기관으로부터 영업인가 등록 이후 자금을 차입할 수 있다.

□□□

37 상**중**하

「부동산투자회사법」상 '자기관리 부동산투자회사'(REITs, 이하 '회사'라 한다)에 관한 설명으로 틀린 것은? 제34회

① 국토교통부장관은 회사가 최저자본금을 준비하였음을 확인한 때에는 지체 없이 주요 출자자(발행주식 총수의 100분의 5를 초과하여 주식을 소유하는 자)의 적격성을 심사하여야 한다.

② 최저자본금준비기간이 지난 회사의 최저자본금은 70억원 이상이 되어야 한다.

③ 주요 주주는 미공개 자산운용정보를 이용하여 부동산을 매매하거나 타인에게 이용하게 하여서는 아니 된다.

④ 회사는 그 자산을 투자 · 운용할 때에는 전문성을 높이고 주주를 보호하기 위하여 자산관리회사에 위탁하여야 한다.

⑤ 주주총회의 특별결의에 따른 경우, 회사는 해당 연도 이익배당한도의 100분의 50 이상 100분의 90 미만으로 이익배당을 정한다.

톺아보기

④ • 자기관리 부동산투자회사(실체회사)는 자산운용전문인력을 포함한 임직원을 상근으로 두고 자산의 투자 · 운용을 직접 수행하는 회사이다.
• 위탁관리 및 기업구조조정 부동산투자회사(이하 '명목회사')는 자산의 투자 · 운용을 자산관리회사에게 위탁한다.

★ ② 최저자본금준비기간이 지난 회사의 최저자본금은 70억원 이상이 되어야 한다.

더 알아보기

「부동산투자회사법」 제2조 제1호 【정의】

가. 자기관리 부동산투자회사: 자산운용 전문인력을 포함한 임직원을 상근으로 두고 자산의 투자 · 운용을 직접 수행하는 회사

나. 위탁관리 부동산투자회사: 자산의 투자 · 운용을 자산관리회사에 위탁하는 회사

다. 기업구조조정 부동산투자회사: 제49조의2 제1항 각 호의 부동산을 투자 대상으로 하며 자산의 투자 · 운용을 자산관리회사에 위탁하는 회사

정답 | 36 ① 37 ④

□□□

38

상**중**하

「부동산투자회사법」상 위탁관리 부동산투자회사(REITs)에 관한 설명으로 틀린 것은? 제30회

① 주주 1인당 주식소유의 한도가 제한된다.

② 주주를 보호하기 위해서 직원이 준수해야 할 내부통제기준을 제정하여야 한다.

③ 자산의 투자 · 운용을 자산관리회사에 위탁하여야 한다.

④ 주요 주주의 대리인은 미공개 자산운용정보를 이용하여 부동산을 매매하거나 타인에게 이용하게 할 수 없다.

⑤ 설립 자본금은 3억원 이상으로 한다.

톺아보기

② 위탁관리 부동산투자회사는 명목회사로서, 자산의 투자 · 운용을 자산관리회사에게 위탁하므로 내부통제기준이 필요하지 않다. 내부통제기준(임직원이 따라야 할 절차와 기준)은 실체회사인 자기관리 부동산투자회사 및 자산관리회사에만 적용된다.

① 자기관리 부동산투자회사 및 위탁관리 부동산투자회사의 경우, 주주 1인과 그 특별관계자는 최저자본금준비기간이 끝난 후에는 부동산투자회사가 발행한 주식총수의 100분의 50을 초과하여 주식을 소유하지 못한다.

★ ③ 위탁관리 부동산투자회사는 자산의 투자 · 운용을 자산관리회사에 위탁하여야 한다.

④ 부동산투자회사의 미공개 자산운용정보를 이용하여 부동산 또는 증권을 매매하거나 타인에게 이를 이용하게 한 자는 5년 이하의 징역 또는 1억원 이하의 벌금에 처한다(「부동산투자회사법」 제50조 제5호).

더 알아보기

「부동산투자회사법」 제47조 **【내부통제기준의 제정 등】** ① 자기관리 부동산투자회사 및 자산관리회사는 법령을 준수하고 자산운용을 건전하게 하며 주주를 보호하기 위하여 임직원이 따라야 할 기본적인 절차와 기준(이하 "내부통제기준"이라 한다)을 제정하여 시행하여야 한다.

□□□

39 부동산투자회사법령상 자기관리 부동산투자회사가 상근으로 두어야 하는 자산운용 전문인력의 요건에 해당하는 사람을 모두 고른 것은? 제35회

상**중**하

> ㉠ 감정평가사로서 해당 분야에 3년을 종사한 사람
> ㉡ 공인중개사로서 해당 분야에 5년을 종사한 사람
> ㉢ 부동산투자회사에서 3년을 근무한 사람
> ㉣ 부동산학 석사학위 소지자로서 부동산의 투자 운용과 관련된 업무에 3년을 종사한 사람

① ㉠, ㉡　　② ㉠, ㉢　　③ ㉡, ㉣
④ ㉡, ㉢, ㉣　　⑤ ㉠, ㉡, ㉢, ㉣

톺아보기

옳은 것은 ㉡㉣이다.

「부동산투자회사법」 제22조 **【자기관리 부동산투자회사의 자산운용 전문인력】** ① 자기관리 부동산투자회사는 그 자산을 투자·운용할 때에는 전문성을 높이고 주주를 보호하기 위하여 대통령령으로 정하는 바에 따라 다음 각 호에 따른 자산운용 전문인력을 상근으로 두어야 한다.

1. 감정평가사 또는 공인중개사로서 해당 분야에 5년 이상 종사한 사람
2. 부동산 관련 분야의 석사학위 이상의 소지자로서 부동산의 투자·운용과 관련된 업무에 3년 이상 종사한 사람
3. 그 밖에 제1호 또는 제2호에 준하는 경력이 있는 사람으로서 대통령령으로 정하는 사람

정답 | 38 ② 39 ③

□□□

40

상 중 **하**

다음 자금조달 방법 중 지분금융(equity financing)에 해당하는 것은? 제29회

① 주택상환사채

② 신탁증서금융

③ 부동산투자회사(REITs)

④ 자산담보부 기업어음(ABCP)

⑤ 주택저당채권담보부 채권(MBB)

톺아보기

③ 부동산투자회사(REITs)의 주식발행이라고 명시하여야 정확한 표현이다. 출제자는 부동산투자회사가 주식회사 형태이므로 일반적인 개념으로 접근하여 지분금융에 해당한다고 출제한 것으로 판단된다. 지분금융이란 주식, 출자증권, 주식형 수익증권 등을 발행하여 자금을 조달하는 형태로, 조달한 자금이 자기자본이 되는 경우를 말한다(상환의무가 없다).

오답해설

① 주택상환사채 - 부채증권 발행 ⇨ 부채금융

② 신탁증서금융(담보신탁) ⇨ 부채금융

④ 자산담보부 기업어음(ABCP) - 부채증권 발행 ⇨ 부채금융

⑤ 주택저당채권담보부 채권(MBB) - 부채증권 발행 ⇨ 부채금융

□□□

41

상**중**하

부채금융(debt financing)에 해당하는 것을 모두 고른 것은? 제32회

㉠ 주택저당대출 ㉡ 조인트벤처(joint venture) ㉢ 신탁증서금융 ㉣ 자산담보부 기업어음(ABCP) ㉤ 부동산투자회사(REITs)

① ㉠, ㉡, ㉢
② ㉠, ㉡, ㉣
③ ㉠, ㉢, ㉣
④ ㉡, ㉢, ㉤
⑤ ㉢, ㉣, ㉤

톺아보기

부채금융에 해당하는 것은 ㉠㉢㉣이다. 부채금융(debt financing)은 부채증권(예 사채 등)을 발행하거나 차입(예 저당대출 등) 등으로 타인자본을 조달하여 원금과 이자에 대한 상환의무가 있는 것을 말한다.

㉡ 조인트벤처(joint venture): 명목회사형 주식회사(주식발행) ⇨ 지분금융

㉤ 부동산투자회사(REITs): 주식회사(주식발행) ⇨ 지분금융

더 알아보기

구분	지분금융	부채금융
의의	자금조달주체가 지분권 · 출자증권 · 주식 등을 발행하여 자금을 조달하는 것으로, 조달한 자금은 자기자본이 된다.	부채금융은 부채증권(예 사채 등)을 발행하거나 차입(예 저당대출 등) 등으로 타인자본을 조달하여 원금과 이자에 대한 상환의무가 있는 것을 말한다.
유형	1. 부동산투자회사의 주식(보통주 · 우선주) (주식)공모에 의한 증자 2. 부동산펀드의 수익증권 3. 신디케이트의 출자증권 4. 조인트벤처방식 등	1. 저당금융(부동산저당대출) 2. 프로젝트 파이낸싱 3. **부채증권 발행** • MBS, CMBS, PF ABCP 등 • 국채, 지방채, 부동산투자회사의 회사채 • 주택상환사채, 토지채권 4. 신탁증서금융(담보신탁)

자산유동화증권(ABS)은 주권(주식), 출자증권, 사채(채권), 수익증권 등으로 발행할 수 있다.

정답 | 40 ③ 41 ③

□□□

42

상 중 하

메자닌금융(mezzanine financing)에 해당하는 것을 모두 고른 것은? 제32회

㉠ 후순위대출	㉡ 전환사채
㉢ 주택상환사채	㉣ 신주인수권부 사채
㉤ 보통주	

① ㉠, ㉡, ㉢
② ㉠, ㉡, ㉣
③ ㉠, ㉢, ㉣
④ ㉡, ㉢, ㉤
⑤ ㉡, ㉣, ㉤

톺아보기

메자닌금융에 해당하는 것은 ㉠㉡㉣이다. 메자닌금융은 조달한 자금의 성격이 지분(주식)과 부채(채권)의 중간적 성격을 갖는 경우를 말한다.

㉠ 후순위채권(대출): 채권 발행기관이 도산할 경우 사채의 변제순위에 있어 은행대출채권 등의 일반사채보다는 뒤지나 주식보다는 우선하는 채권을 말한다. 채권의 만기 전에 변제를 요청할 수 없고 일반적으로 상환기간을 5년 이상으로 하기 때문에(⇨ 사실상 만기가 없는 영구채적 성격을 갖기 때문에 채권발행자가 투자자에게 원금을 상환할 의무가 없다) 자기자본으로 계산해 준다. 은행감독 규정에서 은행이 후순위채권을 발행하면 자기자본의 50% 범위에서 채권발행액 전액을 자기자본으로 인정하도록 하고 있다. 따라서 후순위채권 발행은 자기자본비율을 끌어올리는 효과가 있다.

㉡ 전환사채(CB): 미래의 일정시점에서 일정한 가격으로 주식으로 전환할 권리가 부여된 채권

㉢ 주택상환사채: 주택으로 상환하기로 약정한 채권 ⇨ 부채금융

㉣ 신주인수권부 사채(BW): 신주(신규발행주식)를 인수할 권리가 부여된 채권

㉤ 보통주: 주식발행 ⇨ 지분금융

더 알아보기

메자닌금융(mezzanine financing)

1. 조달한 개발자금의 성격이 지분과 부채의 성격을 함께 가지는 것, 즉 중간적 성격을 가지고 있으므로 이탈리아어로 중간층을 뜻하는 '메자닌'을 사용하여 메자닌금융(mezzanine financing)기법이라고 한다.
2. **메자닌금융의 유형**
   - 전환사채(CB)
   - 신주인수권부 사채(BW)
   - 상환우선주
   - 상환전환우선주
   - 후순위채권(대출)
   - 교환사채(EB)

정답 | 42 ②

land.Hackers.com

3개년 출제비중분석

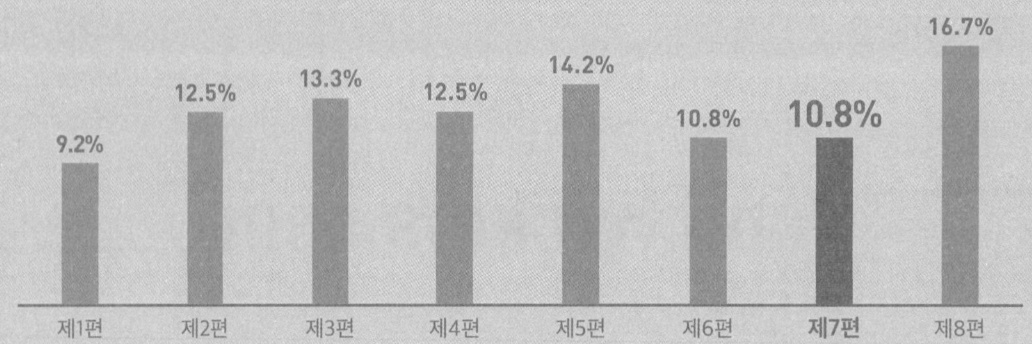
9.2%
12.5%
13.3%
12.5%
14.2%
10.8%
10.8%
16.7%
제1편
제2편
제3편
제4편
제5편
제6편
제7편
제8편

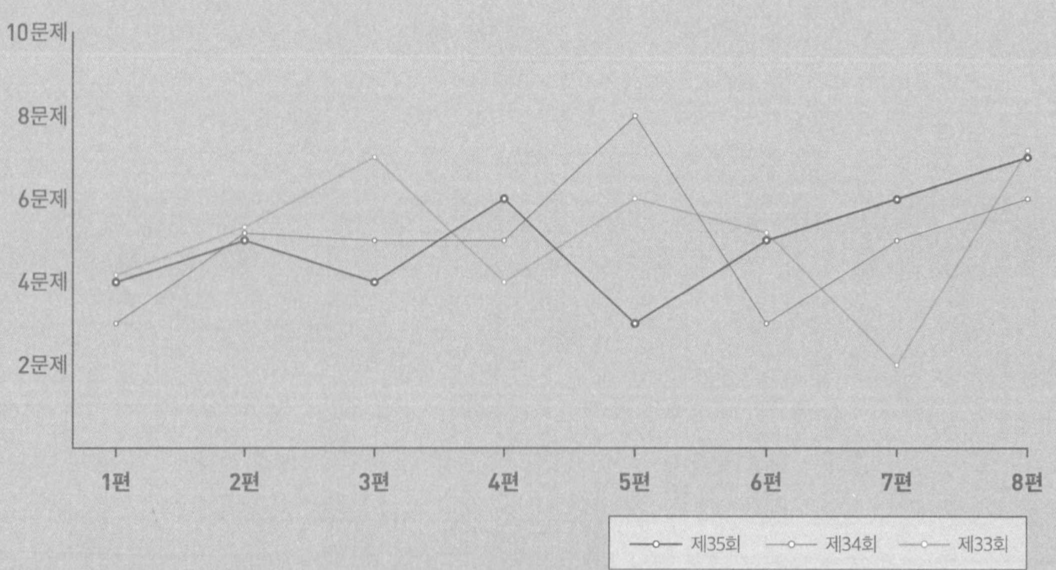
10문제
8문제
6문제
4문제
2문제
1편
2편
3편
4편
5편
6편
7편
8편
제35회
제34회
제33회

제7편

부동산개발 및 관리론

제1장 / 부동산이용 및 개발

기본서 p.345~370

□□□

01 부동산개발에 관한 설명으로 옳은 것은? 제24회

상중하

① 공공개발: 제2섹터개발이라고도 하며, 민간이 자본과 기술을 제공하고 공공기관이 인·허가 등 행정적인 부분을 담당하는 상호 보완적인 개발을 말한다.

② BTL(build-transfer-lease): 사업시행자가 시설을 준공하여 소유권을 보유하면서 시설의 수익을 가진 후 일정 기간 경과 후 시설소유권을 국가 또는 지방자치단체에 귀속시키는 방식이다.

③ BTO(build-transfer-operate): 사업시행자가 시설의 준공과 함께 소유권을 국가 또는 지방자치단체로 이전하고, 해당 시설을 국가나 지방자치단체에 임대하여 수익을 내는 방식이다.

④ BOT(build-operate-transfer): 시설의 준공과 함께 시설의 소유권이 국가 또는 지방자치단체에 귀속되지만, 사업시행자가 정해진 기간 동안 시설에 대한 운영권을 가지고 수익을 내는 방식이다.

⑤ BOO(build-own-operate): 시설의 준공과 함께 사업시행자가 소유권과 운영권을 갖는 방식이다.

톺아보기

오답해설

① 공공개발(제1섹터)이나 제2섹터(사적 부분)가 아닌 공·사 혼합부문개발인 제3섹터에 대한 설명이다.
② BOT(build-operate-transfer) 또는 BOT(build-own-transfer)방식으로 볼 수 있다.
③ BTL(build-transfer-lease)방식에 대한 설명이다.
④ BTO(build-transfer-operate)방식에 대한 설명이다.

더 알아보기

- **정부 등 공적 주체:** 제1섹터의 개발
- **토지소유자 조합 등 민간(사적) 주체:** 제2섹터의 개발
- **공·사 혼합 주체:** 제3섹터의 개발

상중하

민간투자사업의 유형이 옳게 짝지어진 것은? 제32회

> ㉠ 민간사업자가 자금을 조달하여 시설을 건설하고, 일정기간 소유 및 운영을 한 후, 사업종료 후 국가 또는 지방자치단체 등에게 시설의 소유권을 이전하는 방식
> ㉡ 민간사업자가 자금을 조달하여 시설을 건설하고 일정기간 동안 타인에게 임대하고, 임대기간 종료 후 국가 또는 지방자치단체 등에게 시설의 소유권을 이전하는 방식
> ㉢ 민간사업자가 자금을 조달하여 시설을 건설하고, 준공과 함께 민간사업자가 당해 시설의 소유권과 운영권을 갖는 방식

> a. BTO(build-transfer-operate)방식
> b. BOT(build-operate-transfer)방식
> c. BTL(build-transfer-lease)방식
> d. BLT(build-lease-transfer)방식
> e. BOO(build-own-operate)방식
> f. ROT(rehabilitate-operate-transfer)방식

① ㉠ - a, ㉡ - c, ㉢ - e
② ㉠ - a, ㉡ - d, ㉢ - e
③ ㉠ - b, ㉡ - c, ㉢ - f
④ ㉠ - b, ㉡ - d, ㉢ - e
⑤ ㉠ - b, ㉡ - d, ㉢ - f

톺아보기

★ ㉠ 민간사업자가 자금을 조달하여 시설을 건설하고, 일정기간 소유 및 운영을 한 후, 사업종료 후 국가 또는 지방자치단체 등에게 시설의 소유권을 이전하는 방식 ⇨ b. BOT(build-operate-transfer) 방식

㉡ 민간사업자가 자금을 조달하여 시설을 건설하고 일정기간 동안 타인에게 임대하고, 임대기간 종료 후 국가 또는 지방자치단체 등에게 시설의 소유권을 이전하는 방식 ⇨ d. BLT(build-lease-transfer) 방식

㉢ 민간사업자가 자금을 조달하여 시설을 건설하고, 준공과 함께 민간사업자가 당해 시설의 소유권과 운영권을 갖는 방식 ⇨ e. BOO(build-own-operate)방식

정답 | 01 ⑤ 02 ④

□□□

03 다음에서 설명하는 사회기반시설에 대한 민간투자방식을 〈보기〉에서 올바르게 고른 것은?

상중하 제28회

> ㉠ 사회기반시설의 준공과 동시에 해당 시설의 소유권이 국가 또는 지방자치단체에 귀속되며, 사업시행자에게 일정기간의 시설관리운영권을 인정하되, 그 시설을 국가 또는 지방자치단체 등이 협약에서 정한 기간 동안 임차하여 사용·수익하는 방식
> ㉡ 사회기반시설의 준공과 동시에 해당 시설의 소유권이 국가 또는 지방자치단체에 귀속되며, 사업시행자에게 일정기간의 시설관리운영권을 인정하는 방식

보기

가: BOT(build-operate-transfer)방식
나: BOO(build-own-operate)방식
다: BLT(build-lease-transfer)방식
라: BTL(build-transfer-lease)방식
마: BTO(build-transfer-operate)방식
바: BTOT(build-transfer-operate-transfer)방식

① ㉠: 가, ㉡: 나
② ㉠: 나, ㉡: 다
③ ㉠: 다, ㉡: 라
④ ㉠: 라, ㉡: 마
⑤ ㉠: 마, ㉡: 바

톺아보기

㉠ BTL(build-transfer-lease)방식: 사회기반시설의 준공과 동시에 해당 시설의 소유권이 국가 또는 지방자치단체에 귀속되며, 사업시행자에게 일정기간의 시설관리운영권을 인정하되, 그 시설을 국가 또는 지방자치단체 등이 협약에서 정한 기간 동안 임차하여 사용·수익하는 방식
㉡ BTO(build-transfer-operate)방식: 사회기반시설의 준공과 동시에 해당 시설의 소유권이 국가 또는 지방자치단체에 귀속되며, 사업시행자에게 일정기간의 시설관리운영권을 인정하는 방식

□□□

04 다음에서 설명하고 있는 민간투자사업방식은?

제31회

상 중 **하**

> • 사회기반시설의 준공과 동시에 해당 시설의 소유권이 국가 또는 지방자치단체에 귀속되며, 사업시행자에게 일정기간의 시설관리운영권을 인정하되, 그 시설을 국가 또는 지방자치단체 등이 협약에서 정한 기간 동안 임차하여 사용·수익하는 방식
> • 학교시설, 문화시설 등 시설이용자로부터 사용료를 징수하기 어려운 사회기반시설 건설의 사업방식으로 활용

① BOT(Build－Operate－Transfer)방식
② BTO(Build－Transfer－Operate)방식
③ BLT(Build－Lease－Transfer)방식
④ BTL(Build－Transfer－Lease)방식
⑤ BOO(Build－Own－Operate)방식

톺아보기

BTL(Build-Transfer-Lease)방식은 사회기반시설의 준공(Build)과 동시에 해당 시설의 소유권이 국가 또는 지방자치단체에 귀속(Transfer)되며, 사업시행자에게 일정기간의 시설관리운영권을 인정하되, 그 시설을 국가 또는 지방자치단체 등이 협약에서 정한 기간 동안 임차(Lease)하여 사용·수익하는 방식을 말한다.

더 알아보기

BTO(Build-Transfer-Operate)방식은 도로, 항만, 지하철 등 시설이용자로부터 사용료를 징수하기가 상대적으로 용이한 사회기반시설 건설의 사업방식으로 활용된다.

정답 | 03 ④ 04 ④

상 중 **하**

부동산개발이 다음과 같은 5단계만 진행된다고 가정할 때, 일반적인 진행순서로 적절한 것은? 제26회

> ㉠ 사업부지 확보
> ㉡ 예비적 타당성분석
> ㉢ 사업구상(아이디어)
> ㉣ 사업 타당성분석
> ㉤ 건설

	1단계		2단계		3단계		4단계		5단계
①	㉢	⇨	㉡	⇨	㉠	⇨	㉣	⇨	㉤
②	㉢	⇨	㉠	⇨	㉡	⇨	㉤	⇨	㉣
③	㉡	⇨	㉢	⇨	㉣	⇨	㉠	⇨	㉤
④	㉡	⇨	㉣	⇨	㉠	⇨	㉢	⇨	㉤
⑤	㉡	⇨	㉠	⇨	㉣	⇨	㉢	⇨	㉤

톺아보기

워포드(L. Wofford)에 따른 개발사업의 과정(진행단계)으로, '구상 · 계획수립(아이디어) ⇨ 예비적 타당성분석 ⇨ 부지구입 및 확보 ⇨ 타당성분석 ⇨ 금융 ⇨ 건설 ⇨ 마케팅' 순으로 이루어진다.

□□□

06

상 중 **하**

부동산개발의 위험에 관한 설명으로 <u>틀린</u> 것은? 제28회

① 워포드(L. Wofford)는 부동산개발위험을 법률위험, 시장위험, 비용위험으로 구분하고 있다.

② 부동산개발사업의 추진에는 많은 시간이 소요되므로, 개발사업기간 동안 다양한 시장위험에 노출된다.

③ 부동산개발사업의 진행과정에서 행정의 변화에 의한 사업 인 · 허가 지연위험은 시행사 또는 시공사가 스스로 관리할 수 있는 위험에 해당한다.

④ 법률위험을 최소화하기 위해서는 이용계획이 확정된 토지를 구입하는 것이 유리하다.

⑤ 예측하기 어려운 시장의 불확실성은 부동산개발사업에 영향을 주는 시장위험요인이 된다.

톺아보기

부동산개발사업의 진행과정에서 행정의 변화에 의한 사업 인 · 허가 지연위험(예 법적 위험 등)은 시행사 또는 시공사가 스스로 관리할 수 없는 위험(통제불가능위험)에 해당한다.

□□□

07

상중하

부동산개발에 관한 설명으로 옳은 것을 모두 고른 것은? 제23회

ㄱ 부동산개발이란 타인에게 공급할 목적으로 토지를 조성하거나 건축물을 건축, 공작물을 설치하는 행위로 조성 · 건축 · 대수선 · 리모델링 · 용도변경 또는 설치되거나 될 예정인 부동산을 공급하는 것을 말한다. 다만, 시공을 담당하는 행위는 제외된다.

ㄴ 개발권양도제(TDR)는 개발제한으로 인해 규제되는 보전지역에서 발생하는 토지소유자의 손실을 보전하기 위한 제도로서 현재 널리 시행되고 있다.

ㄷ 흡수율분석은 부동산시장의 추세를 파악하는 데 도움을 주는 것으로, 과거의 추세를 정확하게 파악하는 것이 주된 목적이다.

ㄹ 개발사업에 있어서 법률적 위험은 용도지역 · 지구제와 같은 공법적 측면과 소유권 관계와 같은 사법적 측면에서 형성될 수 있다.

ㅁ 개발사업에 대한 타당성분석 결과가 동일한 경우에도 분석된 사업안은 개발업자에 따라 채택될 수도 있고, 그렇지 않을 수도 있다.

① ㄱ, ㄴ, ㄷ
② ㄱ, ㄹ, ㅁ
③ ㄴ, ㄷ, ㄹ
④ ㄴ, ㄷ, ㅁ
⑤ ㄷ, ㄹ, ㅁ

톺아보기

옳은 것은 ㄱㄹㅁ이다.

ㄴ 개발권양도제(TDR)는 개발제한으로 인해 규제되는 보전지역에서 발생하는 토지소유자의 손실을 보전하기 위한 미국에서 활용되는 제도이며, 우리나라에서 시행하는 제도가 아니다.

ㄷ 흡수율분석은 부동산시장의 추세를 파악하는 데 도움을 주는 것으로, (과거 및 현재를 통하여) 미래의 추세를 정확하게 파악하는 것이 주된 목적이다.

정답 | 05 ① 06 ③ 07 ②

□□□

08 아파트 재건축사업시 조합의 사업성에 부정적인 영향을 주는 요인은 모두 몇 개인가? (단, 다른 조건은 동일함)

상중하 제25회

• 건설자재 가격의 상승	• 일반분양분의 분양가 상승
• 조합원 부담금 인상	• 용적률의 할증
• 이주비 대출금리의 하락	• 공사기간의 연장
• 기부채납의 증가	

① 2개
② 3개
③ 4개
④ 5개
⑤ 6개

톺아보기

사업성에 부정적인 영향을 주는 요인(비용 증가요인, 수익성 저하요인)은 건설자재 가격의 상승, 조합원 부담금 인상, 공사기간의 연장, 기부채납의 증가 4개이다. 반면, 일반분양분의 분양가 상승, 용적률의 할증, 이주비 대출금리의 하락은 재건축사업에 긍정적 영향을 주는 요인이다.

□□□

09 다음 중 아파트개발사업을 추진하고 있는 시행사의 사업성에 긍정적 영향을 주는 요인은 모두 몇 개인가? (단, 다른 조건은 동일함)

상중하 제29회

• 공사기간의 연장	• 대출이자율의 상승
• 초기 분양률의 저조	• 인 · 허가시 용적률의 증가
• 매수예정 사업부지가격의 상승	

① 1개
② 2개
③ 3개
④ 4개
⑤ 5개

톺아보기

보기 중 사업성에 긍정적 영향을 주는 요인은 인·허가시 용적률의 증가 1개이다.

오답해설

- 공사기간의 연장 ⇨ 비용(증가)위험의 상승
- 대출이자율의 상승 ⇨ 이자비용의 증가
- 초기 분양률의 저조 ⇨ 시장위험의 증대
- 매수예정 사업부지가격의 상승 ⇨ 비용(증가)위험의 증가

□□□

10 상**중**하

부동산개발사업시 분석할 내용에 관한 설명으로 틀린 것은? 제25회

① 민감도분석은 시장에 공급된 부동산이 시장에서 일정기간 동안 소비되는 비율을 조사하여 해당 부동산시장의 추세를 파악하는 것이다.

② 시장분석은 특정부동산에 관련된 시장의 수요와 공급상황을 분석하는 것이다.

③ 시장성분석은 부동산이 현재나 미래의 시장상황에서 매매 또는 임대될 수 있는 가능성을 조사하는 것이다.

④ 예비적 타당성분석은 개발사업으로 예상되는 수입과 비용을 개략적으로 계산하여 수익성을 검토하는 것이다.

⑤ 인근지역분석은 부동산개발에 영향을 미치는 환경요소의 현황과 전망을 분석하는 것이다.

톺아보기

① 민감도(감응도)분석은 투자위험을 통제하고 관리하는 기법으로 개발사업의 경제성분석이나 투자분석에 활용된다. 반면, 흡수율분석은 시장에 공급된 부동산이 시장에서 일정기간 동안 소비되는 비율을 조사하여 해당 부동산시장의 추세를 파악하는 것이다.

★ ④ 예비적 타당성분석은 개발사업으로 예상되는 수입과 비용을 개략적으로 계산하여 수익성을 검토하는 것이다.

정답 | 08 ③ 09 ① 10 ①

□□□

11 상**중**하

부동산개발사업의 타당성분석과 관련하여 다음의 설명에 해당하는 (　　)에 알맞은 용어는? 제31회

> • (㉠): 특정 부동산이 가진 경쟁력을 중심으로 해당 부동산이 분양될 수 있는 가능성을 분석하는 것
> • (㉡): 타당성분석에 활용된 투입요소의 변화가 그 결과치에 어떠한 영향을 주는가를 분석하는 기법

① ㉠: 경제성분석, ㉡: 민감도분석
② ㉠: 경제성분석, ㉡: SWOT분석
③ ㉠: 시장성분석, ㉡: 흡수율분석
④ ㉠: 시장성분석, ㉡: SWOT분석
⑤ ㉠: 시장성분석, ㉡: 민감도분석

톺아보기

㉠ 특정 부동산이 가진 경쟁력을 중심으로 해당 부동산이 분양(임대 또는 매매)될 수 있는 가능성을 분석하는 것은 부동산개발의 경제적 타당성분석 중 시장성분석에 해당한다.
㉡ 타당성분석에 활용된 투입요소(위험요소)의 변화가 그 결과치(수익성)에 어떠한 영향을 주는가를 분석하는 기법은 민감도분석으로, 부동산개발의 경제적 타당성분석 중 투자분석에 활용된다.

더 알아보기

SWOT분석

기업의 내부 · 외부환경을 분석하여 강점(Strength), 약점(Weakness), 기회(Opportunity), 위협(Threat) 요인을 규정하고 이를 토대로 경영전략을 수립하는 기법이다. 단, 공인중개사 시험에 아직 출제된 바는 없다.

□□□

12

상**중**하

부동산개발에 관한 설명으로 틀린 것은? 제32회

① 부동산개발사업 진행시 행정의 변화에 따른 사업의 인·허가 지연위험은 사업시행자가 스스로 관리할 수 없는 위험이다.

② 공영(공공)개발은 공공성과 공익성을 위해 택지를 조성한 후 분양 또는 임대하는 토지개발방식을 말한다.

③ 환지방식은 택지가 개발되기 전 토지의 위치·지목·면적 등을 고려하여 택지개발 후 개발된 토지를 토지소유자에게 재분배하는 방식을 말한다.

④ 부동산개발은 미래의 불확실한 수익을 근거로 개발을 진행하기 때문에 위험성이 수반된다.

⑤ 흡수율분석은 재무적 사업타당성분석에서 사용했던 주요 변수들의 투입 값을 낙관적, 비관적 상황으로 적용하여 수익성을 예측하는 것을 말한다.

톺아보기

- 민감도(감응도)분석은 재무적 사업타당성분석 또는 투자분석에서 사용했던 주요 변수들의 투입 값을 낙관적, 비관적 상황으로 적용하여 수익성을 예측하는 것을 말한다.
- 흡수율분석은 시장에 공급된 부동산이 일정기간 동안 소비되는 비율을 구체적·미시적으로 조사하는 것으로, 미래의 흡수율을 파악하는 데 궁극적인 목적이 있다.

정답 | 11 ⑤ 12 ⑤

□□□

13

상**중**하

각 지역과 산업별 고용자 수가 다음과 같을 때, A지역 X산업과 B지역 Y산업의 입지계수(LQ)를 올바르게 계산한 것은? (단, 주어진 조건에 한하며, 결괏값은 소수점 셋째 자리에서 반올림함) 제31회

구분		A지역	B지역	전지역 고용자 수
X산업	고용자 수	100	140	240
	입지계수	(㉠)	1.17	
Y산업	고용자 수	100	60	160
	입지계수	1.25	(㉡)	
고용자 수 합계		200	200	400

① ㉠: 0.75, ㉡: 0.83

② ㉠: 0.75, ㉡: 1.33

③ ㉠: 0.83, ㉡: 0.75

④ ㉠: 0.83, ㉡: 1.20

⑤ ㉠: 0.83, ㉡: 1.33

톺아보기

$$\text{입지계수(LQ)} = \frac{\text{지역의 X산업 고용률}}{\text{전국의 X산업 고용률}}$$

㉠은 0.83, ㉡은 0.75이다.

㉠ A지역의 X산업 입지계수 $= \dfrac{\frac{100}{200}}{\frac{240}{400}} \fallingdotseq 0.83$

㉠ B지역의 Y산업 입지계수 $= \dfrac{\frac{60}{200}}{\frac{160}{400}} = 0.75$

□□□
14
상중하

각 지역과 산업별 고용자 수가 다음과 같을 때, A지역과 B지역에서 입지계수(LQ)에 따른 기반산업의 개수는? (단, 주어진 조건에 한하며, 결괏값은 소수점 셋째자리에서 반올림함) 제32회

구분		A지역	B지역	전지역 고용자 수
X산업	고용자 수	30	50	80
	입지계수	0.79	?	
Y산업	고용자 수	30	30	60
	입지계수	?	?	
Z산업	고용자 수	30	20	50
	입지계수	?	0.76	
고용자 수 합계		90	100	190

① A지역: 0개, B지역: 1개
② A지역: 1개, B지역: 0개
③ A지역: 1개, B지역: 1개
④ A지역: 1개, B지역: 2개
⑤ A지역: 2개, B지역: 1개

톺아보기

1. A지역에서 입지계수에 따른 기반산업의 개수

- A지역 Y산업의 입지계수(LQ) $= \dfrac{\frac{30}{90}}{\frac{60}{190}} = \dfrac{\text{약 } 0.333}{\text{약 } 0.315} \fallingdotseq 1.057$

- A지역 Z산업의 입지계수(LQ) $= \dfrac{\frac{30}{90}}{\frac{50}{190}} = \dfrac{\text{약 } 0.333}{\text{약 } 0.263} \fallingdotseq 1.266$

∴ A지역에서는 Y산업과 Z산업이 입지계수가 1보다 크기 때문에 Y, Z산업 2개가 기반산업이다.

2. B지역에서 입지계수에 따른 기반사업의 개수

- B지역 X산업의 입지계수(LQ) $= \dfrac{\frac{50}{100}}{\frac{80}{190}} = \dfrac{0.5}{\text{약 } 0.421} \fallingdotseq 1.187$

- B지역 Y산업의 입지계수(LQ) $= \dfrac{\frac{30}{100}}{\frac{60}{190}} = \dfrac{0.3}{\text{약 } 0.315} \fallingdotseq 0.952$

∴ B지역에서는 X산업의 입지계수가 1보다 크기 때문에 X산업 1개가 기반산업이다.

정답 | 13 ③ 14 ⑤

□□□

15

상 중 하

X와 Y지역의 산업별 고용자 수가 다음과 같을 때, X지역의 입지계수(LQ)에 따른 기반산업의 개수는?

제34회

구분	X지역	Y지역	전지역
A산업	30	50	80
B산업	50	40	90
C산업	60	50	110
D산업	100	20	120
E산업	80	60	140
전산업 고용자수	320	220	540

① 0개 ② 1개 ③ 2개

④ 3개 ⑤ 4개

톺아보기

X지역에서 입지계수(LQ)가 1보다 큰 산업은 D산업 1개이다.

- 입지계수(LQ) $= \dfrac{\text{지역의 X산업 고용비율}}{\text{전국의 X산업 고용비율}} = \dfrac{\dfrac{\text{지역의 X산업 고용인구}}{\text{지역의 총고용인구}}}{\dfrac{\text{전국의 X산업 고용인구}}{\text{전국의 총고용인구}}}$

- A산업: 약 $0.628 = \dfrac{\dfrac{30}{320} \fallingdotseq 0.093}{\dfrac{80}{540} \fallingdotseq 0.148}$
- B산업: 약 $0.939 = \dfrac{\dfrac{50}{320} \fallingdotseq 0.156}{\dfrac{90}{540} \fallingdotseq 0.166}$
- C산업: 약 $0.921 = \dfrac{\dfrac{60}{320} \fallingdotseq 0.187}{\dfrac{110}{540} \fallingdotseq 0.203}$
- D산업: 약 $1.405 = \dfrac{\dfrac{100}{320} \fallingdotseq 0.312}{\dfrac{120}{540} \fallingdotseq 0.222}$
- E산업: 약 $0.965 = \dfrac{\dfrac{80}{320} = 0.25}{\dfrac{140}{540} \fallingdotseq 0.259}$

□□□

16 부동산개발사업의 방식에 관한 설명 중 ㉠과 ㉡에 해당하는 것은? 제29회

상 중 **하**

> ㉠: 토지소유자가 토지소유권을 유지한 채 개발업자에게 사업시행을 맡기고 개발업자는 사업시행에 따른 수수료를 받는 방식
> ㉡: 토지소유자로부터 형식적인 토지소유권을 이전받은 신탁회사가 사업주체가 되어 개발·공급하는 방식

① ㉠: 사업위탁(수탁)방식, ㉡: 등가교환방식
② ㉠: 사업위탁(수탁)방식, ㉡: 신탁개발방식
③ ㉠: 등가교환방식, ㉡: 합동개발방식
④ ㉠: 자체개발방식, ㉡: 신탁개발방식
⑤ ㉠: 자체개발방식, ㉡: 합동개발방식

톺아보기

㉠ 사업수탁(위탁)방식: 토지소유자가 토지소유권을 유지한 채 토지소유자 명의로, 토지소유자가 개발자금을 조달하되, 개발업자에게 사업시행을 맡기고 개발업자는 사업시행에 따른 수수료를 받는 방식
㉡ 토지(개발)신탁방식: 토지소유자로(위탁자)부터 형식적인 토지소유권을 이전받은 부동산신탁회사(수탁사)가 사업주체가 되어 토지를 개발(공급)하는 방식

정답 | 15 ② 16 ②

□□□

17

상중하

민간의 부동산개발방식에 관한 설명으로 틀린 것은? 제26회

① 자체개발사업에서는 사업시행자의 주도적인 사업추진이 가능하나, 사업의 위험성이 높을 수 있어 위기관리능력이 요구된다.

② 토지소유자가 제공한 토지에 개발업자가 공사비를 부담하여 부동산을 개발하고, 개발된 부동산을 제공된 토지가격과 공사비의 비율에 따라 나눈다면 이는 등가교환방식에 해당한다.

③ 토지신탁(개발)방식과 사업수탁방식은 형식의 차이가 있으나, 소유권을 이전하고 사업주체가 토지소유자가 된다는 점에서 동일하다.

④ 개발사업에 있어서 사업자금 조달 또는 상호 기술 보완 등 필요에 따라 법인간에 컨소시엄을 구성하여 사업을 추진한다면 이는 컨소시엄구성방식에 해당한다.

⑤ 토지소유자가 사업을 시행하면서 건설업체에 공사를 발주하고 공사비의 지급은 분양수입금으로 지급한다면 이는 분양금 공사비지급(청산)형 사업방식에 해당한다.

톺아보기

토지신탁(개발)방식과 사업수탁방식은 개발사업을 위탁하고 개발지분을 공유하지 않으며, 수수료 문제가 발생한다는 점에서 공통점이 있지만, 다음과 같은 차이점이 있다.

- 토지신탁(개발)방식은 토지소유권이 형식적으로 부동산신탁회사에 이전되는 형태로, 사업주체는 부동산신탁회사이다.
- 사업수탁방식은 토지소유권을 이전하지 않고 개발사업만 개발업자에게 위탁하는 방식으로 사업주체는 토지소유자이다.

□□□

18 상**중**하

부동산개발에 관한 설명으로 틀린 것은? 제27회

① 부동산개발업의 관리 및 육성에 관한 법령상 부동산개발업이란 타인에게 공급할 목적으로 부동산개발을 수행하는 업을 말한다.

② 법률적 위험을 줄이는 하나의 방법은 이용계획이 확정된 토지를 구입하는 것이다.

③ 시장성분석단계에서는 향후 개발될 부동산이 현재나 미래의 시장상황에서 매매되거나 임대될 수 있는지에 대한 경쟁력을 분석한다.

④ 토지(개발)신탁방식은 신탁회사가 토지소유권을 이전받아 토지를 개발한 후 분양하거나 임대하여 그 수익을 수익자에게 돌려주는 것이다.

⑤ BTO(Build－Transfer－Operate)방식은 민간이 개발한 시설의 소유권을 준공과 동시에 공공에 귀속시키고 민간은 시설관리운영권을 가지며, 공공은 그 시설을 임차하여 사용하는 민간투자사업방식이다.

톺아보기

⑤ • BTL(Build－Transfer－Lease)방식은 민간이 개발한 시설의 소유권을 준공(Build)과 동시에 공공에 귀속(Transfer)시키고 민간은 시설관리운영권을 가지며, 공공은 그 시설을 임차(Lease)하여 사용하는 민간투자사업방식이다.
• BTO(Build－Transfer－Operate)방식은 사회기반시설의 준공(Build)과 동시에 해당 시설의 소유권이 국가 또는 지방자치단체에 귀속(Transfer)되며, 사업시행자에게 일정기간의 시설관리운영권(Operate)을 인정하는 방식이다.

★ ③ 시장성분석단계에서는 향후 개발될 부동산이 현재나 미래의 시장상황에서 매매되거나 임대될 수 있는지에 대한 경쟁력을 분석한다.

★ ④ 토지(개발)신탁방식은 신탁회사가 토지소유권을 이전받아 토지를 개발한 후 분양하거나 임대하여 그 수익을 수익자에게 돌려주는 것이다.

정답 | 17 ③ 18 ⑤

□□□

19 부동산개발사업에 관한 설명으로 틀린 것은? 제35회

상중하

① 부동산개발의 타당성분석 과정에서 시장분석을 수행하기 위해서는 먼저 시장지역을 설정하여야 한다.

② 부동산개발업의 관리 및 육성에 관한 법령상 건축물을 리모델링 또는 용도변경하는 행위(다만, 시공을 담당하는 행위는 제외한다)는 부동산개발에 포함된다.

③ 민간투자사업에 있어 민간사업자가 자금을 조달하여 시설을 건설하고 일정기간 소유 및 운영을 한 후 국가 또는 지방자치단체에게 시설의 소유권을 이전하는 방식은 BOT(build-operate-transfer)방식이다.

④ 부동산개발의 유형을 신개발방식과 재개발방식으로 구분하는 경우, 도시 및 주거환경정비법령상 재건축사업은 재개발방식에 속한다.

⑤ 개발사업의 방식 중 사업위탁방식과 신탁개발방식의 공통점은 토지소유자가 개발사업의 전문성이 있는 제3자에게 토지소유권을 이전하고 사업을 위탁하는 점이다.

톺아보기

⑤ • 사업위탁방식과 신탁개발방식의 공통점은 개발사업을 부동산개발업자나 부동산신탁회사에게 위탁하고, 수수료 문제가 발생하며, 개발사업 후 지분을 공유하지 않는다는 것이다.
• 사업위탁방식은 토지소유자가 토지소유권을 유지한 채 개발사업만을 부동산개발업자에게 위탁하여 진행된다.
• 토지신탁방식은 토지소유자가 부동산신탁회사에게 형식적으로 토지소유권을 이전하고 개발사업을 위탁하는 방식이다.

★ ② 부동산개발업의 관리 및 육성에 관한 법령상 건축물을 리모델링 또는 용도변경하는 행위(다만, 시공을 담당하는 행위는 제외한다)는 부동산개발에 포함된다.

□□□

20 부동산개발사업의 분류상 다음 (   )에 들어갈 내용으로 옳은 것은? 제31회

상**중**하

> 토지소유자가 조합을 설립하여 농지를 택지로 개발한 후 보류지(체비지 · 공공시설용지)를 제외한 개발토지 전체를 토지소유자에게 배분하는 방식
> • 개발 형태에 따른 분류: (㉠)
> • 토지취득방식에 따른 분류: (㉡)

① ㉠: 신개발방식, ㉡: 수용방식
② ㉠: 재개발방식, ㉡: 환지방식
③ ㉠: 신개발방식, ㉡: 혼용방식
④ ㉠: 재개발방식, ㉡: 수용방식
⑤ ㉠: 신개발방식, ㉡: 환지방식

톺아보기

택지개발수법 중 환지방식에 대한 설명이다. 부동산개발을 신개발과 재개발로 구분할 때 신개발은 개발되지 않은 농지나 산지 등을 건축이 가능한 토지(예 택지 등)로 전환하여 개발하는 것을 말하며, 환지방식은 신개발방식의 한 유형이다.

더 알아보기

재개발방식은 시행방법에 따라 철거재개발, 개량재개발, 수복재개발, 보전재개발방식으로 구분한다.

정답 | 19 ⑤ 20 ⑤

□□□

21

상 중 하

주택정책과 관련하여 다음에서 설명하는 도시 및 주거환경정비법령상 정비사업은?

제30회

> 정비기반시설이 열악하고 노후 · 불량건축물이 밀집한 지역에서 주거환경을 개선하거나 상업지역 · 공업지역 등에서 도시기능의 회복 및 상권활성화 등을 위하여 도시환경을 개선하기 위한 사업

① 재개발사업
② 주거환경개선사업
③ 도시환경사업
④ 재건축사업
⑤ 가로주택정비사업

톺아보기

① 재개발사업: 정비기반시설이 열악하고 노후 · 불량건축물이 밀집한 지역에서 주거환경을 개선하거나 상업지역 · 공업지역 등에서 도시기능의 회복 및 상권활성화 등을 위하여 도시환경을 개선하기 위한 사업(「도시 및 주거환경정비법」 제2조 제2호 나목).

🔍 2차 부동산공법에서 다루는 내용이다.

오답해설

② 주거환경개선사업: 도시저소득 주민이 집단거주하는 지역으로서 정비기반시설이 극히 열악하고 노후 · 불량건축물이 과도하게 밀집한 지역의 주거환경을 개선하거나 단독주택 및 다세대주택이 밀집한 지역에서 정비기반시설과 공동이용시설 확충을 통하여 주거환경을 보전 · 정비 · 개량하기 위한 사업

④ 재건축사업: 정비기반시설은 양호하나 노후 · 불량건축물에 해당하는 공동주택이 밀집한 지역에서 주거환경을 개선하기 위하여 시행하는 사업

□□□

22 상**중**하

A광역시장은 관할 구역 중 농지 및 야산으로 형성된 일단의 지역에 대해 도시개발 법령상 도시개발사업(개발 후 용도: 주거용 및 상업용 택지)을 추진하면서 시행방식을 검토하고 있다. 수용방식(예정사업시행자: 지방공사)과 환지방식(예정사업시행자: 도시개발사업조합)을 비교한 설명으로 <u>틀린</u> 것은? (단, 보상금은 현금으로 지급하며, 주어진 조건에 한함) 제35회

① 수용방식은 환지방식에 비해 세금감면을 받기 위한 대토(代土)로 인해 도시개발구역 밖의 지가를 상승시킬 가능성이 크다.

② 수용방식은 환지방식에 비해 사업시행자의 개발토지(조성토지) 매각부담이 크다.

③ 사업시행자의 사업비부담에 있어 환지방식은 수용방식에 비해 작다.

④ 사업으로 인해 개발이익이 발생하는 경우, 환지방식은 수용방식에 비해 종전 토지소유자에게 귀속될 가능성이 높다.

⑤ 개발절차상 환지방식은 토지소유자의 동의를 받아야 하는 단계(횟수)가 수용방식에 비해 적어 절차가 간단하다.

톺아보기

⑤ 환지방식: 농지 등 미개발토지를 도시용 토지(택지 등)로 전환하여 원 토지소유자에게 재분배하는 사업방식

⇨ 환지방식은 수용방식에 비해 주민의견 수렴과정, 토지소유자의 동의를 받아야 하는 등의 사업절차가 복잡하여 사업이 장기화될 수 있다.

★ ④ 사업으로 인해 개발이익이 발생하는 경우, 환지방식은 수용방식에 비해 종전 토지소유자에게 귀속될 가능성이 높다.

제7편 부동산개발 및 관리론 7편

정답 | 21 ① 22 ⑤

제2장 / 부동산관리

기본서 p.371~384

□□□

23

상 중 **하**

부동산관리에 관하여 다음 설명과 모두 관련이 있는 것은? 제30회

- 포트폴리오 관리 및 분석
- 부동산투자의 위험관리
- 재투자 · 재개발 과정분석
- 임대마케팅 시장분석

① 재산관리(property management)
② 시설관리(facility management)
③ 자산관리(asset management)
④ 건설사업관리(construction management)
⑤ 임대차관리(leasing management)

톺아보기

자산관리는 기업이나 개인의 부(富)를 극대화하는 적극적 관리로서, 포트폴리오 관리 및 분석, 부동산투자의 위험관리, 건물의 매입과 매각관리, 투자리스크관리, 재투자 · 재개발 과정분석, 임대마케팅 시장분석 등을 포함하는 개념이다.

□□□

24

상 중 **하**

부동산관리방식에 따른 해당 내용을 옳게 묶은 것은? 제34회

㉠ 소유자의 직접적인 통제권이 강화된다.
㉡ 관리의 전문성과 효율성을 높일 수 있다.
㉢ 기밀 및 보안유지가 유리하다.
㉣ 건물설비의 고도화에 대응할 수 있다.
㉤ 대형건물의 관리에 더 유용하다.
㉥ 소유와 경영의 분리가 가능하다.

① 자기관리방식 – ㉠, ㉡, ㉢, ㉣
② 자기관리방식 – ㉠, ㉢, ㉤, ㉥
③ 자기관리방식 – ㉡, ㉢, ㉣, ㉥
④ 위탁관리방식 – ㉠, ㉢, ㉣, ㉤
⑤ 위탁관리방식 – ㉡, ㉣, ㉤, ㉥

톺아보기

㉠ 소유자의 직접적인 통제권이 강화된다. ⇨ 자기관리의 장점
㉡ 관리의 전문성과 효율성을 높일 수 있다. ⇨ 위탁관리의 장점
㉢ 기밀 및 보안유지가 유리하다. ⇨ 자기관리의 장점
㉣ 건물설비의 고도화에 대응할 수 있다. ⇨ 위탁관리의 장점
㉤ 대형건물의 관리에 더 유용하다. ⇨ 위탁관리의 장점
㉥ 소유와 경영의 분리가 가능하다. ⇨ 위탁관리의 장점

더 알아보기

자기(자치 · 직접)관리의 주요 특징

- 소유자의 의사능력 및 지휘통제력이 발휘된다.
- 업무의 기밀유지 및 보안관리에 유리하다.
- 업무행위의 안일화(타성화)를 초래하기 쉽다.
- 전문성이 낮은 경향이 있다.

□□□

25 다음 설명에 모두 해당하는 부동산관리방식은? 제33회

상 중 **하**

- 관리의 전문성과 효율성을 제고할 수 있다.
- 건물설비의 고도화에 대응할 수 있다.
- 전문업자의 관리서비스를 받을 수 있다.
- 대형건물의 관리에 더 유용하다.
- 기밀유지에 어려움이 있다.

① 자치관리방식 ② 위탁관리방식
③ 공공관리방식 ④ 조합관리방식
⑤ 직영관리방식

톺아보기

위탁(외주 · 간접)관리방식은 현대적 관리의 유형으로, 대형건물의 관리에 적합하다. 위탁관리방식은 자가관리방식보다 관리의 전문성과 효율성을 제고할 수 있으며 불필요한 관리비용을 절감할 수 있다. 반면에 소유주 입장에서 기밀유지 및 보안관리는 자가관리방식보다 취약점이 있다.

정답 | 23 ③ 24 ⑤ 25 ②

□□□

26 상 중 **하**

부동산관리에 관한 설명으로 틀린 것은? 제25회

① 위탁관리방식은 건물관리의 전문성을 통하여 노후화의 최소화 및 효율적 관리가 가능하여 대형건물의 관리에 유용하다.

② 토지의 경계를 확인하기 위한 경계측량을 실시하는 등의 관리는 기술적 측면의 관리에 속한다.

③ 부동산관리는 법 · 제도 · 경영 · 경제 · 기술적인 측면이 있어, 설비 등의 기계적인 측면과 경제 · 경영을 포함한 종합적인 접근이 요구된다.

④ 자치관리방식은 관리요원이 관리사무에 안일해지기 쉽고, 관리의 전문성이 결여될 수 있는 단점이 있다.

⑤ 혼합관리방식은 필요한 부분만 선별하여 위탁하기 때문에 관리의 책임소재가 분명해지는 장점이 있다.

톺아보기

⑤ 혼합관리방식은 필요한 부분만 선별하여 위탁하기 때문에 운영이 잘못되면 자가관리와 위탁관리의 단점만 노출될 가능성이 있으며, 관리의 책임소재가 불분명해지는 단점이 있다.

★ ① 위탁관리방식은 건물관리의 전문성을 통하여 노후화의 최소화 및 효율적 관리가 가능하여 대형건물의 관리에 유용하다.

★ ② 토지의 경계를 확인하기 위한 경계측량을 실시하는 등의 관리는 기술적 측면의 관리에 속한다.

□□□

27 상 **중** 하

부동산관리에 관한 설명으로 틀린 것은? 제23회

① 부동산관리는 물리 · 기능 · 경제 및 법률 등을 포괄하는 복합개념이다.

② 직접(자치)관리방식은 관리업무의 타성(惰性)을 방지할 수 있고, 인건비의 절감효과가 있다.

③ 간접(위탁)관리방식은 관리업무의 전문성과 합리성을 제고할 수 있는 반면, 기밀유지에 있어서 직접(자치)관리방식보다 불리하다.

④ 혼합관리방식은 직접(자치)관리와 간접(위탁)관리를 병용하여 관리하는 방식으로 관리업무의 전부를 위탁하지 않고 필요한 부분만을 위탁하는 방식이다.

⑤ 혼합관리방식은 관리업무에 대한 강력한 지도력을 확보할 수 있고, 위탁관리의 편의 또한 이용할 수 있다.

톺아보기

② 간접(위탁)관리방식은 직접(자치)관리방식의 단점인 업무의 타성화(惰性化)를 방지할 수 있고, 불필요한 관리비용을 절감하는 효과가 있다.

★ ③ 간접(위탁)관리방식은 관리업무의 전문성과 합리성을 제고할 수 있는 반면, 기밀유지에 있어서 직접(자치)관리방식보다 불리하다.

□□□

28 상 중 **하**

부동산관리에 관한 설명으로 틀린 것은? 제26회

① 법률적 측면의 부동산관리는 부동산의 유용성을 보호하기 위하여 법률상의 제반 조치를 취함으로써 법적인 보장을 확보하려는 것이다.

② 시설관리(facility management)는 부동산시설을 운영하고 유지하는 것으로 시설사용자나 기업의 요구에 따르는 소극적 관리에 해당한다.

③ 자기(직접)관리방식은 전문(위탁)관리방식에 비하여 기밀유지에 유리하고 의사결정이 신속한 경향이 있다.

④ 임차부동산에서 발생하는 총수입(매상고)의 일정비율을 임대료로 지불한다면, 이는 임대차의 유형 중 비율임대차에 해당한다.

⑤ 경제적 측면의 부동산관리는 대상부동산의 물리적 · 기능적 하자의 유무를 판단하여 필요한 조치를 취하는 것이다.

톺아보기

⑤ 경제적 측면의 관리가 아니라 기술적(물리적) 측면의 관리에 대한 설명이다. 경제적(경영) 관리는 부동산의 순이익이 합리적으로 산출되도록 하는 적극적인 관리라고 할 수 있다.

★ ② 시설관리(facility management)는 부동산시설을 운영하고 유지하는 것으로 시설사용자나 기업의 요구에 따르는 소극적 관리에 해당한다.

④ 임차부동산에서 발생하는 총수입(매상고)의 일정비율을 임대료로 지불한다면, 이는 임대차의 유형 중 비율임대차에 해당한다.

정답 | 26 ⑤ 27 ② 28 ⑤

□□□

29 상**중**하

부동산신탁에 관한 설명으로 틀린 것은? 제30회

① 부동산신탁에 있어서 당사자는 부동산 소유자인 위탁자와 부동산신탁사인 수탁자 및 신탁재산의 수익권을 배당받는 수익자로 구성되어 있다.

② 부동산의 소유권관리, 건물수선 및 유지, 임대차관리 등 제반 부동산 관리업무를 신탁회사가 수행하는 것을 관리신탁이라 한다.

③ 처분신탁은 처분방법이나 절차가 까다로운 부동산에 대한 처분업무 및 처분완료 시까지의 관리업무를 신탁회사가 수행하는 것이다.

④ 관리신탁에 의하는 경우 법률상 부동산 소유권의 이전 없이 신탁회사가 부동산의 관리업무를 수행하게 된다.

⑤ 분양신탁관리는 상가 등 건축물 분양의 투명성과 안전성을 확보하기 위하여 신탁회사에게 사업부지의 신탁과 분양에 따른 자금관리업무를 부담시키는 것이다.

톺아보기

④ 관리신탁(신탁관리)에 의하는 경우 법률상 부동산 소유권을 신탁회사에 이전하고, 신탁회사가 부동산의 관리업무를 수행하게 된다.

★ ② 부동산의 소유권관리, 건물수선 및 유지, 임대차관리 등 제반 부동산 관리업무를 신탁회사가 수행하는 것을 관리신탁이라 한다.

부동산상담 · 부동산신탁은 제15회 공인중개사 시험 이후 부동산학개론 '표준목차'가 제시되면서 시험범위에서 제외된 사항이지만, 제30회 시험에 출제되었다.

□□□

30 **상**중하

임차인 A는 작년 1년 동안 분양면적 1,000m^2의 매장을 비율임대차(percentage lease)방식으로 임차하였다. 계약내용에 따르면, 매출액이 손익분기점 매출액 이하이면 기본임대료만 지급하고, 이를 초과하는 매출액에 대해서는 일정 임대료율을 적용한 추가임대료를 기본임대료에 가산하도록 하였다. 전년도 연 임대료로 총 5,500만원을 지급한 경우, 해당 계약내용에 따른 손익분기점 매출액은? (단, 연간 기준이며 주어진 조건에 한함) 제31회

- 기본임대료: 분양면적 m^2당 5만원
- 손익분기점 매출액을 초과하는 매출액에 대한 임대료율: 5%
- 매출액: 분양면적 m^2당 30만원

① 1억 6,000만원 ② 1억 7,000만원 ③ 1억 8,000만원
④ 1억 9,000만원 ⑤ 2억원

톺아보기

비율임대차에 의한 총임대료 = 기본임대료 + (예상매출액 − 손익분기점 매출액) × 임대료율

- 5,500만원 = 5,000만원(= m^2당 5만원 × 1,000m^2) + (m^2당 30만원 × 1,000m^2 − 손익분기점 매출액 x 원) × 0.05]
- 5,500만원 = 기본임대료 5,000만원 + 추가임대료[= (3억원 − 손익분기점 매출액 x 원) × 0.05]

해당 수식에서 추가임대료가 500만원이 되어야 총임대료가 5,500만원이다.
즉, 추가임대료는 (3억원 − 손익분기점 매출액 x 원) × 0.05 = 500만원이다.
추가임대료를 구하는 과정에서 3억원 − 손익분기점 매출액 x 원 = 1억원이 되어야 하므로,
∴ 손익분기점 매출액(x)은 2억원이 된다. ⇦ (예상매출액 3억원 − 손익분기점 매출액 2억원) × 0.05 = 추가임대료 500만원

비율임대차에 의한 총임대료 5,500만원 = 기본임대료 5,000만원 + 추가임대료 500만원[= (예상매출액 3억원 − 손익분기점 매출액 2억원) × 0.05]

□□□

31 상 중 하

A회사는 전년도에 임대면적 750m^2의 매장을 비율 임대차(percentage lease) 방식으로 임차하였다. 계약 내용에 따르면, 매출액이 손익분기점 매출액 이하이면 기본임대료만 지급하고, 이를 초과하는 매출액에 대해서는 일정 임대료율을 적용한 추가임대료를 기본임대료에 가산하도록 하였다. 전년도 연 임대료로 총 12,000만원을 지급한 경우, 해당 계약내용에 따른 추가임대료율은? (단, 연간 기준이며, 주어진 조건에 한함) 제34회

- 전년도 매출액: 임대면적 m^2당 100만원
- 손익분기점 매출액: 임대면적 m^2당 60만원
- 기본임대료: 임대면적 m^2당 10만원

① 15% ② 20% ③ 25% ④ 30% ⑤ 35%

톺아보기

비율임대차에 의한 임대료 = 기본임대료 + (예상매출액 − 손익분기점 매출액) × 임대료율

- 1.2억원 = 10만원 × 750m^2 + (100만원 × 750m^2 − 60만원 × 750m^2) × x%
- 1.2억원 = 기본임대료 7,500만원 + (7.5억원 − 4.5억원) × x%

해당 수식에서 추가임대료[(7.5억원 − 4.5억원) × x%]는 4,500만원이다.
∴ 추가임대료는 3억원 × x% = 4,500만원이 되므로, 추가임대료율(%)은 4,500만원 ÷ 3억원 = 15%(0.15)이다.

정답 | 29 ④ 30 ⑤ 31 ①

□□□

32

상중하

A임차인은 비율임대차(percentage lease)방식의 임대차계약을 체결하였다. 이 계약에서는 매장의 월 매출액이 손익분기점 매출액 이하이면 기본임대료만 지급하고, 손익분기점 매출액 초과이면 초과매출액에 대해 일정 임대료율을 적용한 추가 임대료를 기본임대료에 가산하여 임대료를 지급한다고 약정하였다. 구체적인 계약 조건과 예상매출액은 다음과 같다. 해당 계약내용에 따라 A임차인이 지급할 것으로 예상되는 임대료의 합계는? (단, 주어진 조건에 한함) 제35회

- 계약기간: 1년(1월~12월)
- 매장 임대면적: 300m^2
- 임대면적당 기본임대료: 매월 5만원/m^2
- 손익분기점 매출액: 매월 3,500만원
- 월별 임대면적당 예상매출액
  - 1월~6월: 매월 10만원/m^2
  - 7월~12월: 매월 19만원/m^2
- 손익분기점 매출액 초과시 초과매출액에 대한 추가임대료율: 10%

① 18,000만원 ② 19,320만원 ③ 28,320만원
④ 31,320만원 ⑤ 53,520만원

톺아보기

비율임대차에 의한 총임대료 = 기본임대료 + 추가임대료(총수입의 일정비율)

문제의 조건에서 월 임대료가 제시되었으므로 연 단위 값으로 정리하며, 예상매출액 및 손익분기점 매출액을 6개월 단위로 구분하여 계산한다.

1. 연 기본임대료 1억 8,000만원 = 매월 5만원 × 12월 × 임대단위면적 300m^2
2. 기간별 예상매출액 및 손익분기점 매출액 계산
   - 1~6월 예상매출액 1억 8,000만원 = 60만원[= 10만원 × 6개월] × 임대단위면적 300m^2
   - 7~12월 예상매출액 3억 4,200만원 = 114만원[= 19만원 × 6개월] × 임대단위면적 300m^2
   - 각 기간의 손익분기점 매출액은 동일하다.
     6개월 손익분기점 매출액 2억 1,000만원 = 월 3,500만원 × 6개월

3. 기간별 손익분기점 매출액 초과분에 해당하는 추가임대료 계산

- 1~6월까지의 예상매출액 1억 8,000만원은 해당 기간(6개월)의 손익분기점 매출액 2억 1,000만원을 초과하지 못하므로, 해당 기간의 추가임대료는 없다.
- 7~12월까지의 예상매출액 3억 4,200만원은 해당 기간(6개월)의 손익분기점 매출액 2억 1,000만원을 초과하므로, 초과분에 해당하는 매출액이 1억 3,200만원(3억 4,200만원 − 2억 1,000만원)이며, 이에 해당하는 비율(10%)만큼 추가임대료를 계산한다.

  즉, 손익분기점 초과분 매출액 1억 3,200만원 × 0.1(10%) = 추가임대료 1,320만원

  ⇨ 추가임대료 = [예상상매출액 − 손익분기점 매출액] × 임대료율

  = [7~12월 예상매출액 3억 4,200만원 − 7~12월 손익분기점 매출액 2억 1,000만원

  = 1억 3,200만원] × 0.1(10%) = 1,320만원

4. 기본임대료 + [예상매출액 − 손익분기점 매출액] × 임대료율 = 연간 총임대료

   = 1억 8,000만원 + 1,320만원 = 1억 9,320만원

더 알아보기

다음과 같이 계산할 수도 있다.

1. 연 기본임대료 구하는 과정은 동일하다.

   연 기본임대료 1억 8,000만원 = 매월 5만원 × 12월 × 임대단위면적 300m^2

2. 문제에서 월 단위 예상매출액과 손익분기점 매출액을 제시하였으므로, 월 단위 차액을 계산한다.
   - 1~6월 예상매출액 월 10만원 × 임대단위면적 300m^2 = 3,000만원 ⇨ 1월~6월의 예상매출액 3,000만원은 손익분기점 매출액 3,500만원을 초과하지 못하므로 해당 기간의 추가임대료는 없다.
   - 7~12월 예상매출액 월 19만원 × 임대단위면적 300m^2 = 5,700만원 ⇨ 7~12월 예상매출액 5,700만원은 손익분기점 매출액 3,500만원보다 2,200만원을 초과하므로, 초과분 2,200만원의 10%인 220만원이 매월 추가임대료이다.

   따라서, 7~12월 동안의 초과분에 해당하는 매월 추가임대료 220만원 × 6개월 = 1,320만원

3. 연 기본임대료 1억 8,000만원 + 7~12월 동안의 추가임대료 1,320만원 = 연간 총임대료 1억 9,320만원

정답 | 32 ②

□□□

33

상**중**하

「민간임대주택에 관한 특별법」상 위탁관리형 주택임대관리업으로 등록한 경우 주택임대관리업자가 임대를 목적으로 하는 주택에 대해 할 수 있는 업무에 해당하지 않는 것은? 제29회

① 임차인의 대출알선
② 임대차계약의 체결 · 갱신
③ 임차인의 입주 · 명도
④ 임대료의 부과 · 징수
⑤ 시설물 유지 · 개량

톺아보기

임차인의 대출알선은 민간임대주택에 관한 특별법령상 주택임대관리업자의 업무에 해당하지 않는다. 대출 및 이와 관련된 업무는 금융기관에서 취급한다.

「민간임대주택에 관한 특별법」 제11조 【주택임대관리업자의 업무 범위】 ① 주택임대관리업자는 임대를 목적으로 하는 주택에 대하여 다음 각 호의 업무를 수행한다.
1. 임대차계약의 체결 · 해제 · 해지 · 갱신 및 갱신거절 등
2. 임대료의 부과 · 징수 등
3. 임차인의 입주 및 명도 · 퇴거 등(「공인중개사법」 제2조 제3호에 따른 중개업은 제외한다)

② 주택임대관리업자는 임대를 목적으로 하는 주택에 대하여 부수적으로 다음 각 호의 업무를 수행할 수 있다.
1. 시설물 유지 · 보수 · 개량 및 그 밖의 주택관리 업무
2. 그 밖에 임차인의 주거 편익을 위하여 필요하다고 대통령령으로 정하는 업무

□□□

34 상 중 **하**

건물의 내용연수와 생애주기 및 관리방식에 관한 설명으로 틀린 것은? 제26회

① 건물과 부지와의 부적응, 설계 불량, 설비 불량, 건물의 외관과 디자인 낙후는 기능적 내용연수에 영향을 미치는 요인이다.

② 인근지역의 변화, 인근환경과 건물의 부적합, 당해 지역 건축물의 시장성 감퇴는 경제적 내용연수에 영향을 미치는 요인이다.

③ 건물의 생애주기단계 중 안정단계에서 건물의 양호한 관리가 이루어진다면 안정단계의 국면이 연장될 수 있다.

④ 건물의 생애주기단계 중 노후단계는 일반적으로 건물의 구조, 설비, 외관 등이 악화되는 단계이다.

⑤ 건물의 관리에 있어서 재무 · 회계관리, 시설이용 · 임대차계약, 인력관리는 위탁하고, 청소를 포함한 그 외 나머지는 소유자가 직접관리할 경우 이는 전문(위탁)관리방식에 해당한다.

톺아보기

관리업무의 일부는 위탁하고 나머지는 자가관리를 선택하였으므로 혼합관리에 대한 설명이다. 재무 · 회계관리, 시설이용 · 임대차계약, 인력관리 등의 전문영역은 전문가에게 위탁하고 청소를 포함한 기술적 관리만을 자가(직접)관리하는 것은 혼합관리의 형태이다.

정답 | 33 ① 34 ⑤

제3장 / 부동산마케팅 및 광고

기본서 p.385~393

□□□

35 상**중**하

부동산마케팅전략에 관한 설명으로 틀린 것은? 제33회

① 시장점유마케팅전략은 수요자 측면의 접근으로 목표시장을 선점하거나 점유율을 높이는 것을 말한다.

② 적응가격전략이란 동일하거나 유사한 제품으로 다양한 수요자들의 구매를 유입하고, 구매량을 늘리도록 유도하기 위하여 가격을 다르게 하여 판매하는 것을 말한다.

③ 마케팅믹스란 기업의 부동산 상품이 표적시장에 도달하기 위해 이용하는 마케팅에 관련된 여러 요소들의 조합을 말한다.

④ 시장세분화전략이란 수요자 집단을 인구 · 경제적 특성에 따라 세분하고, 세분된 시장에서 상품의 판매지향점을 분명히 하는 것을 말한다.

⑤ 고객점유전략은 소비자의 구매의사결정 과정의 각 단계에서 소비자와의 심리적인 접점을 마련하고 전달하려는 정보의 취지와 강약을 조절하는 것을 말한다.

톺아보기

① 시장점유마케팅전략은 공급자 측면의 접근으로(공급자를 중심으로) 목표시장을 선점하거나 틈새시장을 점유하는 전략으로, 시장점유율을 높이려는 것을 말한다. 이와는 달리 수요자 측면의 마케팅전략으로는 고객점유마케팅전략이 있다.

② 적응가격전략이란 제품의 유통경로를 다르게 하거나, 포지셔닝을 다르게 하면서 서로 다른 가격을 적용하여 수익을 증진시키는 전략을 말하며, 신축가격전략의 일부로 볼 수 있다. 이에는 소비자들의 심리적 상황을 고려한 가격 결정, 판매량을 늘리기 위해 일시적으로 가격을 낮추는 전략, 지역별로 가격에 차별을 두는 전략, 고객별 · 용도별 등 여러 측면에서 각각 다른 가격을 적용시키는 가격전략 등이 있다.

★ ⑤ 고객점유전략은 소비자의 구매의사결정 과정의 각 단계에서 소비자와의 심리적인 접점을 마련하고 전달하려는 정보의 취지와 강약을 조절하는 것을 말한다.

□□□

36 부동산마케팅전략에 관한 설명으로 틀린 것은? 제28회

상중하

① 부동산마케팅에서 시장세분화(market segmentation)란 부동산시장에서 마케팅활동을 수행하기 위하여 구매자의 집단을 세분하는 것이다.

② 부동산마케팅에서 표적시장(target market)이란 세분된 시장 중에서 부동산기업이 표적으로 삼아 마케팅활동을 수행하는 시장을 말한다.

③ 마케팅믹스(marketing mix)는 마케팅 목표의 효과적인 달성을 위하여 이용하는 마케팅 구성요소인 4P(Place, Product, Price, Promotion)의 조합을 말한다.

④ 판매촉진(promotion)은 표적시장의 반응을 빠르고 강하게 자극 · 유인하기 위한 전략을 말한다.

⑤ 부동산마케팅의 가격전략 중 빠른 자금회수를 원하고 지역구매자의 구매력이 낮은 경우, 고가전략을 이용한다.

톺아보기

⑤ 부동산마케팅의 가격전략 중 빠른 자금회수를 원하고 지역구매자의 구매력이 낮은 경우, 저가(低價)전략이 유리하다.

★ ① 부동산마케팅에서 시장세분화(market segmentation)란 부동산시장에서 마케팅활동을 수행하기 위하여 구매자의 집단을 세분하는 것이다.

★ ② 부동산마케팅에서 표적시장(target market)이란 세분된 시장 중에서 부동산기업이 표적으로 삼아 마케팅활동을 수행하는 시장을 말한다.

③ 마케팅믹스(marketing mix)는 마케팅 목표의 효과적인 달성을 위하여 이용하는 마케팅 구성요소인 4P(Place, Product, Price, Promotion)의 조합을 말한다.

더 알아보기

자사의 브랜드 가치가 높을 경우, 독점적 지위를 가질 경우, 수요의 가격탄력성이 비탄력적일 경우에는 고가전략이 상대적으로 유리하다.

정답 | 35 ① 36 ⑤

□□□

37

상**중**하

주택시장에서 시장세분화(Market segmentation)에 관한 설명으로 옳은 것은?

제31회

① 주택공급자의 신용도에 따라 소비자들의 공급자 선호를 구분하는 것이다.
② 일정한 기준에 의해 주택수요자를 보다 동질적인 소집단으로 구분하는 것이다.
③ 주택의 수요가 공급보다 많은 매도자 우위의 시장을 의미한다.
④ 공급하고자 하는 주택이 가장 잘 팔릴 수 있는 시장을 의미한다.
⑤ 시장세분화가 이루어지면 시장정보가 증가하여 거래비용이 항상 증가한다.

톺아보기

② 시장점유마케팅전략의 일부로서, STP전략 중 시장세분화(Market segmentation)란 일정한 기준(예 연령, 소득, 성별 등 고객행동변수 및 고객특성변수 등)에 의해 주택수요자(소비자 · 구매자 · 고객)를 보다 동질적인 소집단으로 구분(분할)하는, 나누는 것을 말한다.
④ 공급하고자 하는 주택이 가장 잘 팔릴 수 있는 시장을 의미하는 것은 표적 · 목표시장(Target)이다.

□□□

38

상중**하**

부동산마케팅에서 4P 마케팅믹스(Marketing Mix) 전략의 구성요소를 모두 고른 것은?

제35회

㉠ Price(가격)	㉡ Product(제품)
㉢ Place(유통경로)	㉣ Positioning(차별화)
㉤ Promotion(판매촉진)	㉥ Partnership(동반자관계)

① ㉠, ㉡, ㉢, ㉣
② ㉠, ㉡, ㉢, ㉤
③ ㉡, ㉢, ㉤, ㉥
④ ㉡, ㉣, ㉤, ㉥
⑤ ㉢, ㉣, ㉤, ㉥

톺아보기

시장점유마케팅전략으로서의 4P 마케팅믹스(Marketing Mix) 전략: ㉠ Price(가격), ㉡ Product(제품), ㉢ Place(유통경로), ㉤ Promotion(판매촉진)

□□□

39 상**중**하

부동산마케팅에 관한 설명으로 틀린 것은? 제23회

① 부동산마케팅이란 부동산 활동주체가 소비자나 이용자의 욕구를 파악하고 창출하여 자신의 목적을 달성시키기 위해 시장을 정의하고 관리하는 과정이라 할 수 있다.

② 마케팅믹스란 기업이 표적시장에 도달하기 위해 이용하는 마케팅에 관련된 여러 요소들의 조합으로 정의할 수 있다.

③ 마케팅전략 중 표적시장선정(targeting)이란 마케팅활동을 수행할 만한 가치가 있는 명확하고 유의미한 구매자집단으로 시장을 분할하는 활동을 말한다.

④ 주택청약자를 대상으로 추첨을 통해 벽걸이TV, 양문형 냉장고 등을 제공하는 것은 마케팅믹스 전략 중 판매촉진(promotion)이다.

⑤ 부동산은 위치의 고정성으로 상품을 직접 제시하기가 어렵기 때문에 홍보·광고와 같은 커뮤니케이션 수단이 중요하다.

톺아보기

세분화전략(segmentation)이란 마케팅활동을 수행할 만한 가치가 있는 명확하고 유의미한 구매자집단으로 시장을 분할하는 활동을 말하며, 표적시장선정(targeting)이란 세분된 시장 중에서 부동산기업이 표적으로 삼아 마케팅활동을 수행하려는 특화된 시장(가장 자신 있는 수요자집단)을 찾는 전략을 말한다.

정답 | 37 ② 38 ② 39 ③

□□□

40 상**중**하

부동산마케팅에 관한 설명으로 틀린 것은? 제34회

① 부동산마케팅은 부동산상품을 수요자의 욕구에 맞게 상품을 개발하고 가격을 결정한 후 시장에서 유통, 촉진, 판매를 관리하는 일련의 과정이다.

② STP전략은 대상 집단의 시장세분화(segmentation), 표적시장선정(targeting), 포지셔닝(positioning)으로 구성된다.

③ 시장세분화전략은 부동산시장에서 마케팅활동을 수행하기 위하여 수요자의 집단을 세분하는 것이다.

④ 표적시장전략은 세분화된 시장을 통해 선정된 표적집단을 대상으로 적합한 마케팅활동을 수행하는 것이다.

⑤ AIDA원리는 주의(attention), 관심(interest), 욕망(desire), 행동(action)의 단계를 통해 공급자의 욕구를 파악하여 마케팅효과를 극대화하는 시장점유마케팅전략의 하나이다.

톺아보기

⑤ AIDA원리는 주의(attention), 관심(interest), 욕망(desire), 행동(action)의 단계를 통해 소비자의 욕구를 파악하여 마케팅효과를 극대화하는 '고객점유마케팅전략'에 해당한다. 시장점유마케팅전략은 공급자 중심의 STP전략과 4P MIX가 있다.

★ ② STP전략은 대상 집단의 시장세분화(segmentation), 표적시장선정(targeting), 포지셔닝(positioning)으로 구성된다.

□□□

41 상**중**하

부동산마케팅에 관한 설명으로 틀린 것은? 제32회

① 부동산시장이 공급자 우위에서 수요자 우위의 시장으로 전환되면 마케팅의 중요성이 더욱 증대된다.

② STP전략이란 고객집단을 세분화(Segmentation)하고 표적시장을 선정(Targeting)하여 효과적으로 판매촉진(Promotion)을 하는 전략이다.

③ 경쟁사의 가격을 추종해야 할 경우 4P Mix의 가격전략으로 시가전략을 이용한다.

④ 관계마케팅전략이란 고객과 공급자간의 지속적인 관계를 유지하여 마케팅효과를 도모하는 전략이다.

⑤ 시장점유마케팅전략이란 부동산시장을 점유하기 위한 전략으로 4P Mix전략, STP전략이 있다.

톺아보기

STP전략이란 고객집단을 세분화(Segmentation)하고 표적시장을 선정(Targeting)하여 효과적으로 차별화 · 포지셔닝(Positioning)을 하는 전략이다. 판매촉진(Promotion)은 4P MIX전략 중 하나이다.

□□□

42 상**중**하

부동산마케팅전략에 관한 설명으로 옳은 것은? 제32회

① 바이럴 마케팅(viral marketing)전략은 SNS, 블로그 등 다양한 매체를 통해 해당 브랜드나 제품에 대해 입소문을 내게 하여 마케팅효과를 극대화시키는 것이다.

② 분양성공을 위해 아파트 브랜드를 고급스러운 이미지로 고객의 인식에 각인시키도록 하는 노력은 STP전략 중 시장세분화(Segmentation)전략에 해당한다.

③ 아파트 분양 모델하우스 방문고객 대상으로 추첨을 통해 자동차를 경품으로 제공하는 것은 4P Mix전략 중 유통경로(Place)전략에 해당한다.

④ 아파트의 차별화를 위해 커뮤니티 시설에 헬스장, 골프연습장을 설치하는 방안은 4P Mix전략 중 가격(Price)전략에 해당한다.

⑤ 고객점유마케팅전략에서 AIDA 원리는 주의(Attention) – 관심(Interest) – 결정(Decision) – 결정(Action)의 과정을 말한다.

톺아보기

오답해설

② 분양성공을 위해 아파트 브랜드를 고급스러운 이미지로 고객의 인식에 각인시키도록 하는 노력은 STP전략 중 차별화 · 포지셔닝(Positioning)전략에 해당한다.

③ 아파트 분양 모델하우스 방문고객 대상으로 추첨을 통해 자동차를 경품으로 제공하는 것은 4P Mix전략 중 판매촉진(Promotion)전략에 해당한다.

④ 아파트의 차별화를 위해 커뮤니티 시설에 헬스장, 골프연습장을 설치하는 방안은 4P Mix전략 중 제품(Product)전략에 해당한다.

⑤ 고객점유마케팅전략에서 AIDA 원리는 주의(Attention) – 관심(Interest) – 욕구(Desire) – 결정 · 행동(Action)의 과정을 말한다.

정답 | 40 ⑤ 41 ② 42 ①

3개년 출제비중분석

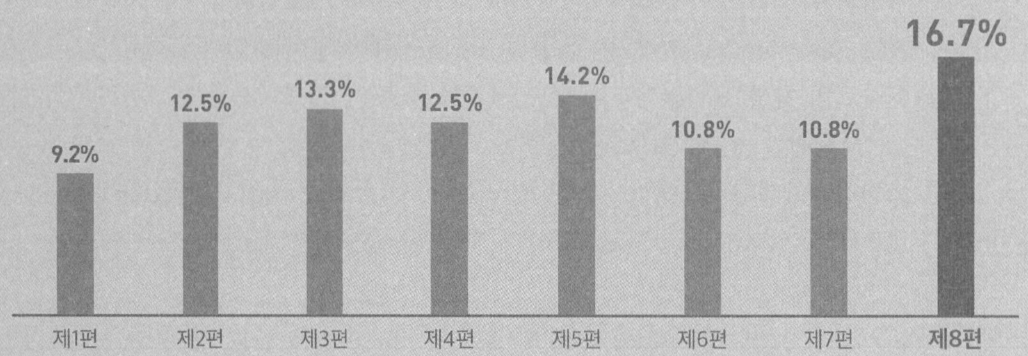
9.2%
12.5%
13.3%
12.5%
14.2%
10.8%
10.8%
16.7%
제1편
제2편
제3편
제4편
제5편
제6편
제7편
제8편

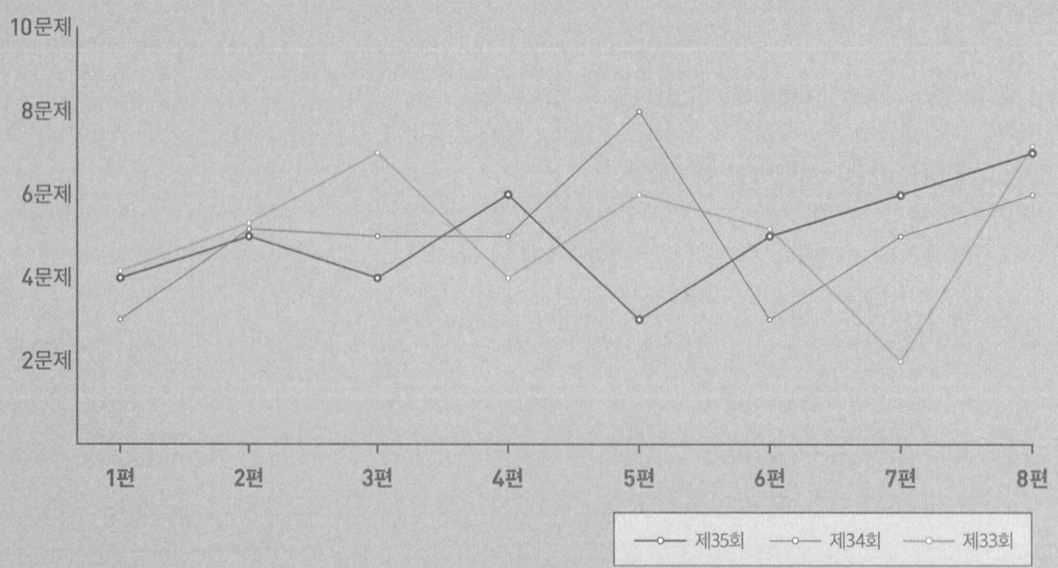
10문제
8문제
6문제
4문제
2문제
1편
2편
3편
4편
5편
6편
7편
8편
제35회
제34회
제33회

제8편

부동산감정평가론

제1장 / 감정평가의 기초이론

기본서 p.397~423

□□□

01 「감정평가에 관한 규칙」에 규정된 내용이 아닌 것은? 제27회

상중하

① 감정평가법인등은 감정평가 의뢰인이 요청하는 경우에는 대상물건의 감정평가액을 시장가치 외의 가치를 기준으로 결정할 수 있다.

② 시장가치란 한정된 시장에서 성립될 가능성이 있는 대상물건의 최고가액을 말한다.

③ 감정평가는 기준시점에서의 대상물건의 이용상황(불법적이거나 일시적인 이용은 제외한다) 및 공법상 제한을 받는 상태를 기준으로 한다.

④ 둘 이상의 대상물건이 일체로 거래되거나 대상물건 상호간에 용도상 불가분의 관계가 있는 경우에는 일괄하여 감정평가할 수 있다.

⑤ 하나의 대상물건이라도 가치를 달리하는 부분은 이를 구분하여 감정평가할 수 있다.

톺아보기

② 시장가치란 대상물건이 통상적인 시장에서 충분한 기간 동안 거래를 위하여 공개된 후 그 대상물건의 내용에 정통한 당사자 사이에 신중하고 자발적인 거래가 있는 경우 성립될 가능성이 가장 높다고 인정되는 대상물건의 가액을 말한다.

① 감정평가법인등은 법령에 다른 규정이 있는 경우, 감정평가 의뢰인이 요청하는 경우, 감정평가의 목적이나 대상물건의 특성에 비추어 사회통념상 필요하다고 인정되는 경우에는 대상물건의 감정평가액을 시장가치 외의 가치를 기준으로 결정할 수 있다.

★ ③ 감정평가는 기준시점에서의 대상물건의 이용상황(불법적이거나 일시적인 이용은 제외한다) 및 공법상 제한을 받는 상태를 기준으로 한다.

④ 둘 이상의 대상물건이 일체로 거래되거나 대상물건 상호간에 용도상 불가분의 관계가 있는 경우에는 일괄하여 감정평가할 수 있다.

□□□

02

상중하

「감정평가에 관한 규칙」에 규정된 내용으로 틀린 것은? 제35회

① 기준시점은 대상물건의 가격조사를 완료한 날짜로 한다. 다만, 기준시점을 미리 정하였을 때에는 그 날짜로 하여야 한다.

② 감정평가법인등은 법령에 다른 규정이 있는 경우에는 기준시점의 가치형성요인 등을 실제와 다르게 가정하거나 특수한 경우로 한정하는 조건을 붙여 감정평가할 수 있다.

③ 둘 이상의 대상물건이 일체로 거래되거나 대상물건 상호간에 용도상 불가분의 관계가 있는 경우에는 일괄하여 감정평가할 수 있다.

④ 하나의 대상물건이라도 가치를 달리하는 부분은 이를 구분하여 감정평가할 수 있다.

⑤ 일체로 이용되고 있는 대상물건의 일부분에 대하여 감정평가하여야 할 특수한 목적이나 합리적인 이유가 있는 경우에는 그 부분에 대하여 감정평가할 수 있다.

톺아보기

① 기준시점은 대상물건의 가격조사를 완료한 날짜로 한다. 다만, 기준시점을 미리 정하였을 때에는 그 날짜에 가격조사가 가능한 경우에만 기준시점으로 할 수 있다(「감정평가에 관한 규칙」 제9조 제2항).

★ ② 감정평가법인등은 법령에 다른 규정이 있는 경우에는 기준시점의 가치형성요인 등을 실제와 다르게 가정하거나 특수한 경우로 한정하는 조건을 붙여 감정평가할 수 있다.

★ ⑤ 일체로 이용되고 있는 대상물건의 일부분에 대하여 감정평가하여야 할 특수한 목적이나 합리적인 이유가 있는 경우에는 그 부분에 대하여 감정평가할 수 있다.

정답 | 01 ② 02 ①

□□□

03

상**중**하

「감정평가에 관한 규칙」상 시장가치기준에 관한 설명으로 틀린 것은? 제33회

① 대상물건에 대한 감정평가액은 원칙적으로 시장가치를 기준으로 결정한다.

② 감정평가법인등은 법령에 다른 규정이 있는 경우에는 대상물건의 감정평가액을 시장가치 외의 가치를 기준으로 결정할 수 있다.

③ 감정평가법인등은 대상물건의 특성에 비추어 사회통념상 필요하다고 인정되는 경우에는 대상물건의 감정평가액을 시장가치 외의 가치를 기준으로 결정할 수 있다.

④ 감정평가법인등은 감정평가 의뢰인이 요청하여 시장가치 외의 가치를 기준으로 감정평가할 때에는 해당 시장가치 외의 가치의 성격과 특징을 검토하지 않는다.

⑤ 감정평가법인등은 시장가치 외의 가치를 기준으로 하는 감정평가의 합리성 및 적법성이 결여(缺如)되었다고 판단할 때에는 의뢰를 거부하거나 수임(受任)을 철회할 수 있다.

톺아보기

④ 감정평가법인등은 감정평가 의뢰인이 요청하여 시장가치 외의 가치를 기준으로 감정평가할 때에는 해당 시장가치 외의 가치의 성격과 특징을 검토해야 한다.

★ ③ 감정평가법인등은 대상물건의 특성에 비추어 사회통념상 필요하다고 인정되는 경우에는 대상물건의 감정평가액을 시장가치 외의 가치를 기준으로 결정할 수 있다.

더 알아보기

「감정평가에 관한 규칙」 제5조 【시장가치기준 원칙】 ① 대상물건에 대한 감정평가액은 시장가치를 기준으로 결정한다.

② 감정평가법인등은 제1항에도 불구하고 다음 각 호의 어느 하나에 해당하는 경우에는 대상물건의 감정평가액을 시장가치 외의 가치를 기준으로 결정할 수 있다.

1. 법령에 다른 규정이 있는 경우
2. 감정평가 의뢰인(이하 "의뢰인"이라 한다)이 요청하는 경우
3. 감정평가의 목적이나 대상물건의 특성에 비추어 사회통념상 필요하다고 인정되는 경우

③ 감정평가법인등은 제2항에 따라 시장가치 외의 가치를 기준으로 감정평가할 때에는 다음 각 호의 사항을 검토해야 한다. 다만, 제2항 제1호의 경우에는 그렇지 않다.

1. 해당 시장가치 외의 가치의 성격과 특징
2. 시장가치 외의 가치를 기준으로 하는 감정평가의 합리성 및 적법성

④ 감정평가법인등은 시장가치 외의 가치를 기준으로 하는 감정평가의 합리성 및 적법성이 결여(缺如)되었다고 판단할 때에는 의뢰를 거부하거나 수임(受任)을 철회할 수 있다.

□□□

04 「감정평가에 관한 규칙」상 용어 정의로 틀린 것은? 제28회

상중하

① 시장가치는 감정평가의 대상이 되는 토지 등이 통상적인 시장에서 충분한 기간 동안 거래를 위하여 공개된 후 그 대상물건의 내용에 정통한 당사자 사이에 신중하고 자발적인 거래가 있을 경우 성립될 가능성이 가장 높다고 인정되는 대상물건의 가액을 말한다.

② 동일수급권은 대상부동산과 대체 · 경쟁관계가 성립하고 가치형성에 서로 영향을 미치는 관계에 있는 다른 부동산이 존재하는 권역을 말하며, 인근지역과 유사지역을 포함한다.

③ 기준시점은 대상물건의 감정평가액을 결정하는 기준이 되는 날짜를 말한다.

④ 적산법은 대상물건의 기초가액에 기대이율을 곱하여 산정된 기대수익에 대상물건을 계속하여 임대하는 데에 필요한 경비를 더하여 대상물건의 임대료를 산정하는 감정평가방법을 말한다.

⑤ 감가수정이란 대상물건에 대한 재조달원가를 감액하여야 할 요인이 있는 경우에 물리적 감가, 기능적 감가 또는 경제적 감가 등을 고려하여 그에 해당하는 금액을 재조달원가에 가산하여 기준시점에 있어서의 대상물건의 가액을 적정화하는 작업을 말한다.

톺아보기

★ ⑤ 감가수정이란 대상물건에 대한 재조달원가를 감액하여야 할 요인이 있는 경우에 물리적 감가, 기능적 감가 또는 경제적 감가 등을 고려하여 그에 해당하는 금액을 재조달원가에서 공제하여 기준시점에 있어서의 대상물건의 가액을 적정화하는 작업을 말한다.

★ ② 동일수급권은 대상부동산과 대체 · 경쟁관계가 성립하고 가치형성에 서로 영향을 미치는 관계에 있는 다른 부동산이 존재하는 권역을 말하며, 인근지역과 유사지역을 포함한다.

★ ③ 기준시점은 대상물건의 감정평가액을 결정하는 기준이 되는 날짜를 말한다.

④ 적산법은 대상물건의 기초가액에 기대이율을 곱하여 산정된 기대수익에 대상물건을 계속하여 임대하는 데에 필요한 경비를 더하여 대상물건의 임대료를 산정하는 감정평가방법을 말한다.

정답 | 03 ④ 04 ⑤

□□□

05

상 중 **하**

「감정평가에 관한 규칙」에 규정된 내용으로 틀린 것은? 제34회

① 수익분석법이란 대상물건의 기초가액에 기대이율을 곱하여 산정된 기대수익에 대상물건을 계속하여 임대하는 데에 필요한 경비를 더하여 대상물건의 임대료를 산정하는 감정평가방법을 말한다.

② 가치형성요인이란 대상물건의 경제적 가치에 영향을 미치는 일반요인, 지역요인 및 개별요인 등을 말한다.

③ 감정평가법인 등은 법령에 다른 규정이 있는 경우에는 기준시점의 가치형성요인 등을 실제와 다르게 가정하거나 특수한 경우로 한정하는 조건을 붙여 감정평가할 수 있다.

④ 일체로 이용되고 있는 대상물건의 일부분에 대하여 감정평가하여야 할 특수한 목적이나 합리적인 이유가 있는 경우에는 그 부분에 대하여 감정평가할 수 있다.

⑤ 감정평가법인등은 법령에 다른 규정이 있는 경우에는 대상물건의 감정평가액을 시장가치 외의 가치를 기준으로 결정할 수 있다.

톺아보기

'수익분석법'이란 일반기업 경영에 의하여 산출된 총수익을 분석하여 대상물건이 일정한 기간에 산출할 것으로 기대되는 순수익에 대상물건을 계속하여 임대하는 데에 필요한 경비를 더하여 대상물건의 임대료를 산정하는 감정평가방법을 말한다. ⇨ 수익방식에서 임대료를 산정하는 방법이다.

더 알아보기

「감정평가에 관한 규칙」 제2조 【정의】

6. "적산법"이란 대상물건의 기초가액에 기대이율을 곱하여 산정된 기대수익에 대상물건을 계속하여 임대하는 데에 필요한 경비를 더하여 대상물건의 임대료(사용료를 포함한다)를 산정하는 감정평가방법을 말한다. ⇨ 원가방식에서 임대료를 산정하는 방법이다.

□□□

06 부동산의 가격과 가치에 관한 설명으로 틀린 것은? 제25회

상 중 **하**

① 가격은 특정 부동산에 대한 교환의 대가로서 매수인이 지불한 금액이다.

② 가치는 효용에 중점을 두며, 장래 기대되는 편익은 금전적인 것뿐만 아니라 비금전적인 것을 포함할 수 있다.

③ 가격은 대상부동산에 대한 현재의 값이지만, 가치는 장래 기대되는 편익을 예상한 미래의 값이다.

④ 가치란 주관적 판단이 반영된 것으로 각 개인에 따라 차이가 발생할 수 있다.

⑤ 주어진 시점에서 대상부동산의 가치는 다양하다.

톺아보기

가격(price)은 과거의 일정시점에서 매수자와 매도자간에 실제로 거래된 값이지만, 가치(value)는 부동산의 장래 유 · 무형의 편익을 현재가치로 환원한 값이다(가격은 과거의 값이고, 가치는 장래 유 · 무형의 편익에 대한 현재의 값이다).

정답 | 05 ① 06 ③

□□□

07

상 중 **하**

부동산가격원칙(혹은 평가원리)에 관한 설명으로 틀린 것은? 제26회

① 최유효이용은 대상부동산의 물리적 채택가능성, 합리적이고 합법적인 이용, 최고 수익성을 기준으로 판정할 수 있다.

② 균형의 원칙은 구성요소의 결합에 대한 내용으로, 균형을 이루지 못하는 과잉부분은 원가법을 적용할 때 경제적 감가로 처리한다.

③ 적합의 원칙은 부동산의 입지와 인근환경의 영향을 고려한다.

④ 대체의 원칙은 부동산의 가격이 대체관계의 유사부동산으로부터 영향을 받는다는 점에서 거래사례비교법의 토대가 될 수 있다.

⑤ 예측 및 변동의 원칙은 부동산의 현재보다 장래의 활용 및 변화가능성을 고려한다는 점에서 수익환원법의 토대가 될 수 있다.

톺아보기

② • 균형의 원칙은 (내부)구성요소간의 조화 여부를 통하여 가치평가를 하는 것으로, 균형을 이루지 못하는 부분(예 과소 · 과잉 설비 등 내부적인 하자)은 기능적 감가요인으로 처리된다.

• 적합의 원칙은 대상부동산의 주변 환경, 지역, 입지, 위치 등을 고려하는 것으로, 이에 적합하지 못하면 경제적 감가가 발생한다.

★ ③ 적합의 원칙은 부동산의 입지와 인근환경의 영향을 고려한다.

⑤ 수익(직접)환원법 ⇨ 수익가액 = $\frac{\text{장래 순영업소득}}{\text{환원이율(자본환원율)}}$

□□□

08

상 **중** 하

「감정평가에 관한 규칙」에서 직접 규정하고 있는 사항이 아닌 것은? 제26회

① 시장가치기준 원칙

② 현황기준 원칙

③ 개별물건기준 원칙

④ 원가방식, 비교방식, 수익방식

⑤ 최유효이용 원칙

톺아보기

최유효이용 원칙은 감정평가의 이론과 실무에 적용하는 감정평가활동의 지침(가격 제 원칙) 중 하나로서, 「감정평가에 관한 규칙」에서 규정하는 사항은 아니다.

□□□

09 상 중 **하**

감정평가과정상 지역분석 및 개별분석에 관한 설명으로 틀린 것은? 제30회

① 해당 지역 내 부동산의 표준적 이용과 가격수준 파악을 위해 지역분석이 필요하다.

② 지역분석은 대상부동산에 대한 미시적 · 국지적 분석인 데 비하여, 개별분석은 대상지역에 대한 거시적 · 광역적 분석이다.

③ 인근지역이란 대상부동산이 속한 지역으로서 부동산의 이용이 동질적이고 가치형성요인 중 지역요인을 공유하는 지역을 말한다.

④ 동일수급권이란 대상부동산과 대체 · 경쟁 관계가 성립하고 가치 형성에 서로 영향을 미치는 관계에 있는 다른 부동산이 존재하는 권역을 말하며, 인근지역과 유사지역을 포함한다.

⑤ 대상부동산의 최유효이용을 판정하기 위해 개별분석이 필요하다.

톺아보기

지역분석은 대상지역에 대한 거시적 · 광역적 분석인 데 비하여, 개별분석은 대상부동산에 대한 구체적 · 미시적 · 개별적 분석이다.

더 알아보기

지역분석(선행분석)과 개별분석(후행분석)의 비교

구분	지역분석(선행분석)	개별분석(후행분석)
분석내용	지역요인 파악	개별요인 파악
분석기준	표준적 이용 판정	최유효이용 판정
가격판단	가격 수준 분석	구체적 가격 구함
근거 · 필요성	부동성 · 인접성 · 지역성	개별성
관련 원칙	적합의 원칙	균형의 원칙
분석범위	전체적 · 광역적 · 거시적 분석	미시적 · 개별적 · 구체적 분석

정답 | 07 ② 08 ⑤ 09 ②

□□□

10

상 중 **하**

다음은 감정평가 과정상 지역분석 및 개별분석과 관련된 내용이다. (   )에 들어갈 용어는? 제32회

> 지역분석은 해당 지역의 (㉠) 및 그 지역 내 부동산의 가격수준을 판정하는 것이며, 개별분석은 대상부동산의 (㉡)을 판정하는 것이다. 지역분석의 분석 대상지역 중 (㉢)은 대상부동산이 속한 지역으로서 부동산의 이용이 동질적이고 가치형성요인 중 지역요인을 공유하는 지역이다.

① ㉠: 표준적 이용, ㉡: 최유효이용, ㉢: 유사지역
② ㉠: 표준적 이용, ㉡: 최유효이용, ㉢: 인근지역
③ ㉠: 최유효이용, ㉡: 표준적 이용, ㉢: 유사지역
④ ㉠: 최유효이용, ㉡: 표준적 이용, ㉢: 인근지역
⑤ ㉠: 최유효이용, ㉡: 최유효이용, ㉢: 유사지역

톺아보기

㉠은 표준적 이용, ㉡은 최유효이용, ㉢은 인근지역이다.
㉠㉡ 지역분석과 개별분석의 비교는 다음과 같다.

구분	지역분석(선행분석)	개별분석(후행분석)
분석내용	지역요인 파악	개별요인 파악
분석기준	㉠ 표준적 이용 판정	㉡ 최유효이용 판정
가격판단	가격 수준 분석	구체적 가격 구함
근거 · 필요성	부동성 · 인접성 · 지역성	개별성
관련 원칙	적합의 원칙	균형의 원칙
감가유형	경제적 감가	기능적 감가
분석범위	전체적 · 광역적 · 거시적 분석	미시적 · 개별적 · 구체적 분석

㉢ 인근지역이란 감정평가의 대상이 된 부동산(대상부동산)이 속한 지역으로서 부동산의 이용이 동질적이고 가치형성요인 중 지역요인을 공유하는 지역을 말한다(「감정평가에 관한 규칙」 제2조 제13호).

□□□

11

상 중 **하**

감정평가과정상 지역분석과 개별분석에 관한 설명으로 틀린 것은? 제27회

① 지역분석을 통하여 해당 지역 내 부동산의 표준적 이용과 가격수준을 파악할 수 있다.

② 지역분석에 있어서 중요한 대상은 인근지역, 유사지역 및 동일수급권이다.

③ 대상부동산의 최유효이용을 판정하기 위하여 개별분석이 필요하다.

④ 지역분석보다 개별분석을 먼저 실시하는 것이 일반적이다.

⑤ 지역분석은 대상지역에 대한 거시적인 분석인 반면, 개별분석은 대상부동산에 대한 미시적인 분석이다.

톺아보기

지역분석을 한 이후에 개별분석을 수행한다. 즉, 지역분석은 개별분석보다 먼저 실시된다.

정답 | 10 ② 11 ④

제2장 / 감정평가의 방식

기본서 p.424~465

□□□
12 상 중 **하**

감정평가 3방식 및 시산가액 조정에 관한 설명으로 틀린 것은? 제30회

① 감정평가 3방식은 수익성, 비용성, 시장성에 기초하고 있다.
② 시산가액은 감정평가 3방식에 의하여 도출된 각각의 가액이다.
③ 시산가액 조정은 각 시산가액을 상호 관련시켜 재검토함으로써 시산가액 상호간의 격차를 합리적으로 조정하는 작업이다.
④ 시산가액 조정은 각 시산가액을 산술평균하는 방법만 인정된다.
⑤ 「감정평가에 관한 규칙」에서는 시산가액 조정에 대하여 규정하고 있다.

톺아보기

시산가액 조정은 각 시산가액을 산술평균하는 것이 아니라, 주된 방식에 비중을 많이 부여하고 나머지 방식을 통하여 그 합리성을 검토하는 것이다(예 가중평균하는 것).

□□□
13 **상** 중 하

다음 자료를 활용하여 시산가액 조정을 통해 구한 감정평가액은? (단, 주어진 조건에 한함) 제27회

- 거래사례를 통하여 구한 시산가액(가치): 1.2억원
- 조성비용을 통하여 구한 시산가액(가치): 1.1억원
- 임대료를 통하여 구한 시산가액(가치): 1.0억원
- 시산가액 조정방법: 가중치를 부여하는 방법
- 가중치: 원가방식 20%, 비교방식 50%, 수익방식 30%를 적용함

① 1.09억원 ② 1.10억원 ③ 1.11억원
④ 1.12억원 ⑤ 1.13억원

톺아보기

각 방식의 주어진 가중치에 시산가액을 곱하여 이를 가중평균하여 구한다.

- 거래사례를 통하여 구한 시산가액(가치): 1.2억원 ⇨ 비교방식
- 조성비용을 통하여 구한 시산가액(가치): 1.1억원 ⇨ 원가방식
- 임대료를 통하여 구한 시산가액(가치): 1.0억원 ⇨ 수익방식

∴ 감정평가액 = (0.2 × 1.1억원) + (0.5 × 1.2억원) + (0.3 × 1.0억원) = 1.12억원

□□□

14 상 중 **하**

「감정평가에 관한 규칙」에 규정된 내용으로 틀린 것은? 제33회

① 기준시점이란 대상물건의 감정평가액을 결정하는 기준이 되는 날짜를 말한다.

② 하나의 대상물건이라도 가치를 달리하는 부분은 이를 구분하여 감정평가할 수 있다.

③ 거래사례비교법은 감정평가방식 중 비교방식에 해당되나, 공시지가기준법은 비교방식에 해당되지 않는다.

④ 감정평가법인등은 대상물건별로 정한 감정평가방법(이하 "주된 방법"이라 함)을 적용하여 감정평가하되, 주된 방법을 적용하는 것이 곤란하거나 부적절한 경우에는 다른 감정평가방법을 적용할 수 있다.

⑤ 감정평가법인등은 감정평가서를 감정평가 의뢰인과 이해관계자가 이해할 수 있도록 명확하고 일관성 있게 작성해야 한다.

톺아보기

거래사례비교법은 감정평가방식 중 비교방식에 해당되며, 공시지가기준법도 비교방식에 해당된다.

「감정평가에 관한 규칙」 제11조 【감정평가방식】 감정평가법인등은 다음 각 호의 감정평가방식에 따라 감정평가를 한다.

1. 원가방식: 원가법 및 적산법 등 비용성의 원리에 기초한 감정평가방식
2. 비교방식: 거래사례비교법, 임대사례비교법 등 시장성의 원리에 기초한 감정평가방식 및 공시지가기준법
3. 수익방식: 수익환원법 및 수익분석법 등 수익성의 원리에 기초한 감정평가방식

정답 | 12 ④ 13 ④ 14 ③

□□□

15

상 중 **하**

「감정평가에 관한 규칙」상 (　　)에 들어갈 내용으로 옳은 것은? 제29회

> • 원가방식: 원가법 및 적산법 등 (㉠)의 원리에 기초한 감정평가방식
> • 비교방식: 거래사례비교법, 임대사례비교법 등 시장성의 원리에 기초한 감정평가방식 및 (㉡)
> • (㉢): 수익환원법 및 수익분석법 등 수익성의 원리에 기초한 감정평가방식

① ㉠: 비용성, ㉡: 공시지가비교법, ㉢: 수익방식
② ㉠: 비교성, ㉡: 공시지가비교법, ㉢: 환원방식
③ ㉠: 비용성, ㉡: 공시지가비교법, ㉢: 환원방식
④ ㉠: 비용성, ㉡: 공시지가기준법, ㉢: 수익방식
⑤ ㉠: 비교성, ㉡: 공시지가기준법, ㉢: 수익방식

톺아보기

㉠은 비용성, ㉡은 공시지가기준법, ㉢은 수익방식이다.
「감정평가에 관한 규칙」 제11조에 따른 감정평가방식은 다음과 같다.
• 원가방식: 원가법 및 적산법 등 비용성의 원리에 기초한 감정평가방식
• 비교방식: 거래사례비교법, 임대사례비교법 등 시장성의 원리에 기초한 감정평가방식 및 공시지가기준법
• 수익방식: 수익환원법 및 수익분석법 등 수익성의 원리에 기초한 감정평가방식

□□□

16

상 **중** 하

다음 건물의 m^2당 재조달원가는? (단, 주어진 조건에 한함) 제25회

> • 20년 전 준공된 5층 건물(대지면적 $500m^2$, 연면적 $1,450m^2$)
> • 준공 당시의 공사비내역

직접공사비:	300,000,000원
간접공사비:	30,000,000원
공사비 계:	330,000,000원
개발업자의 이윤:	70,000,000원
총계:	400,000,000원

> • 20년 전 건축비지수: 100, 기준시점 건축비지수: 145

① 250,000원　② 300,000원　③ 350,000원
④ 400,000원　⑤ 450,000원

톺아보기

건축비의 변동(20년 전 건축비지수 100 ⇨ 기준시점 건축비지수 145)을 반영하여 재조달원가를 구하고, 이를 건물의 연면적으로 나누어서 계산한다.

⇨ 재조달원가 = 400,000,000원 × $\frac{145}{100}$ = 580,000,000원

∴ m^2당 재조달원가 = $\frac{580,000,000원}{1,450m^2}$ = 400,000원/m^2

□□□

17 상 중 하

원가법에서의 재조달원가에 관한 설명으로 틀린 것은? 제35회

① 재조달원가란 대상물건을 기준시점에 재생산하거나 재취득하는 데 필요한 적정원가의 총액을 말한다.
② 총량조사법, 구성단위법, 비용지수법은 재조달원가의 산정방법에 해당한다.
③ 재조달원가는 대상물건을 일반적인 방법으로 생산하거나 취득하는 데 드는 비용으로 하되, 제세공과금은 제외한다.
④ 재조달원가를 구성하는 표준적 건설비에는 수급인의 적정이윤이 포함된다.
⑤ 재조달원가를 구할 때 직접법과 간접법을 병용할 수 있다.

톺아보기

③ 재조달원가는 대상물건을 일반적인 방법으로 재생산하거나 재취득하는 데 드는 비용으로 하되, 제세공과금도 포함한다.

> **재조달원가의 구성요소**
> = 표준적 건설비(직 · 간접 공사비, 수급인의 적정이윤) + 통상부대비용(설계비, 감리비, 제세공과금 등)

★ ④ 재조달원가를 구성하는 표준적 건설비에는 수급인의 적정이윤이 포함된다.

더 알아보기

재조달원가 산정방법

총가격적산법(총량조사법), 부분별 단가적용법(구성단위법), 변동률 적용법(비용지수법), 단위비교법

정답 | 15 ④ 16 ④ 17 ③

□□□

18 상 중 하

원가법에 의한 대상물건의 적산가액은? (단, 주어진 조건에 한함) 제29회

> • 신축에 의한 사용승인시점: 2016.9.20.
> • 기준시점: 2018.9.20.
> • 사용승인시점의 신축공사비: 3억원(신축공사비는 적정함)
> • 공사비 상승률: 매년 전년대비 5%씩 상승
> • 경제적 내용연수: 50년
> • 감가수정방법: 정액법
> • 내용연수 만료시 잔존가치 없음

① 288,200,000원
② 302,400,000원
③ 315,000,000원
④ 317,520,000원
⑤ 330,750,000원

톺아보기

적산가액 = 재조달원가 − 감가수정(감가누계액)

• 재조달원가 = 신축원가 3억원 × (1 + 0.05)^2 = 3억 3,075만원
• 내용연수 만료시 잔존가치가 없으므로 감가총액은 3억 3,075만원이다.
• 경제적 내용연수 50년 = 경과연수 2년 + 잔존 경제적 내용연수 48년
• 초기(매년)감가액 = $\frac{\text{감가총액 3억 3,075만원*}}{\text{경제적 내용연수 50년}}$

= 6,615,000원

* 감가총액 3억 3,075만원 = 재조달원가 3억 3,075만원 − 잔존가치 0원

• 감가누계액 = 초기(매년)감가액 6,615,000원 × 경과연수 2년 = 1,323만원

∴ 적산가액 3억 1,752만원 = 재조달원가 3억 3,075만원 − 감가수정(누계)액 1,323만원

□□□

19 다음 자료를 활용하여 원가법으로 산정한 대상건물의 시산가액은? (단, 주어진 조건에 한함) 제34회

상 중 하

- 대상건물 현황: 철근콘크리트조, 단독주택, 연면적 250m^2
- 기준시점: 2023.10.28.
- 사용승인일: 2015.10.28.
- 사용승인일의 신축공사비: 1,200,000원/m^2(신축공사비는 적정함)
- 건축비지수(건설공사비지수)
  - 2015.10.28.: 100
  - 2023.10.28.: 150
- 경제적 내용연수: 50년
- 감가수정방법: 정액법
- 내용연수 만료시 잔존가치 없음

① 246,000,000원 ② 252,000,000원
③ 258,000,000원 ④ 369,000,000원
⑤ 378,000,000원

톺아보기

1. 경과연수 8년 + 잔존 경제적 내용연수 42년 = 전(全) 경제적 내용연수 50년
2. 사용승인일부터 기준시점까지 건축비 변동: $\frac{\text{기준시점의 건축비지수 150}}{\text{사용승인일(신축시점) 건축비지수 100}} = 1.5$
3. 재조달원가 4.5억원 = 1,200,000원/m^2 × 연면적 250m^2 × 건축비 변동분 1.5
4. 매년 일정한 감가액 900만원 = $\frac{\text{감가총액(= 재조달원가 4.5억원 − 잔존가치 0)}}{\text{경제적 내용연수 50년}}$
5. 감가누계액 7,200만원 = 매년 감가액 900만원 × 경과연수 8년

∴ 적산가액 378,000,000원 = 재조달원가 4.5억원 − 감가누계액 7,200만원

정답 | 18 ④ 19 ⑤

□□□

20 상중하

원가법으로 산정한 대상물건의 적산가액은? (단, 주어진 조건에 한함) 제31회

- 사용승인일의 신축공사비: 6천만원(신축공사비는 적정함)
- 사용승인일: 2018.9.1.
- 기준시점: 2020.9.1.
- 건축비지수
  - 2018.9.1. = 100
  - 2020.9.1. = 110
- 경제적 내용연수: 40년
- 감가수정방법: 정액법
- 내용연수 만료시 잔가율: 10%

① 57,300,000원 ② 59,300,000원
③ 62,700,000원 ④ 63,030,000원
⑤ 72,600,000원

톺아보기

- '적산가액 = 재조달원가 − 감가수정(감가누계액)' 공식을 이용한다.
- 신축시점(100)과 기준시점(110)간의 건축비지수의 변동을 감안하여 기준시점에서 재조달원가를 구한다.

  ⇨ 재조달원가 6,600만원 = 신축공사비 6,000만원 × 1.1($=\frac{110}{100}$)
- 내용연수 만료시 잔가율이 10%이므로, 잔존가치는 660만원[= 재조달원가 6,600만원 × 잔가율 0.1(10%)]이다.

  따라서 감가총액은 5,940만원(= 재조달원가 6,600만원 − 잔존가치 660만원)이다.
- 경제적 내용연수 40년 = 경과연수 2년 + 잔존 경제적 내용연수 38년
- 초기(매년)감가액 1,485,000원 = $\frac{\text{감가총액 5,940만원[= 재조달원가 6,600만원 − 잔존가치 660만원]}}{\text{경제적 내용연수 40년}}$
- 감가누계액 2,970,000원 = 초기(매년)감가액 1,485,000원 × 경과연수 2년

∴ 적산가액 = 재조달원가 6,600만원 − 감가수정(감가누계액) 2,970,000원 = 63,030,000원

더 알아보기

원가법

적산가액 = 재조달원가 − 감가수정(감가누계액)

□□□

21

상**중**하

원가법에 의한 공장건물의 적산가액은? (단, 주어진 조건에 한함) 제28회

- 신축공사비: 8,000만원
- 준공시점: 2015년 9월 30일
- 기준시점: 2017년 9월 30일
- 건축비지수
  - 2015년 9월: 100
  - 2017년 9월: 125
- 전년대비 잔가율: 70%
- 신축공사비는 준공당시 재조달원가로 적정하며, 감가수정방법은 공장건물이 설비에 가까운 점을 고려하여 정률법을 적용함

① 3,920만원
② 4,900만원
③ 5,600만원
④ 7,000만원
⑤ 1억원

톺아보기

- 경과연수: 준공시점 2015년 9월 30일에서 기준시점 2017년 9월 30일까지 ⇨ 2년
- 공사비(건축비)의 변동을 고려하여 재조달원가를 계산한다.

  ⇨ 재조달원가 = 신축공사비(8,000만원) × $\frac{125}{100}$ = 1억원
- 전년대비 잔가율이 70%이므로, 이를 활용하여 적산가액을 구한다.

∴ 적산가액 = 재조달원가(1억원) × $(0.7)^2$ = 1억원 × 0.49 = 4,900만원

더 알아보기

정률법에 의한 적산가액 = 재조달원가 × (1 − 매년 감가율)^{경과연수}
= 재조달원가 × (전년대비 잔가율)^{경과연수}

정답 | 20 ④ 21 ②

□□□

22 상**중**하

원가법에서 사용하는 감가수정방법에 관한 설명으로 틀린 것은? 제32회

① 정률법에서는 매년 감가율이 감소함에 따라 감가액이 감소한다.

② 정액법에서는 감가누계액이 경과연수에 정비례하여 증가한다.

③ 정액법을 직선법 또는 균등상각법이라고도 한다.

④ 상환기금법은 건물 등의 내용연수가 만료될 때 감가누계상당액과 그에 대한 복리계산의 이자상당액분을 포함하여 당해 내용연수로 상환하는 방법이다.

⑤ 정액법, 정률법, 상환기금법은 모두 내용연수에 의한 감가수정방법이다.

톺아보기

정률법에서는 매년 감가율이 일정함에 따라 기간이 경과할수록 감가액이 감소(체감)한다. 기계, 기구 등 감가수정에 활용한다.

□□□

23 **상**중하

다음 (　　) 안에 들어갈 숫자를 순서대로 나열한 것은? (단, 주어진 조건에 한함) 제28회

- 원가법 적용시, 경제적 내용연수 30년, 최종잔가율 10%, 정액법으로 감가수정할 경우, 재조달원가 대비 매년 감가액의 비율은 (　　)%다.
- 거래사례비교법 적용시, 거래사례가 인근 정상거래가격 대비 20% 저가(低價)에 매도된 것을 확인하고 사정보정치에 (　　)를(을) 적용했다.

① 3, 0.80　　② 3, 1.25　　③ 3.33, 0.80

④ 3.33, 1.20　　⑤ 3.33, 1.25

톺아보기

- 최종잔가율이 10%라고 제시되었으므로, 총 감가율은 90%이다. 정액법에 따른 감가액의 비율은 총 감가율(감가총액) 90%를 경제적 내용연수 30년으로 나누어서 구한다.

  ∴ 정액법에 따른 감가액의 비율 = $\frac{\text{총감가율(90\%)}}{\text{경제적 내용연수(30년)}}$ = 3%

- 거래사례가 정상거래가격 대비 20% 저가에 매도되었으므로, 분모 값인 거래사례의 기준 값 100에서 20을 공제(차감)하여 사정보정치를 구한다.

  ∴ 사정보정치 = $\frac{\text{대상부동산}}{\text{사례부동산}} = \frac{100}{100-20}$ = 1.25

□□□

24

상중하

다음은 감정평가에 관한 설명이다. (   )에 들어갈 내용으로 옳은 것은? 제31회

- 공시지가기준법을 적용할 때 비교표준지 공시지가를 기준으로 (㉠), 지역요인 및 개별요인 비교, 그 밖의 요인의 보정 과정을 거친다.
- 수익환원법에서는 대상물건이 장래 산출할 것으로 기대되는 순수익이나 미래의 (㉡)을(를) 환원하거나 할인하여 가액을 산정한다.

① ㉠: 시점수정, ㉡: 현금흐름
② ㉠: 시점수정, ㉡: 투자가치
③ ㉠: 사정보정, ㉡: 복귀가치
④ ㉠: 사정보정, ㉡: 현금흐름
⑤ ㉠: 사정보정, ㉡: 투자가치

톺아보기

㉠은 시점수정, ㉡은 현금흐름이다.

㉠ 공시지가기준법이란 「감정평가 및 감정평가사에 관한 법률」에 따라 감정평가의 대상이 된 토지(이하 "대상토지"라 한다)와 가치형성요인이 같거나 비슷하여 유사한 이용가치를 지닌다고 인정되는 표준지(이하 "비교표준지"라 한다)의 공시지가를 기준으로 대상토지의 현황에 맞게 '시점수정', 지역요인 및 개별요인 비교, 그 밖의 요인의 보정(補正)을 거쳐 대상토지의 가액을 산정하는 감정평가방법을 말한다(「감정평가에 관한 규칙」 제2조 제9항).

㉡ 수익환원법(收益還元法)이란 대상물건이 장래 산출할 것으로 기대되는 순수익이나 미래의 '현금흐름'을 환원하거나 할인하여 대상물건의 가액을 산정하는 감정평가방법을 말한다(「감정평가에 관한 규칙」 제2조 제10항).

정답 | 22 ① 23 ② 24 ①

□□□

25 상**중**하

감정평가의 대상이 되는 부동산(이하 '대상부동산'이라 함)과 거래사례부동산의 개별요인 항목별 비교내용이 다음과 같은 경우 상승식으로 산정한 개별요인 비교치는? (단, 주어진 조건에 한하며, 결괏값은 소수점 넷째 자리에서 반올림함) 제29회

- 가로의 폭 · 구조 등의 상태에서 대상부동산이 5% 우세함
- 고객의 유동성과의 적합성에서 대상부동산이 3% 열세함
- 형상 및 고저는 동일함
- 행정상의 규제정도에서 대상부동산이 4% 우세함

① 1.015
② 1.029
③ 1.035
④ 1.059
⑤ 1.060

톺아보기

- 대상부동산이 5% 우세하므로 $1.05\left(=\frac{105}{100}\right)$이다.
- 대상부동산이 3% 열세이므로 $0.97\left(=\frac{97}{100}\right)$이다.
- 대상부동산이 4% 우세이므로 $1.04\left(=\frac{104}{100}\right)$이다.

∴ 상승식(곱하기)으로 산정한 개별요인 비교치 = $1.05 \times 0.97 \times 1.04 = 1.05924$

⇨ 소수점 넷째 자리에서 반올림하면 1.059이다.

□□□

26

상**중**하

다음 자료를 활용하여 공시지가기준법으로 산정한 대상토지의 가액(원/m^2)은? (단, 주어진 조건에 한함) 제32회

- 대상토지: A시 B구 C동 320번지, 일반상업지역
- 기준시점: 2021.10.30.
- 비교표준지: A시 B구 C동 300번지, 일반상업지역, 2021.1.1. 기준 공시지가 10,000,000원/m^2
- 지가변동률(A시 B구, 2021.1.1.~2021.10.30.): 상업지역 5% 상승
- 지역요인: 대상토지와 비교표준지의 지역요인은 동일함
- 개별요인: 대상토지는 비교표준지에 비해 가로조건 10% 우세, 환경조건 20% 열세하고, 다른 조건은 동일함(상승식으로 계산할 것)
- 그 밖의 요인 보정치: 1.50

① 9,240,000
② 11,340,000
③ 13,860,000
④ 17,010,000
⑤ 20,790,000

톺아보기

- 시점수정치: 1.05
- 가로조건: 1.1
- 환경조건: 0.8
- 그 밖의 요인 보정치: 1.50$\left[= \frac{(100+50)}{100}\right]$

∴ 10,000,000원/m^2 × 1.05 × 1.1 × 0.8 × 1.50 = 13,860,000원/m^2

더 알아보기

공시지가기준법

토지가액 = 비교표준지 × 시점수정 × 지역요인 비교 × 개별요인 비교 × 그 밖의 요인 보정

정답 | 25 ④ 26 ③

□□□

27

상중하

다음 자료를 활용하여 공시지가기준법으로 평가한 대상토지의 가액(원/m²)은? (단, 주어진 조건에 한함) 제30회

- 소재지 등: A시 B구 C동 100, 일반상업지역, 상업용
- 기준시점: 2019.10.26.
- 표준지공시지가(A시 B구 C동, 2019.1.1.기준)

기호	소재지	용도지역	이용상황	공시지가(원/m²)
1	C동 90	일반공업지역	상업용	1,000,000
2	C동 110	일반상업지역	상업용	2,000,000

- 지가변동률(A시, B구, 2019.1.1.~2019.10.26.)
  - 공업지역: 4% 상승
  - 상업지역: 5% 상승
- 지역요인: 표준지와 대상토지는 인근지역에 위치하여 지역요인은 동일함
- 개별요인: 대상토지는 표준지 기호 1, 2에 비해 각각 가로조건에서 10% 우세하고, 다른 조건은 동일함(상승식으로 계산할 것)
- 그 밖의 요인으로 보정할 사항 없음

① 1,144,000
② 1,155,000
③ 2,100,000
④ 2,288,000
⑤ 2,310,000

톺아보기

- 대상토지가 A시 B구 C동 100, 일반상업지역, 상업용 토지이므로 표준지공시지가 기호 2인 상업용 토지가 표준지이다(표준지 기호 1에 관한 사항은 사용하지 않는다).
- 지가변동률은 상업지역 5% 상승이므로, 시점수정치는 1.05이다('공업지역 4% 상승'은 사용하지 않는다).
- 개별요인은 대상토지는 표준지 기호 2에 비해 가로조건에서 10% 우세하므로, 그 비교치는 1.1이다.

∴ 토지가액 = 비교표준지 × 시점수정 × 지역요인비교 × 개별요인비교 × 그 밖의 요인 보정
= 2,000,000원 × 1.05 × 1.1 = 2,310,000(원/m²)

□□□

28 다음 자료를 활용하여 공시지가기준법으로 산정한 대상토지의 단위면적당 시산가액(원/m^2)은? (단, 주어진 조건에 한함) 제34회

상**중**하

- 대상토지 현황: A시 B구 C동 120번지, 일반상업지역, 상업용
- 기준시점: 2023.10.28.
- 표준공시지가(A시 B구 C동, 2023.01.01. 기준)

기호	소재지	용도지역	이용상황	공시지가(원/m^2)
1	C동 110	준주거지역	상업용	6,000,000
2	C동 130	일반상업지역	상업용	8,000,000

- 지가변동률(A시 B구, 2023.01.01.~2023.10.28.)
  - 주거지역: 3% 상승
  - 상업지역: 5% 상승
- 지역요인: 표준지와 대상토지는 인근지역에 위치하여 지역요인이 동일함
- 개별요인: 대상토지는 표준지 기호 1에 비해 개별요인 10% 우세하고, 표준지 기호 2에 비해 개별요인 3% 열세함
- 그 밖의 요인 보정: 대상토지 인근지역의 가치형성 요인이 유사한 정상적인 거래사례 및 평가사례 등을 고려하여 그 밖의 요인으로 50% 증액 보정함
- 상승식으로 계산할 것

① 6,798,000원/m^2
② 8,148,000원/m^2
③ 10,197,000원/m^2
④ 12,222,000원/m^2
⑤ 13,860,000원/m^2

톺아보기

토지가액 = 비교표준지 × 시점수정 × 지역요인 비교 × 개별요인 비교 × 그 밖의 요인 보정

대상토지가 일반상업지역에 속하는 상업용이므로, 기호 2가 비교표준지(사례토지)가 된다(표준지 기호 1의 내용은 사용하지 않으며, 지가변동률의 주거지역 4% 상승도 사용하지 않는다).

- 지가변동률: 상업지역 5% 상승 ⇨ $\frac{105}{100} = 1.05$
- 개별요인: 3% 열세함 ⇨ $\frac{100-3}{100} = 0.97$
- 그 밖의 요인 보정: 50% 증액보정 ⇨ $\frac{100+50}{100} = 1.5$

따라서 대상토지가액은 12,222,000원/m^2(= 800만원 × 1.05 × 0.97 × 1.5)이다.

정답 | 27 ⑤ 28 ④

□□□

29

상중하

다음 자료를 활용하여 거래사례비교법으로 산정한 토지의 비준가액은? (단, 주어진 조건에 한함) 제33회

- 대상토지: A시 B구 C동 350번지, 150m²(면적), 대(지목), 주상용(이용상황), 제2종 일반주거지역(용도지역)
- 기준시점: 2022.10.29.
- 거래사례
  - 소재지: A시 B구 C동 340번지
  - 200m²(면적), 대(지목), 주상용(이용상황)
  - 제2종 일반주거지역(용도지역)
  - 거래가격: 800,000,000원
  - 거래시점: 2022.6.1.
- 사정보정치: 0.9
- 지가변동률(A시 B구, 2022.6.1.~2022.10.29.): 주거지역 5% 상승, 상업지역 4% 상승
- 지역요인: 거래사례와 동일
- 개별요인: 거래사례에 비해 5% 열세
- 상승식으로 계산

① 533,520,000원
② 538,650,000원
③ 592,800,000원
④ 595,350,000원
⑤ 598,500,000원

톺아보기

- 공시지가기준법이 아닌 거래사례비교법에 의해서 대상토지가액을 구하는 문제이다.
- 대상토지가 제2종 일반주거지역에 소재하므로, 시점수정을 할 때에는 주거지역 5% 상승을 사용한다(상업지역 4% 상승은 활용하지 않는다).
- 비준가액 = 사례부동산가격 × 사정보정 × 시점수정 × 가치형성요인 비교 등

∴ 538,650,000원 = 8억원 × 사정보정치 0.9 × 시점수정치 1.05 × 개별요인비교치 0.95

$$\times \text{면적비교치 } 0.75\left(=\frac{\text{대상토지 } 150m^2}{\text{사례토지 } 200m^2}\right)$$

□□□

30 상 중 하

다음 자료를 활용하여 거래사례비교법으로 산정한 대상토지의 시산가액은? (단, 주어진 조건에 한함) 제35회

- 대상토지
  - 소재지: A시 B구 C동 150번지
  - 용도지역: 제3종 일반주거지역
  - 이용상황, 지목, 면적: 상업용, 대, 100m^2
- 기준시점: 2024.10.26.
- 거래사례
  - 소재지: A시 B구 C동 120번지
  - 용도지역: 제3종 일반주거지역
  - 이용상황, 지목, 면적: 상업용, 대, 200m^2
  - 거래가격: 625,000,000원(가격구성비율은 토지 80%, 건물 20%임)
  - 사정개입이 없는 정상적인 거래사례임
  - 거래시점: 2024.05.01.
- 지가변동률(A시, B구, 2024.05.01~2024.10.26.): 주거지역 4% 상승, 상업지역 5% 상승
- 지역요인: 대상토지와 거래사례 토지는 인근지역에 위치함
- 개별요인: 대상토지는 거래사례 토지에 비해 10% 우세함
- 상승식으로 계산

① 234,000,000원 ② 286,000,000원 ③ 288,750,000원
④ 572,000,000원 ⑤ 577,500,000원

톺아보기

- 공시지가기준법이 아닌 거래사례비교법에 의해서 대상토지가액을 구하는 문제이다.
- 대상토지의 가액을 계산하므로 제시된 거래가격 625,000,000원 중에서 80%인 5억원이 사례토지의 거래가격(적정한 실거래가)이다.
- 대상토지가 제3종 일반주거지역에 소재하므로, 시점수정을 할 때에는 지가변동률 '주거지역 4% 상승'을 사용한다(상업지역 5% 상승은 활용하지 않는다).
- 비준가액 = 사례부동산가격 × 사정보정 × 시점수정 × 가치형성요인 비교 등

∴ 286,000,000원

$$= 5\text{억원} \times \text{시점수정치 } 1.04\left(=\frac{104}{100}\right) \times \text{개별요인비교치 } 1.1\left(=\frac{110}{100}\right) \times \text{면적비교치 } 0.5\left(=\frac{\text{대상토지 } 100m^2}{\text{사례토지 } 200m^2}\right)$$

정답 | 29 ② 30 ②

□□□

31

다음 자료를 활용하여 산정한 대상부동산의 수익가액은? (단, 연간 기준이며, 주어진 조건에 한함) 제33회

상 중 하

- 가능총소득(PGI): 44,000,000원
- 공실손실상당액 및 대손충당금: 가능총소득의 10%
- 운영경비(OE): 가능총소득의 2.5%
- 대상부동산의 가치구성비율: 토지(60%), 건물(40%)
- 토지환원율: 5%, 건물환원율: 10%
- 환원방법: 직접환원법
- 환원율 산정방법: 물리적 투자결합법

① 396,000,000원
② 440,000,000원
③ 550,000,000원
④ 770,000,000원
⑤ 792,000,000원

톺아보기

1. 수익환원법(직접환원법)에 의한 수익가액을 구하는 문제이다.

$$수익가액 = \frac{장래\ 순영업소득}{환원(이)율}$$

2. 순영업소득 38,500,000원의 계산과정
   - 공실손실상당액 및 대손충당금 4,400,000원 = 가능총소득 44,000,000원 × 0.1(10%)
   - 유효총소득 39,600,000원 = 가능총소득 44,000,000원 − 공실손실상당액 및 대손충당금 4,400,000원
   - 운영경비(영업경비) 1,100,000원 = 가능총소득 44,000,000원 × 0.025(2.5%)

   ⇨ 순영업소득 38,500,000원 = 유효총소득 39,600,000원 − 운영경비(영업경비) 1,100,000원
3. 물리적 투자결합법에 의한 환원(이)율 0.07(7%)의 산정과정
   (토지가격 구성비율 × 토지환원율) + (건물가격 구성비율 × 건물환원율)
   ⇨ 7%(0.07) = (0.6 × 5%) + (0.4 × 10%)

$$∴\ 수익가액\ 550,000,000원 = \frac{장래\ 순영업소득\ 38,500,000원}{환원(이)율\ 0.07}$$

□□□

32 다음 자료를 활용하여 수익환원법을 적용한 평가대상 근린생활시설의 수익가액은? (단, 주어진 조건에 한하며 연간 기준임) 제28회

상 중 하

- 가능총소득: 5,000만원
- 공실손실상당액: 가능총소득의 5%
- 유지관리비: 가능총소득의 3%
- 부채서비스액: 1,000만원
- 화재보험료: 100만원
- 개인업무비: 가능총소득의 10%
- 기대이율 4%, 환원이율 5%

① 6억원 ② 7억 2,000만원
③ 8억 2,000만원 ④ 9억원
⑤ 11억 2,500만원

톺아보기

- 해당 문제의 조건 중에서 부채서비스액, 개인업무비, 기대이율은 계산과정에 필요하지 않다.
- 유효총소득 = 가능총소득(5,000만원) − 대손충당금(250만원, 가능총소득의 5%) = 4,750만원
- 영업경비 = 유지관리비(150만원, 가능총소득의 3%) + 화재보험료(100만원) = 250만원
- 순영업소득 = 유효총소득(4,750만원) − 영업경비(250만원) = 4,500만원

$$\therefore \text{수익가액} = \frac{\text{순영업소득(4,500만원)}}{\text{환원이율(0.05)}} = \text{9억원}$$

제8편 부동산감정평가론 8편

정답 | 31 ③ 32 ④

□□□

33

상중하

다음 자료에서 수익방식에 의한 대상부동산의 시산가액 산정시 적용된 환원율은? (단, 연간 기준이며, 주어진 조건에 한함) 제35회

- 가능총수익(PGI): 50,000,000원
- 공실손실상당액 및 대손충당금: 가능총수익(PGI)의 10%
- 운영경비(OE): 가능총수익(PGI)의 20%
- 환원방법: 직접환원법
- 수익방식에 의한 대상부동산의 시산가액: 500,000,000원

① 7.0% ② 7.2% ③ 8.0%
④ 8.1% ⑤ 9.0%

톺아보기

- 환원율 = 환원이율 = 자본(종합)환원율이다.
- 순영업소득의 계산

	가능조소득	5,000만원
−	공실 및 불량부채	500만원*
+	기타소득	0
	유효조소득	4,500만원
−	영업경비	1,000만원**
	순영업소득	3,500만원

* 공실 및 불량부채 500만원 = 가능총소득 5,000만원 × 0.1(10%)

** 운영경비(영업경비) 1,000만원 = 가능총소득 5,000만원 × 0.2(20%)

- 대상부동산의 시산가액 5억원 = 부동산가치(가액) = 총투자액

$\therefore$ 환원(이)율 0.07(7%) = $\dfrac{\text{순영업소득 3,500만원}}{\text{부동산가치(가액) 5억원}}$

□□□

34

상중하

자본환원율에 관한 설명으로 틀린 것은? (단, 다른 조건은 동일함) 제33회

① 자본환원율은 시장추출법, 조성법, 투자결합법 등을 통해 구할 수 있다.

② 자본환원율은 자본의 기회비용을 반영하며, 금리의 상승은 자본환원율을 높이는 요인이 된다.

③ 순영업소득(NOI)이 일정할 때 투자수요의 증가로 인한 자산가격 상승은 자본환원율을 높이는 요인이 된다.

④ 투자위험의 감소는 자본환원율을 낮추는 요인이 된다.

⑤ 부동산시장이 균형을 이루더라도 자산의 유형, 위치 등 특성에 따라 자본환원율이 서로 다른 부동산들이 존재할 수 있다.

톺아보기

③ 순영업소득(NOI)이 일정할 때 투자수요의 증가로 인한 자산(부동산)가격 상승은 자본환원율을 낮추는 요인이 된다.

$$\text{자본환원율(환원이율)} = \frac{\text{순영업소득}}{\text{부동산가격}}$$

① 자본환원율(환원이율)을 구하는 방법으로 시장추출법, 조성(요소구성)법, (물리적 · 금융적)투자결합법, 엘우드(Ellwood)법, 부채감당법 등이 있다.

②④ 자본환원율은 자본의 기회비용을 반영하며, 금리의 상승은 자본환원율을 높이는 요인이 된다. 자본환원율(환원이율)은 일종의 요구수익률 개념이 되기도 한다.
자본환원율 = 자본수익률 ± 자본회수율(감가상각률) ⇨ 요구수익률(자본의 기회비용) = 무위험률 ± 위험할증률

정답 | 33 ① 34 ③

□□□

35

상 중 **하**

「감정평가에 관한 규칙」상 대상물건과 주된 감정평가방법의 연결이 틀린 것은?

제31회

① 과수원 – 공시지가기준법
② 광업재단 – 수익환원법
③ 임대료 – 임대사례비교법
④ 자동차 – 거래사례비교법
⑤ 건물 – 원가법

톺아보기

「감정평가에 관한 규칙」 제14조~제25조를 따른다.

- 과수원을 평가할 때에는 거래사례비교법을 적용하여야 한다.
- 토지를 평가할 때에는 공시지가기준법을 적용하여야 한다.

□□□

36

상 중 하

감정평가에 관한 규칙상 대상물건별로 정한 감정평가방법(주된 방법)이 수익환원법인 대상물건은 모두 몇 개인가?

제34회

• 상표권	• 임대료
• 저작권	• 특허권
• 과수원	• 기업가치
• 광업재단	• 실용신안권

① 2개 ② 3개 ③ 4개
④ 5개 ⑤ 6개

톺아보기

「감정평가에 관한 규칙」 제14조~제25조에 따라 수익환원법을 적용하는 경우는 상표권, 저작권, 특허권, 기업가치, 광업재단, 실용신안권으로 모두 6개이다.

- 임대료: 임대사례비교법
- 과수원: 거래사례비교법

□□□

37 「감정평가에 관한 규칙」상 대상물건별로 정한 감정평가방법(주된 감정평가방법)에 관한 설명으로 옳은 것을 모두 고른 것은? 제35회

상 중 **하**

> ㉠ 건물의 주된 감정평가방법은 원가법이다.
> ㉡ 「집합건물의 소유 및 관리에 관한 법률」에 따른 구분소유권의 대상이 되는 건물부분과 그 대지사용권을 일괄하여 감정평가하는 경우의 주된 감정평가방법은 거래사례비교법이다.
> ㉢ 자동차와 선박의 주된 감정평가방법은 거래사례비교법이다. 다만, 본래 용도의 효용가치가 없는 물건은 해체처분가액으로 감정평가할 수 있다.
> ㉣ 영업권과 특허권의 주된 감정평가방법은 수익분석법이다.

① ㉠, ㉡
② ㉡, ㉣
③ ㉠, ㉡, ㉢
④ ㉠, ㉡, ㉣
⑤ ㉠, ㉢, ㉣

톺아보기

옳은 것은 ㉠㉡이다.

★ ㉡ 「집합건물의 소유 및 관리에 관한 법률」에 따른 구분소유권의 대상이 되는 건물부분과 그 대지사용권을 일괄하여 감정평가하는 경우의 주된 감정평가방법은 거래사례비교법이다.

㉢

> **「감정평가에 관한 규칙」 제20조【자동차 등의 감정평가】** ① 감정평가법인등은 자동차를 감정평가할 때에 거래사례비교법을 적용해야 한다.
> ③ 감정평가법인등은 선박을 감정평가할 때에 선체 · 기관 · 의장(艤裝)별로 구분하여 감정평가하되, 각각 원가법을 적용해야 한다.

㉣ 영업권과 특허권의 주된 감정평가방법은 수익환원법이다.

> **「감정평가에 관한 규칙」 제23조【무형자산의 감정평가】** ③ 감정평가법인등은 영업권, 특허권, 실용신안권, 디자인권, 상표권, 저작권, 전용측선이용권(專用側線利用權), 그 밖의 무형자산을 감정평가할 때에 수익환원법을 적용해야 한다.

정답 | 35 ① 36 ⑤ 37 ①

□□□
38
상중하

「감정평가에 관한 규칙」상 용어의 정의로 <u>틀린</u> 것은? 제29회

① 원가법이란 대상물건의 재조달원가에 감가수정을 하여 대상물건의 가액을 산정하는 감정평가방법을 말한다.
② 수익환원법이란 대상물건이 장래 산출할 것으로 기대되는 순수익이나 미래의 현금흐름을 환원하거나 할인하여 대상물건의 가액을 산정하는 감정평가방법을 말한다.
③ 가치형성요인이란 대상물건의 경제적 가치에 영향을 미치는 일반요인, 지역요인 및 개별요인 등을 말한다.
④ 거래사례비교법이란 대상물건과 가치형성요인이 같거나 비슷한 물건의 거래사례와 비교하여 대상물건의 현황에 맞게 사정보정, 시점수정, 가치형성요인 비교 등의 과정을 거쳐 대상물건의 가액을 산정하는 감정평가방법을 말한다.
⑤ 인근지역이란 감정평가의 대상이 된 부동산이 속한 지역으로서 부동산의 이용이 동질적이고 가치형성요인 중 개별요인을 공유하는 지역을 말한다.

톺아보기

인근지역이란 감정평가의 대상이 된 부동산이 속한 지역으로서 부동산의 이용이 동질적이고 가치형성요인 중 지역요인을 공유하는 지역을 말한다(「감정평가에 관한 규칙」 제2조 제13호).

□□□
39
상중하

「감정평가에 관한 규칙」상 용어의 정의로 <u>틀린</u> 것은? 제32회

① 기준가치란 감정평가의 기준이 되는 가치를 말한다.
② 가치형성요인이란 대상물건의 경제적 가치에 영향을 미치는 일반요인, 지역요인 및 개별요인 등을 말한다.
③ 원가법이란 대상물건의 재조달원가에 감가수정을 하여 대상물건의 가액을 산정하는 감정평가방법을 말한다.
④ 거래사례비교법이란 대상물건과 가치형성요인이 같거나 비슷한 물건의 거래사례와 비교하여 대상물건의 현황에 맞게 사정보정, 시점수정, 가치형성요인 비교 등의 과정을 거쳐 대상물건의 가액을 산정하는 감정평가방법을 말한다.
⑤ 수익분석법이란 대상물건이 장래 산출할 것으로 기대되는 순수익이나 미래 현금흐름을 환원하거나 할인하여 대상물건의 가액을 산정하는 감정평가방법을 말한다.

톺아보기

★ ⑤ • 수익환원법이란 대상물건이 장래 산출할 것으로 기대되는 순수익이나 미래 현금흐름을 환원하거나 할인하여 대상물건의 가액을 산정하는 감정평가방법을 말한다.

• 수익분석법이란 일반기업 경영에 의하여 산출된 총수익을 분석하여 대상물건이 일정한 기간에 산출할 것으로 기대되는 순수익에 대상물건을 계속하여 임대하는 데에 필요한 경비를 더하여 대상물건의 임대료를 산정하는 감정평가방법을 말한다.

④ 거래사례비교법이란 대상물건과 가치형성요인이 같거나 비슷한 물건의 거래사례와 비교하여 대상물건의 현황에 맞게 사정보정, 시점수정, 가치형성요인 비교 등의 과정을 거쳐 대상물건의 가액을 산정하는 감정평가방법을 말한다.

□□□

40 상**중**하

「감정평가에 관한 규칙」상 용어의 정의로 <u>틀린</u> 것은? 제31회

① 인근지역이란 감정평가의 대상이 된 부동산이 속한 지역으로서 부동산의 이용이 동질적이고 가치형성요인 중 지역요인을 공유하는 지역을 말한다.

② 동일수급권(同一需給圈)이란 대상부동산과 대체 · 경쟁 관계가 성립하고 가치 형성에 서로 영향을 미치는 관계에 있는 다른 부동산이 존재하는 권역(圈域)을 말하며, 인근지역과 유사지역을 포함한다.

③ 원가법이란 대상물건의 재조달원가에 감가수정(減價修正)을 하여 대상물건의 가액을 산정하는 감정평가방법을 말한다.

④ 유사지역이란 대상부동산이 속하지 아니하는 지역으로서 인근지역과 유사한 특성을 갖는 지역을 말한다.

⑤ 가치형성요인이란 대상물건의 시장가치에 영향을 미치는 일반요인, 지역요인 및 개별요인 등을 말한다.

톺아보기

「감정평가에 관한 규칙」 제2조 제4호에 따른 가치형성요인이란 대상물건의 경제적 가치에 영향을 미치는 일반요인, 지역요인 및 개별요인 등을 말한다.

정답 | 38 ⑤ 39 ⑤ 40 ⑤

제3장 / 부동산가격공시제도

기본서 p.466~483

□□□

41 「부동산 가격공시에 관한 법률」에 규정된 내용으로 틀린 것은? 제30회 수정

상 중 **하**

① 표준지공시지가에 이의가 있는 자는 그 공시일로부터 30일 이내에 서면으로 국토교통부장관에게 이의를 신청할 수 있다.

② 표준지공시지가는 국가 · 지방자치단체 등이 그 업무와 관련하여 지가를 산정하거나 감정평가법인등이 개별적으로 토지를 감정평가하는 경우에 기준이 된다.

③ 표준지로 선정된 토지에 대하여 개별공시지가를 결정 · 공시하여야 한다.

④ 시장 · 군수 또는 구청장은 공시기준일 이후에 분할 · 합병 등이 발생한 토지에 대하여는 대통령령으로 정하는 날을 기준으로 하여 개별공시지가를 결정 · 공시하여야 한다.

⑤ 개별공시지가에 이의가 있는 자는 그 결정 · 공시일로부터 30일 이내에 서면으로 시장 · 군수 또는 구청장에게 이의를 신청할 수 있다.

톺아보기

③ 표준지로 선정된 토지에 대하여는 개별공시지가를 별도로 결정 · 공시하지 않고, 해당 토지의 표준지공시지가를 개별공시지가로 본다.

② 표준지공시지가는 국가 · 지방자치단체 등이 그 업무와 관련하여 지가를 산정하거나 감정평가법인등이 개별적으로 토지를 감정평가하는 경우에 기준이 된다.

더 알아보기

표준지로 선정된 토지, 조세 또는 부담금 부과대상이 아닌 토지 그 밖에 대통령령이 정하는 토지에 대하여는 개별공시지가를 결정 · 공시하지 아니할 수 있다. 이 경우 표준지로 선정된 토지에 대하여는 해당 토지의 표준지공시지가를 개별공시지가로 본다(「부동산 가격공시에 관한 법률」 제10조 제2항).

□□□

42 부동산 가격공시에 관한 법령에 규정된 내용으로 옳은 것은? 제33회

상중하

① 국토교통부장관이 표준지공시지가를 조사·평가할 때에는 반드시 둘 이상의 감정평가법인등에게 의뢰하여야 한다.

② 표준지공시지가의 공시에는 표준지의 지번, 표준지의 단위면적당 가격, 표준지의 면적 및 형상, 표준지 및 주변토지의 이용상황, 그 밖에 대통령령으로 정하는 사항이 포함되어야 한다.

③ 국토교통부장관은 표준주택에 대하여 매년 공시기준일 현재 적정가격을 조사·산정하고, 시·군·구부동산가격공시위원회의 심의를 거쳐 이를 공시하여야 한다.

④ 국토교통부장관은 표준주택가격을 조사·산정하고자 할 때에는 감정평가법인등 또는 한국부동산원에 의뢰한다.

⑤ 표준공동주택가격은 개별공동주택가격을 산정하는 경우에 그 기준이 된다.

톺아보기

② 표준지공시지가의 공시에는 다음의 사항이 포함되어야 한다(「부동산 가격공시에 관한 법률」 제5조).

1. 표준지의 지번
2. 표준지의 단위면적당 가격
3. 표준지의 면적 및 형상
4. 표준지 및 주변토지의 이용상황
5. 그 밖에 대통령령으로 정하는 사항

오답해설

① 국토교통부장관이 표준지공시지가를 조사·평가할 때에는 둘 이상의 감정평가법인등에게 의뢰하여야 한다. 다만, 지가변동이 작은 경우 등 대통령령이 정하는 기준에 해당하는 표준지에 대하여는 하나의 감정평가법인등에게 이를 의뢰하여야 한다(법령에 '반드시'라는 표현은 없다).

③ 국토교통부장관은 표준주택에 대하여 매년 공시기준일 현재 적정가격을 조사·산정하고, 중앙부동산가격공시위원회의 심의를 거쳐 이를 공시하여야 한다.

★ ④ 국토교통부장관은 표준주택가격을 조사·산정하고자 할 때에는 한국부동산원에 의뢰한다(감정평가법인등에게 의뢰하지 않는다).

⑤ 표준주택가격은 개별주택가격을 산정하는 경우에 그 기준이 된다(표준공동주택가격이나 개별공동주택가격이라는 것은 존재하지 않는다).

정답 | 41 ③ 42 ②

□□□

43

상중하

부동산 가격공시에 관한 법령상 시장·군수 또는 구청장이 개별공시지가를 결정·공시하지 아니할 수 있는 토지를 모두 고른 것은? 제31회

> ㉠ 표준지로 선정된 토지
> ㉡ 농지보전부담금의 부과대상이 아닌 토지
> ㉢ 개발부담금의 부과대상이 아닌 토지
> ㉣ 도시·군계획시설로서 공원이 지정된 토지
> ㉤ 국세 부과대상이 아닌 토지(국공유지의 경우에는 공공용 토지만 해당한다)

① ㉠, ㉢
② ㉡, ㉣, ㉤
③ ㉠, ㉡, ㉢, ㉤
④ ㉡, ㉢, ㉣, ㉤
⑤ ㉠, ㉡, ㉢, ㉣, ㉤

톺아보기

옳은 것은 ㉠㉡㉢㉤이다.

> **「부동산 가격공시에 관한 법률 시행령」 제15조 【개별공시지가를 공시하지 아니할 수 있는 토지】** ① 시장·군수 또는 구청장은 법 제10조 제2항 전단에 따라 다음 각 호의 어느 하나에 해당하는 토지에 대해서는 법 제10조 제1항에 따른 개별공시지가(이하 "개별공시지가"라 한다)를 결정·공시하지 아니할 수 있다.
> 1. 표준지로 선정된 토지
> 2. 농지보전부담금 또는 개발부담금 등의 부과대상이 아닌 토지
> 3. 국세 또는 지방세 부과대상이 아닌 토지(국공유지의 경우에는 공공용 토지만 해당한다)

□□□

44

상**중**하

「부동산 가격공시에 관한 법률」에 규정된 내용으로 <u>틀린</u> 것은? 제32회

① 국토교통부장관은 표준주택가격을 조사·산정하고자 할 때에는 한국부동산원에 의뢰한다.

② 표준주택가격은 국가·지방자치단체 등이 그 업무와 관련하여 개별주택가격을 산정하는 경우에 그 기준이 된다.

③ 표준주택으로 선정된 단독주택, 그 밖에 대통령령으로 정하는 단독주택에 대하여는 개별주택가격을 결정·공시하지 아니할 수 있다.

④ 개별주택가격 및 공동주택가격은 주택시장의 가격정보를 제공하고 국가·지방자치단체 등이 과세 등의 업무와 관련하여 주택의 가격을 산정하는 경우에 그 기준으로 활용될 수 있다.

⑤ 개별주택가격 및 공동주택가격에 이의가 있는 자는 그 결정·공시일부터 30일 이내에 서면(전자문서를 포함한다)으로 시장·군수 또는 구청장에게 이의를 신청할 수 있다.

톺아보기

⑤ • 개별주택가격에 이의가 있는 자는 그 결정·공시일부터 30일 이내에 서면으로 시장·군수 또는 구청장에게 이의를 신청할 수 있다(「부동산 가격공시에 관한 법률」 제11조 제1항).
  • 공동주택가격에 이의가 있는 자는 그 결정·공시일부터 30일 이내에 서면(전자문서를 포함한다)으로 국토교통부장관에게 이의를 신청할 수 있다(「부동산 가격공시에 관한 법률」 제18조 제8항 및 제7조 준용).

② 표준주택가격은 국가·지방자치단체 등이 그 업무와 관련하여 개별주택가격을 산정하는 경우에 그 기준이 된다.

★ ③ 표준주택으로 선정된 단독주택, 그 밖에 대통령령으로 정하는 단독주택에 대하여는 개별주택가격을 결정·공시하지 아니할 수 있다.

★ ④ 개별주택가격 및 공동주택가격은 주택시장의 가격정보를 제공하고 국가·지방자치단체 등이 과세 등의 업무와 관련하여 주택의 가격을 산정하는 경우에 그 기준으로 활용될 수 있다.

정답 | 43 ③ 44 ⑤

□□□

45 부동산 가격공시에 관한 법령상 부동산가격공시제도에 관한 내용으로 틀린 것은?

제35회

상**중**하

① 표준주택으로 선정된 단독주택, 국세 또는 지방세 부과대상이 아닌 단독주택에 대하여는 개별주택가격을 결정 · 공시하지 아니할 수 있다.

② 표준주택가격은 국가 · 지방자치단체 등이 그 업무와 관련하여 개별주택가격을 산정하는 경우에 그 기준이 된다.

③ 개별주택가격 및 공동주택가격은 주택시장의 가격정보를 제공하고, 국가 · 지방자치단체 등이 과세 등의 업무와 관련하여 주택의 가격을 산정하는 경우에 그 기준으로 활용될 수 있다.

④ 개별주택가격에 이의가 있는 자는 그 결정 · 공시일부터 30일 이내에 서면(전자문서를 포함한다)으로 시장 · 군수 또는 구청장에게 이의를 신청할 수 있다.

⑤ 시장 · 군수 또는 구청장은 공시기준일 이후에 토지의 분할 · 합병이나 건축물의 신축 등이 발생한 경우에는 대통령령으로 정하는 날을 기준으로 하여 공동주택가격을 결정 · 공시하여야 한다.

톺아보기

국토교통부장관은 공시기준일 이후에 토지의 분할 · 합병이나 건축물의 신축 등이 발생한 경우에는 대통령령으로 정하는 날을 기준으로 하여 공동주택가격을 결정 · 공시하여야 한다.

□□□

46 부동산 가격공시에 관한 법령상 공시가격에 관한 설명으로 틀린 것은?

제26회

상중**하**

① 표준지공시지가의 공시기준일은 원칙적으로 매년 1월 1일이다.

② 토지를 평가하는 공시지가기준법은 표준지공시지가를 기준으로 한다.

③ 개별공시지가를 결정하기 위하여 토지가격비준표가 활용된다.

④ 표준주택은 단독주택과 공동주택 중에서 각각 대표성 있는 주택을 선정한다.

⑤ 표준지공시지가와 표준주택가격 모두 이의신청절차가 있다.

톺아보기

표준주택은 일단의 단독주택 중에서 단독주택을 대표할 수 있는 표준주택을 선정한다. 공동주택은 표준주택을 선정하지 않고, 주택가격비준표를 사용하지도 않는다. 공동주택가격은 한국부동산원에 전수조사를 의뢰하여 그 가격을 공시한다.

□□□

47

상**중**하

부동산 가격공시에 관한 법령에 규정된 내용으로 <u>틀린</u> 것은? 제34회

① 표준지공시지가는 토지시장에 지가정보를 제공하고 일반적인 토지거래의 지표가 되며, 국가 · 지방자치단체 등이 그 업무와 관련하여 지가를 산정하거나 감정평가법인등이 개별적으로 토지를 감정평가하는 경우에 기준이 된다.

② 국토교통부장관이 표준지공시지가를 조사 · 산정할 때에는 「한국부동산원법」에 따른 한국부동산원에게 이를 의뢰하여야 한다.

③ 표준지공시지가에 이의가 있는 자는 그 공시일부터 30일 이내에 서면(전자문서를 포함한다)으로 국토교통부장관에게 이의를 신청할 수 있다.

④ 시장 · 군수 또는 구청장이 개별공시지가를 결정 · 공시하는 경우에는 해당 토지와 유사한 이용가치를 지닌다고 인정되는 하나 또는 둘 이상의 표준지의 공시지가를 기준으로 토지가격비준표를 사용하여 지가를 산정하되, 해당 토지의 가격과 표준지공시지가가 균형을 유지하도록 하여야 한다.

⑤ 표준지로 선정된 토지에 대하여는 개별공시지가를 결정 · 공시하지 아니할 수 있다. 이 경우 표준지로 선정된 토지에 대하여는 해당 토지의 표준지공시지가를 개별공시지가로 본다.

톺아보기

② 국토교통부장관이 제1항에 따라 표준지공시지가를 조사 · 평가할 때에는 업무실적, 신인도(信認度) 등을 고려하여 둘 이상의 「감정평가 및 감정평가사에 관한 법률」에 따른 감정평가법인등(이하 '감정평가법인등'이라 한다)에게 이를 의뢰하여야 한다. 다만, 지가 변동이 작은 경우 등 대통령령으로 정하는 기준에 해당하는 표준지에 대해서는 하나의 감정평가법인등에 의뢰할 수 있다(「부동산 가격공시에 관한 법률」 제3조 제5항).

★ ① 표준지공시지가는 토지시장에 지가정보를 제공하고 일반적인 토지거래의 지표가 되며, 국가 · 지방자치단체 등이 그 업무와 관련하여 지가를 산정하거나 감정평가법인등이 개별적으로 토지를 감정평가하는 경우에 기준이 된다.

더 알아보기

표준지공시지가의 효력

- 토지시장의 지가정보를 제공한다.
- 일반적인 토지거래의 지표가 된다.
- 국가 · 지방자치단체 등이 그 업무와 관련하여 지가를 산정하는 경우에 그 기준이 된다(손실보상기준).
- 감정평가법인등이 개별적으로 토지를 감정평가하는 경우에 그 기준이 된다.

정답 | 45 ⑤ 46 ④ 47 ②

□□□

48

상**중**하

부동산가격공시에 관한 설명으로 틀린 것은? 제28회

① 표준지의 도로상황은 표준지공시지가의 공시사항에 포함될 항목이다.

② 표준지공시지가에 대한 이의신청의 내용이 타당하다고 인정될 때에는 해당 표준지공시지가를 조정하여 다시 공시하여야 한다.

③ 시장 · 군수 또는 구청장(자치구의 구청장을 말함)은 표준지로 선정된 토지에 대해서는 개별공시지가를 결정 · 공시하지 아니할 수 있다.

④ 표준주택을 선정할 때에는 일반적으로 유사하다고 인정되는 일단의 단독주택 및 공동주택에서 해당 일단의 주택을 대표할 수 있는 주택을 선정하여야 한다.

⑤ 시장 · 군수 또는 구청장(자치구의 구청장을 말함)이 개별주택가격을 결정 · 공시하는 경우에는 해당 주택과 유사한 이용가치를 지닌다고 인정되는 표준주택가격을 기준으로 주택가격비준표를 사용하여 가격을 산정하되, 해당 주택의 가격과 표준주택가격이 균형을 유지하도록 하여야 한다.

톺아보기

④ 표준주택을 선정할 때에는 일반적으로 유사하다고 인정되는 일단의 단독주택 중에서 해당 일단의 단독주택을 대표할 수 있는 표준주택을 선정하여야 한다. 이와는 달리 공동주택가격을 공시할 때에는 표준주택을 선정하지 않는다(전수조사 의뢰).

③ 시장 · 군수 또는 구청장(자치구의 구청장을 말한다)은 표준지로 선정된 토지에 대해서는 개별공시지가를 결정 · 공시하지 아니할 수 있다.

정답 | 48 ④

빈출지문 노트

부록 빈출지문 노트

제1편 부동산학 총론

01 지목이란 지적제도의 용어로서, 토지의 주된 용도에 따라 토지의 종류를 구분하여 지적공부에 등록한 것을 말한다.

02 후보지는 임지지역, 농지지역, 택지지역 상호간에 다른 지역으로 전환되고 있는 어느 지역의 토지를 말한다.

03 지가공시제도의 용어로서, 토지에 건물이나 그 밖의 정착물이 없고 지상권 등 토지의 사용·수익을 제한하는 사법상의 권리가 설정되어 있지 아니한 토지를 나지라 한다.

04 다세대주택은 주택으로 쓰는 1개 동의 바닥면적 합계가 660m^2 이하이고, 층수가 4개 층 이하인 주택을 말한다(2개 이상의 동을 지하주차장으로 연결하는 경우에는 각각의 동으로 본다).

05 용도의 다양성으로 인해 토지의 경제적 공급은 증가할 수 있다.

제2편 부동산경제론

01 해당 부동산가격 이외의 다른 요인이 수요량을 변화시키면 수요곡선이 좌측 또는 우측으로 이동한다.

02 대체재인 단독주택의 가격이 상승하면(단독주택 수요량은 감소하고), 아파트의 수요곡선은 우상향으로 이동한다.

03 수요와 공급이 모두 감소하고 수요의 감소폭보다 공급의 감소폭이 더 큰 경우, 균형거래량은 감소한다.

04 공급의 가격탄력성이 탄력적이면 가격의 변화율보다 공급량의 변화율이 더 크다.

05 일반적으로 재화의 용도가 다양할수록 수요의 가격탄력성은 커진다.

06 주택의 수요와 공급이 모두 증가하게 되면 균형거래량은 증가한다.

07 일반적으로 임대주택을 건축하여 공급하는 기간이 짧을수록 공급의 가격탄력성은 커진다.

08 거미집모형에서 수요곡선의 기울기 절댓값이 공급곡선의 기울기 절댓값보다 작으면 수렴형이다.

제3편 부동산시장론

01 부동산시장의 분화현상은 경우에 따라 부분시장(sub-market)별로 시장의 불균형을 초래하기도 한다.

02 개별성의 특성은 부동산상품의 표준화를 어렵게 할 뿐만 아니라 부동산시장을 복잡하고 다양하게 만든다.

03 부동산시장이 강성 효율적 시장일 때 초과이윤을 얻는 것은 불가능하다.

04 주택여과과정은 주택의 질적 변화와 가구의 이동과의 관계를 설명해준다.

05 저급주택이 재개발되어 고소득 가구의 주택으로 사용이 전환되는 것을 주택의 상향여과과정이라 한다.

06 주택의 개량비용이 개량 후 주택가치의 상승분보다 크다면 하향여과과정이 발생하기 쉽다.

07 리카도(D. Ricardo)는 비옥도의 차이, 비옥한 토지량의 제한, 수확체감법칙의 작동을 지대발생의 원인으로 보았다.

08 튀넨(J. H. von Thünen)의 위치지대설에 따르면 한계지대곡선은 작물의 종류나 농업의 유형에 따라 그 기울기가 달라질 수 있으며, 이 곡선의 기울기에 따라 집약적 농업과 조방적 농업으로 구분된다.

09 마샬(A. Marshall)의 준지대설에 따르면 생산을 위하여 사람이 만든 기계나 기구들로부터 얻은 일시적인 소득은 준지대에 속한다.

10 해리스(C. Harris)와 울만(E. Ullman)은 도시 내부의 토지이용이 단일한 중심의 주위에 형상된다는 점을 강조하면서, 도시공간구조가 다핵심구조를 가질 수 있다고 보았다.

11 허프(D. Huff)모형의 공간(거리)관리 마찰계수는 도로환경, 지형, 주행수단 등 다양한 요인에 영향을 받을 수 있는 값이며, 이 모형을 적용하려면 공가(거리) 마찰계수가 정확해져야 한다.

12 넬슨(R. Nelson)은 특정 점포가 최대 이익을 얻을 수 있는 매출액을 확보하기 위해서 어떤 장소에 입지하여야 하는지를 제시하였다.

13 베버(A. Weber)는 운송비의 관점에서 특정 공장이 원료지향적인지 또는 시장지향적인지를 판단하기 위해 원료지수(material index) 개념을 사용했다.

제4편 부동산정책론

01 공공재는 무임승차 문제와 같은 시장실패가 발생한다.

02 외부효과란 어떤 경제활동과 관련하여 거래당사자가 아닌 제3자에게 의도하지 않은 혜택이나 손해를 가져다주면서도 이에 대한 대가를 받지도 지불하지도 않는 상태를 말한다.

03 정부는 한국토지주택공사를 통하여 토지비축업무를 수행할 수 있다.

04 토지를 경제적 · 효율적으로 이용하고 공공복리의 증진을 도모하기 위하여 용도지역제를 실시하고 있다.

05 개발권양도제(TDR)는 개발이 제한되는 지역의 토지소유권에서 개발권을 분리하여 개발이 필요한 다른 지역에 개발권을 양도할 수 있도록 하는 제도이다.

06 국토교통부장관은 도시의 무질서한 확산을 방지하고 도시 주변의 자연환경을 보전하여 도시민의 건전한 생활환경을 확보하기 위하여 개발제한구역을 지정할 수 있다.

07 개발부담금제는 개발사업의 시행으로 이익을 얻은 사업시행자로부터 개발이익의 일정액을 환수하는 제도이다.

08 임대료규제는 장기적으로 민간임대주택공급을 위축시킬 우려가 있다.

09 공공임대주택의 공급은 소득재분배효과를 기대할 수 있다.

10 공공주택 특별법령상 행복주택은 국가나 지방자치단체의 재정이나 주택도시기금의 자금을 지원받아 대학생, 사회초년생, 신혼부부 등 젊은 층의 주거안정을 목적으로 공급하는 공공임대주택을 말한다.

11 분양가상한제의 목적은 주택가격을 안정시키고 무주택자의 신규주택 구입부담을 경감시키기 위해서이다.

12 재산세와 종합부동산세의 과세기준일은 매년 6월 1일로 동일하다.

13 토지공급의 가격탄력성이 '0'인 경우, 부동산조세 부과시 토지소유자가 전부 부담하게 된다.

제5편 부동산투자론

01 부동산투자에 대한 대가는 보유시 대상부동산의 운영으로부터 나오는 소득이득과 처분시의 자본이득의 형태로 나타난다.

02 요구수익률은 투자에 대한 위험이 주어졌을 때, 투자자가 대상부동산에 자금을 투자하기 위해 충족되어야 할 최소한의 수익률이다.

03 영업경비는 부동산운영과 직접 관련 있는 경비로, 광고비, 전기세, 수선비가 이에 해당된다.

04 일시불의 현재가치계수는 할인율이 상승할수록 작아진다.

05 연금의 현재가치계수와 저당상수는 역수관계이다.

06 원리금균등상환방식으로 주택저당대출을 받은 경우, 저당대출의 매기 원리금상환액을 계산하려면 저당상수를 활용할 수 있다.

07 순현가는 현금유입의 현재가치에서 현금유출의 현재가치를 뺀 값이다.

08 투자자산의 현금흐름에 따라 복수의 내부수익률이 존재할 수 있다.

09 하나의 투자안에 있어 수익성지수가 1보다 크면 순현재가치는 0보다 크다.

10 재투자율로 내부수익률법에서는 내부수익률을 사용하지만, 순현재가치법에서는 요구수익률을 사용한다.

11 복수의 투자안을 비교할 때 투자금액의 차이가 큰 경우, 순현재가치법과 내부수익률법은 분석결과가 서로 다를 수 있다.

12 부채감당률(DCR)이 '1'보다 작으면, 투자로부터 발생하는 순영업소득이 부채서비스액을 감당할 수 없다고 판단된다.

13 효율적 프론티어(효율적 전선)이란 평균 - 분산 지배원리에 의해 모든 위험수준에서 최대의 기대수익률을 얻을 수 있는 포트폴리오의 집합을 말한다.

14 최적 포트폴리오의 선정은 투자자의 위험에 대한 태도에 따라 달라질 수 있다.

15 부동산투자자가 대상부동산을 원하는 시기에 가격에 현금화하지 못하는 경우는 유동성위험에 해당한다.

16 민감도분석은 모형의 투입요소가 변화함에 따라, 그 결과치인 순현재가치와 내부수익률이 어떻게 변화하는지를 분석하는 것이다.

17 부동산가격이 물가상승률과 연동하여 상승하는 기간에는 인플레이션을 방어하는 효과가 있다.

제6편 부동산금융론

01 총부채원리금상환비율(DSR)은 차주의 총 금융부채 상환부담을 판단하기 위하여 산정하는 차주의 연간 소득대비 연간 금융부채 원리금상환액 비율을 말한다.

02 시장이자율이 대출약정이자율보다 낮아지면 차입자는 기존대출금을 조기상환하는 것이 유리하다.

03 변동금리 주택담보대출은 이자율 변동으로 인한 위험을 차주에게 전가하는 방식으로 금융기관의 이자율 변동위험을 줄일 수 있다.

04 대출채권의 가중평균상환기간(duration)은 원금균등분할상환대출에 비해 원리금균등분할상환대출이 더 길다.

05 체증식 분할상환대출은 대출기간 초기에는 원리금상환액을 적게 하고 시간의 경과에 따라 늘려가는 방식이다.

06 한국주택금융공사의 주택연금에서 주택소유자가 담보를 제공하는 방식에는 저당권 설정등기 방식과 신탁 등기 방식이 있다.

07 자산유동화에 관한 법령상 유동화자산의 양도방식은 매매 또는 교환에 의한다.

08 2차 저당시장은 1차 저당시장에 자금을 공급하는 역할을 한다.

09 MBB 투자자는 주택저당대출의 채무불이행위험과 조기상환위험을 부담하지 않는다.

10 주택저당담보부 채권(MBB)은 주택저당대출차입자의 채무불이행이 발생하더라도 MBB에 대한 원리금을 발행자가 투자자에게 지급하여야 한다.

11 프로젝트 파이낸싱(PF)은 예상되는 제반 위험을 프로젝트회사와 이해당사자간의 계약에 의해 적절하게 배분한다.

12 자기관리 부동산투자회사는 「상법」상의 실체회사인 주식회사로, 자산운용 전문인력(예 공인중개사, 감정평가사 등)을 두고 자산의 투자·운용을 직접 수행하는 회사를 말한다.

13 최저자본금준비기간이 지난 자기관리 부동산투자회사의 최저자본금은 70억원 이상이 되어야 한다.

14 위탁관리 부동산투자회사는 자산의 투자·운용을 자산관리회사에 위탁하여야 한다.

제7편 부동산개발 및 관리론

01 민간사업자가 자금을 조달하여 시설을 건설하고, 일정기간 소유 및 운영을 한 후, 사업종료 후 국가 또는 지방자치단체 등에게 시설의 소유권을 이전하는 방식을 BOT(build-operate-transfer)방식이라 한다.

02 부동산개발업의 관리 및 육성에 관한 법령상 건축물을 리모델링 또는 용도변경하는 행위(다만, 시공을 담당하는 행위는 제외한다)는 부동산개발에 포함된다.

03 예비적 타당성분석은 개발사업으로 예상되는 수입과 비용을 개략적으로 계산하여 수익성을 검토하는 것이다.

04 시장성분석단계에서는 향후 개발될 부동산이 현재나 미래의 시장상황에서 매매되거나 임대될 수 있는지에 대한 경쟁력을 분석한다.

05 민감도분석은 타당성분석에 활용된 투입요소(위험요소)의 변화가 그 결과치(수익성)에 어떠한 영향을 주는가를 분석하는 것을 말한다.

06 토지(개발)신탁방식은 부동산신탁회사가 토지소유권을 이전받아 토지를 개발한 후 분양하거나 임대하여 그 수익을 수익자에게 돌려주는 것이다.

07 사업으로 인해 개발이익이 발생하는 경우, 환지방식은 수용방식에 비해 종전 토지소유자에게 귀속될 가능성이 높다.

08 토지의 경계를 확인하기 위한 경계측량을 실시하는 등의 관리는 기술적 측면의 관리에 속한다.

09 위탁관리방식은 건물관리의 전문성을 통하여 노후화의 최소화 및 효율적 관리가 가능하여 대형건물의 관리에 유용하다.

10 시설관리(facility management)는 부동산시설을 운영하고 유지하는 것으로 시설사용자나 기업의 요구에 따르는 소극적 관리에 해당한다.

11 부동산의 소유권관리, 건물수선 및 유지, 임대차관리 등 제반 부동산 관리업무를 신탁회사가 수행하는 것을 관리신탁이라 한다.

12 부동산마케팅에서 시장세분화(market segmentation)란 부동산시장에서 마케팅활동을 수행하기 위하여 구매자의 집단을 세분하는 것이다.

13 부동산마케팅에서 표적시장(target market)이란 세분된 시장 중에서 부동산기업이 표적으로 삼아 마케팅 활동을 수행하는 시장을 말한다.

14 STP전략은 대상 집단의 시장세분화(segmentation), 표적시장선정(targeting), 포지셔닝(positioning)으로 구성된다.

제8편 부동산감정평가론

01 기준시점은 대상물건의 감정평가액을 결정하는 기준이 되는 날짜를 말한다.

02 일체로 이용되고 있는 대상물건의 일부분에 대하여 감정평가하여야 할 특수한 목적이나 합리적인 이유가 있는 경우에는 그 부분에 대하여 감정평가할 수 있다.

03 감정평가는 기준시점에서의 대상물건의 이용상황(불법적이거나 일시적인 이용은 제외한다) 및 공법상 제한을 받는 상태를 기준으로 한다.

04 감정평가법인등은 법령에 다른 규정이 있는 경우에는 기준시점의 가치형성요인 등을 실제와 다르게 가정하거나 특수한 경우로 한정하는 조건을 붙여 감정평가할 수 있다.

05 감정평가법인등은 법령에 다른 규정이 있는 경우에는 대상물건의 감정평가액을 시장가치 외의 가치를 기준으로 결정할 수 있다.

06 적합의 원칙은 부동산의 입지와 인근환경의 영향을 고려한다.

07 동일수급권은 대상부동산과 대체 · 경쟁관계가 성립하고 가치형성에 서로 영향을 미치는 관계에 있는 다른 부동산이 존재하는 권역을 말하며, 인근지역과 유사지역을 포함한다.

08 재조달원가를 구성하는 표준적 건설비에는 수급인의 적정이윤이 포함된다.

09 감가수정이란 대상물건에 대한 재조달원가를 감액하여야 할 요인이 있는 경우에 물리적 감가, 기능적 감가 또는 경제적 감가 등을 고려하여 그에 해당하는 금액을 재조달원가에서 공제하여 기준시점에 있어서의 대상물건의 가액을 적정화하는 작업을 말한다.

10 수익환원법이란 대상물건이 장래 산출할 것으로 기대되는 순수익이나 미래의 현금흐름을 환원하거나 할인하여 대상물건의 가액을 산정하는 감정평가방법을 말한다.

11 다른 조건이 일정할 때, 투자위험의 증가는 자본환원율을 높이는 요인이 된다.

12 「집합건물의 소유 및 관리에 관한 법률」에 따른 구분소유권의 대상이 되는 건물부분과 그 대지사용권을 일괄하여 감정평가하는 경우의 주된 감정평가방법은 거래사례비교법이다.

13 국토교통부장관은 표준주택가격을 조사·산정하고자 할 때에는 한국부동산원에 의뢰한다.

14 표준지공시지가는 토지시장에 지가정보를 제공하고 일반적인 토지거래의 지표가 되며, 국가·지방자치단체 등이 그 업무와 관련하여 지가를 산정하거나 감정평가법인등이 개별적으로 토지를 감정평가하는 경우에 기준이 된다.

15 표준주택으로 선정된 단독주택, 국세 또는 지방세 부과대상이 아닌 단독주택에 대하여는 개별주택가격을 결정·공시하지 아니할 수 있다.

16 개별주택가격 및 공동주택가격은 주택시장의 가격정보를 제공하고 국가·지방자치단체 등이 과세 등의 업무와 관련하여 주택의 가격을 산정하는 경우에 그 기준으로 활용될 수 있다.

Memo

저자 약력

신관식 교수
부동산학 석사(부동산금융학)

현 | 해커스 공인중개사학원 부동산학개론 대표강사
해커스 공인중개사 부동산학개론 동영상강의 대표강사

전 | 세종공인중개사학원, 광주고시학원 부동산학개론 강사 역임
분당 · 노량진 · 구리 · 대전 박문각 부동산학개론 강사 역임

저서 | 부동산학개론(문제집) 공저, 도서출판 박문각, 2011
부동산학개론(부교재), 도서출판 색지, 2007~2014
부동산학개론(기본서), 해커스패스, 2015~2025
부동산학개론(한손노트), 해커스패스, 2025
부동산학개론(핵심요약집), 해커스패스, 2024~2025
부동산학개론(계산문제집), 해커스패스, 2023~2024
부동산학개론(출제예상문제집), 해커스패스, 2015~2024
공인중개사 1차(기초입문서), 해커스패스, 2021~2025
공인중개사 1차(단원별 기출문제집), 해커스패스, 2020~2024
공인중개사 1차(회차별 기출문제집), 해커스패스, 2022~2024
공인중개사 1차(핵심요약집), 해커스패스, 2015~2023
공인중개사 1차(실전모의고사), 해커스패스, 2023~2024

해커스 공인중개사

단원별 기출문제집

1차 부동산학개론

초판 1쇄 발행	**2025년 2월 7일**
지은이	신관식, 해커스 공인중개사시험 연구소 공편저
펴낸곳	해커스패스
펴낸이	해커스 공인중개사 출판팀
주소	서울시 강남구 강남대로 428 해커스 공인중개사
고객센터	1588-2332
교재 관련 문의	land@pass.com 해커스 공인중개사 사이트(land.Hackers.com) 1:1 무료상담 카카오톡 플러스 친구 [해커스 공인중개사]
학원 강의 및 동영상강의	land.Hackers.com
ISBN	979-11-7244-795-3 (13320)
Serial Number	01-01-01